网络嵌入条件下
科技中小企业商业模式创新

刘力钢 刘建基 著

图书在版编目（CIP）数据

网络嵌入条件下科技中小企业商业模式创新/刘力钢，刘建基著.—北京：经济管理出版社，2018.12
ISBN 978-7-5096-6166-6

Ⅰ.①网… Ⅱ.①刘…②刘… Ⅲ.①中小企业—商业模式—研究 Ⅳ.①F276.3

中国版本图书馆CIP数据核字（2018）第266669号

组稿编辑：张永美
责任编辑：杨国强　张瑞军
责任印制：黄章平
责任校对：陈　颖

出版发行：经济管理出版社
（北京市海淀区北蜂窝8号中雅大厦A座11层　100038）
网　　址：www.E-mp.com.cn
电　　话：（010）51915602
印　　刷：三河市延风印装有限公司
经　　销：新华书店
开　　本：720mm×1000mm/16
印　　张：17.75
字　　数：281千字
版　　次：2018年12月第1版　2018年12月第1次印刷
书　　号：ISBN 978-7-5096-6166-6
定　　价：68.00元

·版权所有　翻印必究·
凡购本社图书，如有印装错误，由本社读者服务部负责调换。
联系地址：北京阜外月坛北小街2号
电　话：（010）68022974　　邮编：100836

前 言

随着互联网企业的迅速发展和新一代信息技术的日益成熟,数据的数量呈爆炸式增长,大数据时代到来为企业的快速发展带来了机遇和挑战。大数据是一种海量非结构化数据的集合,新一代信息技术可以弥补传统统计工具获取、存储、处理和分析能力的不足,有利于企业内在价值信息的挖掘和获取。大数据时代引发了传统思维的深刻变革,企业管理决策思维表现为定量思维、跨界思维、执行思维和怀疑思维,即"一切都可测量、一切都有关联、一切都可利用、一切都可试验"(刘力钢、袁少锋,2015)。因此,在日益动态复杂的环境下,管理层应秉持大数据思维,在企业商业模式设计、改进和创新过程中注重融合基于社会公众的社会化决策、基于异质事物间的内在联系及基于大数据的科学分析,从而提升企业应对外部环境变化的能力。

大数据时代,企业面临的外部环境快速变化,对企业已有竞争优势形成冲击,从而驱动企业积极寻求和探索符合大数据时代要求的新商业模式。首先,技术更新换代速度加快,产品生命周期日益缩短,云计算、物联网、移动互联网等新一代信息技术快速崛起,对传统企业参与市场竞争形成了巨大冲击,导致传统价值创造路径或商业模式受到局限,难以满足企业实现价值增值或探寻新价值以提高竞争优势的需求。其次,企业个体间的竞争逐渐演化为网络组织间的竞争。消费市场由最初的卖方市场向买方市场过渡,消费者对企业提供的商品或服务具有更大的选择性和话语权。消费者需求日益呈现多元化、个性化、定制化和网络化,充分挖掘和了解潜在顾客需求变化是企业商业模式创新的必然选择。最后,政府政策变化的频率和速度呈现不确定性这在一定时期内将会成为一种常态。有效地把握政策导向为商业模式创新提供有力支持,成为企业重点思考的问题。企业商业模式创新是实现价值增值或探寻新价值的重要手段,是企业参与市场竞争保持竞争优势和适应外部环境变化的关键途径之一。因此,商业模式创新研究成为新环境下管理学界和企业界关注的热点。

科技中小企业属于知识和技术密集的创新型企业,在经济和社会发展过程中具有越来越突出的作用。但是,由于企业规模小,创新资源匮乏,抵抗外部风险能力较差,创新和成长过程中将会更多地寻找社会网络的支持。大数据时代,由于遍布全球的网络和新一代信息技术的支持使信息空前透明化,科技型企业能够有条件在全球范围内展开交流、合作,使企业各种显在或潜在的社会关系不断渗透或影响到企业一切经营活动,进而使企业社会资本的价值日益凸显。科技型中小企业在非大数据时代的交际圈或关系网较为狭小,网络结构较为简单,主要依靠与社会关系面对面的人际交流,沟通频率较低,关系网络维护成本较高。然而,在大数据时代,企业基于网络载体能以更为低廉的成本与更多的企业、客户、消费者、高校及科研机构等群体,构建更大规模、更具黏性、更加畅通的社交网络,从而有助于科技中小企业构建自己的商业生态系统或参与到已有的商业生态网络。大数据时代以互联网和电子商务为平台的企业合作伙伴选择范围更广(王举颖等,2014)。因此,科技中小企业能够通过网络实现跨组织、地区、行业,甚至是跨认知领域去搜寻战略合作伙伴,以更加便捷、灵活的方式与合作伙伴进行交互,从而摆脱了以往的时空限制。随着经济全球化的深入和组织边界的日益模糊,科技中小企业经济行为受到所嵌入网络影响的程度越来越大,企业商业模式创新也由注重内部封闭式创新逐渐演化为注重与网络成员共同努力的开放式创新。但是,企业这种网络嵌入性如何影响企业商业模式创新仍处于模糊状态,即网络嵌入性对企业商业模式创新影响的中间"暗箱"亟须打开。

本书通过对国内和国外文献的梳理和回顾,以资源基础理论、社会网络理论、动态能力理论和开放式创新理论为基础,参考商业模式创新的已有研究成果,以科技中小企业为研究对象,紧紧围绕网络嵌入性如何影响企业商业模式创新这一研究课题,详细探究了动态能力视角下网络嵌入性对企业商业模式创新的影响机理。首先,对网络嵌入性、动态能力、商业模式创新等国内和国外文献进行了综述,并对相关理论基础进行了梳理。其次,从理论上系统地分析了网络嵌入性对企业商业模式创新的影响,网络嵌入性对动态能力的影响，动态能力对商业模式创新的影响，动态能力在网络嵌入性与商业模式创新之间的中介作用以及环境动态性在网络嵌入性与商业模式创新之间的调节作用等。在研究过程中提出了研究假设，并以此构建了"网络嵌入性—动态能力—商业模式创新"的理论模型。再次，在相关数据收集的基础上，运用因子分析、相关分析以及回归分析等方法对所提出的研究假设进行了实证检验。研究结果得出以下结论：第一，网络嵌入性对商业模式创新具有显著的促进作用。结构嵌入性和关系嵌入性均能够促进效率型和新颖型商业模式创新，而且结构嵌入性发挥的作用更大。第二，动态能力在网络嵌入性与商业模式创新之间具有中介作用，即网络嵌入性能够通过提升企业动态能力，进而促进企业商业模式创新。第三，环境动态性在网络嵌入性与商业模式创新之间具有调节作用。环境动态性分别在结构嵌入性与效率型商业模式创新、关系嵌入性与效率型商业模式创新之间起正向调节作用，在关系嵌入性与新颖型商业模式创新之间起负向调节作用，在结构嵌入性与新颖型商业模式创新之间的调节作用不显著。

本书在参考国内和国外已有研究商业模式创新影响因素成果的基础上，进行了探索性的创新研究。具体包括：从动态能力这一新视角研究网络嵌入性对企业商业模式创新产生怎样的影响。综览国内和国外探究网络嵌入性对企业商业模式的影响成果，很少有学者从动态能力这一视角去打开网络嵌入性影响商业模式创新的"暗箱"。本书将动态能力引入网络嵌入性与商业模式创新的框架内，通过理论分析和推导，厘清网络嵌入性、动态能力与商业模式创新之间的逻辑关系，从理论上揭示了网络嵌入性对商业模式创新的影响机理；整合了企业内部和外部影响因素，探究网络嵌入性、动态能力和环境动态性对企业商业模式创新的影响。以往学者在研究商业模式创新的影响因素时，往往侧重于企业外部或内部某一方面的因素，缺少将企业内部和外部因素整合纳入商业模式创新框架内的研究。

科学有效地构建网络结构和培育网络关系以更好地提升动态能力及促进商业模式创新，对科技中小企业而言是一项值得思考和探究的重要课题。企业只有结合实际，积极探索适合自身发展的网络结构和关系，及时获取、整合和重构各种创新资源和能力，才能切实有效地提升动态能力和促进企业商业模式创新，增强企业环境适应性，实现企业的可持续发展。

本书在写作过程中参考了大量的国内和国外学者研究的成果，在此对参考和引用的文献作者表示诚挚的谢意。关于大数据环境下企业网络嵌入性和商业模式的研究还有很多需要进一步深入探讨的问题，本书由于受到作者研究水平、知识结构、研究方法的运用等方面的局限，书中难免会存在一些这样或那样的问题乃至一些谬误，恳请学术界同仁和读者给予批评指正。

作　者

2018 年 7 月

第八章 管理实践的对策建议 ………………………………… 235

第一节 加强企业关系网络构建 ……………………………… 235
第二节 注重动态能力培育 …………………………………… 239
第三节 灵活匹配企业网络嵌入性与动态环境 ……………… 244

参考文献 ………………………………………………………… 247

第一章
研究背景与问题提出

第一节 研究的实践与理论背景

一、研究的实践背景

(一) 日益动态复杂的外部环境对企业能力提出了更高要求

企业面临的竞争环境已经发生了根本性的变化,一成不变或相对稳定的竞争环境已经不复存在,取而代之的是动态复杂的竞争环境。市场竞争环境日益呈现开放性、动态性和不确定性,一个固守原有竞争力体系和维持现有竞争优势的企业很容易被其他更具创新能力的竞争对手所取代,甚至面临随时被市场淘汰的威胁。竞争环境的巨变迫使企业努力识别环境变化和市场发展趋势,不断改变资源和能力组合方式以重构企业竞争力体系,不断培养和塑造企业动态竞争优势以增强环境适应性(Teece,2007)[①]。动态能力是企业一种演化、重构、创造已有资源和能力,并将其转化为新的价值源泉的能力,对企业快速适应环境变化非常重要。拥有较强动态能力的企业往往更容易获

---

① Teece D J. Explicating Dynamic Capabilities: The Nature and Microfoundations of (Sustainable) Enterprise Performance [J]. Strategic Management Journal, 2007, 28 (13): 1319–1350.

得和维持竞争优势,因为动态能力不仅能强化企业现存资源的配置,也能使企业迅速满足市场需求(董保宝等,2011)[①]。企业如何从自身出发,培养、构建、提升动态能力以获得和维持可持续竞争优势,增强企业环境适应性和实现可持续发展,成为科技中小企业参与市场竞争过程中重点思考和关注的问题。

(二)社会网络已经成为企业获取资源的重要途径

任何企业的经济行为都会嵌入特定的社会网络中或者与其他社会行为主体存在一定的社会关系或联结。作为介于市场和企业之间的一项非正式制度安排,社会网络同时具备资源和资源配置两种属性。资源基础理论认为,企业社会网络具备异质性的战略资源属性,能够为企业带来竞争优势。企业拥有良好的社会关系或占据有利的社会网络位置(如结构洞和网络中心性)已经成为企业参与市场竞争过程中不可或缺的资源之一(曾一军,2010)[②],然而与一般企业资源相比,这种社会资源往往是企业专有的、不可替代的、难以模仿的。中国是一个非常典型的"关系型社会"或"人情社会",与其他社会相比,中国人更讲关系、讲人情、讲面子(庄贵军,2012)[③],从而导致企业基于社会网络资源的关系型交易或合作方式成为中国文化主导下企业从事商业活动过程中一个非常突出的特点。越来越多的企业开始将构建和培养异质性的社会网络资源上升为企业的经营战略。社会网络具有较强的资源配置效应,能够使企业以更低廉的成本和更快捷的速度获得更多稀缺性的资源。大数据时代,数据、知识和信息等资源呈爆炸式增长,环境日益动态复杂,导致单个企业难以快速、全面地掌握最新和最有价值的知识和信息,企业网络在资源搜寻、获得、整合和优化配置过程中发挥着不可替代的作用,也被视为推动企业在动态环境中发展的理想形式(Koka等,2006)[④]。

随着科技的飞速发展和全球经济一体化进程的加快,企业核心竞争力的

---

① 董保宝,葛宝山,王侃.资源整合过程、动态能力与竞争优势:机理与路径[J].管理世界,2011(3):92-101.

② 曾一军.企业网络嵌入与竞争优势[J].云南社会科学,2010(6):108-111.

③ 庄贵军.关系在中国的文化内涵:管理学者的视角[J].当代经济科学,2012(1):18-29+45+124-125.

④ Koka B R, Madhavan R, Prescott J E. The Evolution of Interfirm Networks: Environmental Effects on Patterns of Network Change[J]. Academy of Management Review, 2006, 31(3):721-737.

培养和塑造不仅取决于自身内部资源和能力,而且越来越受到企业社会网络关系资源的影响。特别是对科技中小企业而言,其快速发展不仅受到资金缺乏、人才不足、管理落后等企业内部环境的约束,而且还受到法律制度缺失、社会服务支持体系不健全、融资环境差等外部环境的限制。作为正式制度的替代,非正式的社会网络为科技中小企业获得互补性的资源和开展各项经济活动提供了有效的渠道。因此,要满足在竞争日益激烈的市场环境中得以生存和发展所需的资源及能力,科技中小企业需要积极嵌入、构建和培养由相关企业、客户、政府、高校及第三方中介或服务机构等其他社会主体组成的社会网络。随着科技中小企业嵌入一定的社会网络中,如何发挥企业社会网络中的社会关系优势和网络结构优势,整合企业内部资源和能力优势,不断增强企业动态能力,使企业在动态复杂的竞争环境中脱颖而出,是企业需要思考的重要现实问题。

(三) 商业模式创新是企业塑造可持续竞争优势的重要手段

商业模式(Business Model)是企业将产品或服务商业化以攫取利润的工具,是企业进行价值创造的主要逻辑。管理学大师彼得·德鲁克认为,当今企业之间的竞争已经由产品竞争转变为商业模式的竞争(王晓明等,2010)[①],凸显了商业模式在企业参与市场竞争中的重要性。自此,商业模式引起企业的广泛关注和积极探索,并成为企业获取竞争优势的关键途径。随着市场竞争环境发生巨变,以往成功的商业模式实践及经验难以维持企业可持续竞争优势。商业模式本身也表现出一种维持现有结构稳定的"刚性",使企业很容易丧失竞争优势,难以完美地适应外部环境的快速变化,甚至面临被市场所淘汰的危险(夏清华、娄汇阳,2014)[②]。互联网、云计算、物联网、大数据等信息技术快速发展,正以前所未有的力量冲击着传统企业的经营理念和发展逻辑,催生了许多新型商业模式,成就了一大批企业,如亚马逊、阿里巴巴、腾讯、百度、小米、苹果等。传统企业固守原有的商业模式,不能随环境变化适时进行商业模式创新,将会面临"能力陷阱"或"核心能

---

① 王晓明,谭杨,李仕明等. 基于"要素—结构—功能"的企业商业模式研究[J]. 管理学报,2010, 7 (7): 976-981.
② 夏清华,娄汇阳. 商业模式刚性:组成结构及其演化机制[J]. 中国工业经济,2014 (8): 148-160.

力刚性",容易陷入发展或成长困境。

2012年的中央经济工作会议提出促进企业商业模式创新,首次将商业模式创新上升到国家战略高度,党的十八大报告明确提出要加快技术集成和商业模式创新,使商业模式创新成为国家创新驱动战略的重要组成部分(李彬,2013)[①],为企业积极探索和实践商业模式创新提供了坚实的政策支持和构建了良好的宏观环境。创新已经成为时代的主题,是企业在动态复杂环境下赖以生存和实现可持续发展的原动力。商业模式创新能为企业带来新的市场资源、价值创造以及利润增长点,已成为继企业产品、技术、组织和流程等创新以外的又一重要形式(Zott等,2011)[②]。在需求高度个性化、产品日趋同质化以及信息日益透明化的今天,面对日益复杂的经营环境和激烈的竞争形势,企业商业模式创新往往比单纯地追求产品创新和技术创新要重要得多。经济学人智库最近在对全球4000多名高级管理人员的调查中显示,与新产品和新技术相比,大多数人(54%)认为新商业模式将成为未来竞争优势来源(Amit等,2012)[③]。然而,科技中小企业往往注重的是技术、产品和服务的创新,容易忽视进行与技术、产品和服务相匹配的商业模式创新,从而阻碍了科技中小企业的快速发展。

随着外部环境的快速变化,专注于应用传统封闭模式进行创新的企业往往容易遇到"创新者窘境"的难题。在日益全球化和网络化的时代,组织边界逐渐模糊,企业能够并应该像利用内部创意一样利用外部创意,推动企业的商业模式创新,从而避免"创新者窘境"。由于科技中小企业受到自身条件的约束,在注重技术、产品和服务创新的同时,如何利用外部网络,获取所需资源和能力,促进商业模式创新,已成为科技中小企业亟须关注和解决的问题。

---

① 李彬. 商业模式创新助推经济发展方式"软"转型 [N]. 人民政协报,2013-09-24(B04).
② Zott C, Amit R, Massa L. The Business Model: Recent Developments and Future Research [J]. Journal of Management, 2011, 37 (4): 1019-1042.
③ Amit R, Zott C. Creating Value through Business Model Innovation [J]. Mit Sloan Management Review, 2012, 53 (3): 41-49.

二、研究的理论背景

(一) 动态能力理论日益成熟

20 世纪 90 年代以来,随着外部环境的快速变化,传统的资源基础理论和核心能力理论难以有效地解决企业保持可持续竞争优势问题。企业如何在动态复杂环境下塑造和保持竞争优势以提升环境适应性成为理论界和企业界非常关心的问题。在研究资源基础理论和核心能力理论的基础上,Teece 和 Pisano(1994)结合动态竞争环境提出了"动态能力"[1]思想,为研究企业在日益动态复杂的外部环境中塑造和保持竞争优势提供了重要的理论工具。企业动态能力研究引起广大学者的关注,相关研究成果也在不断增加。进入 21 世纪以来,随着外部环境的日益动荡和不确定性的不断提升,理论界对动态环境下动态能力的研究随之进入高潮,形成了丰富的研究成果。

当前,动态能力仍然是战略管理领域中学者研究和关注企业可持续竞争优势来源的重要内容。经过 20 多年的发展,动态能力理论研究体系日渐成熟,为相关研究提供一定的理论基础。动态能力理论研究趋势主要呈现以下几方面的特点:

(1) 研究范围不断扩大。动态能力研究由最初的理论渊源、概念界定、维度划分等基本理论问题逐渐延伸到形成机制、影响因素、作用功效及权变因素等方面的实证检验。

(2) 研究方法不断丰富。动态能力研究初期阶段,学者主要采用理论分析方法,随着研究不断深入,案例研究迅速增加,并逐渐成为主流研究方法,也有学者尝试采用计算机仿真模拟分析的方法来验证动态能力模型(Zott,2003)[2]。虽然动态能力被认为是一种抽象的高级能力,切实增加了数据获得、维度衡量和实证检验的难度,但学者仍尝试从操作过程或动态能力本身开发量表进行相关研究,并取得了一定成果。近年来,应用基于问卷调查和二手

---

[1] Teece D, Pisano G. The Dynamic Capabilities of Firms: An Introduction [J]. Industrial & Corporate Change, 1994, 3 (3): 537-556.

[2] Zott C. Dynamic Capabilities and the Emergence of Intraindustry Differential Firm Performance: Insights from a Simulation Study [J]. Strategic Management Journal, 2003, 24 (2): 97-125.

数据的实证方法的研究逐渐增多。

（3）研究视角呈多元化趋势。主要表现为：动态能力内涵界定研究视角多元化，如流程与机制视角、价值发掘视角、惯例视角以及管理认知视角等（刘光宗等，2012）；动态能力理论框架构建研究视角多元化，如能力阶层分类视角、战略整合视角、双重过程视角以及组织学习视角等（孟晓斌等，2007）；动态能力形成的影响因素及过程研究视角多元化，如组织学习视角、组织流程视角、组织能力视角、知识演化视角以及技术视角等（李兴旺等，2011）。

（二）商业模式及其创新研究有待进一步深入

"商业模式"一词最早源于20世纪中期，直到90年代才引起学者的广泛关注。特别是随着互联网的快速发展和电子商务模式的诞生，商业模式成为企业参与市场竞争的重要手段。商业模式的早期研究主要集中于电子商务领域，随着互联网泡沫的破灭，大量电子商务企业也随之倒闭，一些非互联网企业基于特殊的商业模式而快速崛起，促使商业模式的研究对象拓展到一般企业领域（魏江等，2012）[①]。商业模式并非电子商务企业所独有，而是所有企业进行价值发现和价值创造，并实现盈利的一种具有内在逻辑性或规律性的经营方式，因此，商业模式的研究范围和适用性得以不断拓宽。

Timmers（1998）最早对商业模式内涵做出正式界定，指出商业模式是一种包含产品流、服务流和信息流的架构体系，并详细阐述了参与其中的不同商业主体的角色定位、潜在利益关系以及收入来源等[②]，为商业模式的后续研究提供了思路和方向。自此，国外学者对商业模式展开了深入研究，从早期商业模式的概念界定、理论基础、要素构成以及分类研究逐渐延伸到商业模式创新（包括创新本质、创新动力与阻力、创新路径及过程机制等）研究，而国内学者则延续国外研究思路和方法，对商业模式的相关内容展开研究，但仍处于起步阶段。目前，国内和国外学者对商业模式的研究对象主要涉及大型的成熟企业，而对中小企业商业模式的关注度较低。中小企业商业模式的现有研究主要集中在商业模式转型或创新路径、研究框架、影响机制及对

---

① 魏江，刘洋，应瑛．商业模式内涵与研究框架建构［J］．科研管理，2012，33（5）：107-114．
② Timmers P. Business Models for Electronic Markets［J］. Electronic Markets，1998，8（2）：3-8．

企业发展的作用等。例如，Westerlund 等（2008）基于工业中小企业的实证指出，企业全球化反应与商业模式的密切关系是通过企业网络战略和产品性质表现出来的。吴群（2012）结合中小企业特点，分析了商业模式创新的重要意义和促进措施。荆浩和贾建锋（2011）结合中小企业立思辰案例，尝试构建了动态商业模式创新逻辑框架，为中小企业塑造持续竞争优势提供一定借鉴。何建华（2012）基于结构视角，结合具体案例，探讨了社会网络对中小企业商业模式创新的影响。张晓玲等（2014）基于中小企业商业模式特点，探讨了其对企业绩效的影响。李黎等（2015）基于中小企业的实证发现，拥有政治资源的企业更倾向于采取低程度商业模式转型策略。Arbussa 等（2017）基于中小企业单案例研究，构建了驱动商业模式创新的战略敏捷模型。陈琳和李玉刚（2017）指出，中小企业的长期举措对商业模式转型起积极作用，而短期举措则对商业模式起相反作用。现阶段针对中小企业商业模式研究，仍然以理论探讨和案例研究为主，基于数理统计的实证研究较少，特别是对科技中小企业商业模式，更有必要进行深入探讨和研究。

国内和国外学者从不同的研究视角，围绕商业模式"是什么""由何构成""如何创新""创新受何影响"等问题展开广泛研究。综观国内和国外学者对商业模式创新的研究，主要呈现以下特点：

1. 商业模式创新的作用成果丰硕

多数学者认为，商业模式创新能够对企业产生积极的影响。例如，商业模式创新有助于企业在不需要对技术或监管变化做出反应的情况下产生巨大的股东价值（Martins 等，2015），无论是效率型商业模式创新还是新颖型商业模式创新，都能有效显著地改善或提升企业绩效（Zott 和 Amit，2007），包括财务绩效和市场绩效（陈亚光等，2017）；对企业竞争优势的塑造具有显著的正向影响（孟云迪等，2016）等。即国内和国外学者对商业模式创新的积极作用达成一定的共识：商业模式创新能够为企业创造价值、改善企业绩效和塑造可持续竞争优势。该方面内容的研究有助于深化认识和理解商业模式创新的积极作用，进而提升企业在商业实践过程中对商业模式创新的重视程度。

2. 商业模式创新影响因素研究处于深入探讨阶段

商业模式创新的前因问题——影响因素研究仍处于初期阶段，究竟是哪些因素驱动企业进行商业模式创新依然不够清晰（吴晓波和赵子溢，2017）[①]。目前，国内和国外学者分别探讨了内外部因素对企业商业模式创新的影响。其中，外部影响因素主要包括行业技术变革、市场情境因素、市场机会与威胁、制度环境等；内部影响因素主要包括企业资源与能力、企业家精神、管理团队、组织结构与组织活动等。网络经济时代，企业集群、战略联盟以及虚拟企业等合作新模式层出不穷，企业基于各种合作形式嵌入网络中的结构和关系特性引起广泛关注，促使社会网络理论的地位和作用日益突出。结合社会网络理论，部分学者尝试从网络嵌入性视角探究商业模式创新的前因问题，例如，何建华（2012）基于网络结构特征视角，通过对共合网、美特斯邦威、百合网等中小企业案例研究探讨了社会网络对商业模式创新的影响[②]；孟迪云等（2016）从关系嵌入性和结构嵌入性实证检验了网络嵌入性对商业模式创新的影响，指出网络嵌入性对商业模式创新具有显著的正向作用[③]。目前，网络嵌入性对商业模式创新的影响研究文献仍十分匮乏，且存在一定的研究局限：学者注重探讨网络嵌入性对商业模式创新的直接影响，忽视了网络嵌入性对商业模式创新影响的中间机制，即网络嵌入性如何影响企业商业模式创新的"暗箱"亟须打开；在探讨网络嵌入性对商业模式创新影响时忽视了商业模式创新的分类。网络嵌入性对企业不同类型商业模式创新的影响机理、作用效果和影响程度存在差异，这些差异性可能会产生迥然不同的研究结果。因此，网络嵌入性对不同类型商业模式的影响机制有待深入研究。

3. 商业模式创新实证研究有待加强

目前，商业模式创新研究主要采用案例研究方法，包括单案例研究和多案例研究。案例研究能够提供位于各个行业领域的、丰富的、生动形象的案例企业素材，不仅有助于深刻认识和理解商业模式创新过程和内在机理，而且有助于发现隐藏在案例背后的影响商业模式创新的关键变量，促使相关理

---

① 吴晓波，赵子溢. 商业模式创新的前因问题：研究综述与展望 [J]. 外国经济与管理，2017，39（1）：114-127.

② 何建华. 社会网络对中小企业商业模式创新的影响——基于网络结构特征的视角 [J]. 学习与实践，2012（12）：30-37.

③ 孟迪云，王耀中，徐莎. 网络嵌入性对商业模式创新的影响机制研究 [J]. 科学学与科学技术管理，2016，37（11）：152-165.

论框架或模型的探索和构建。然而，基于大样本计量的实证性文章数量相对较少，特别是对企业商业模式及其创新等的影响因素、运作机制以及情境因素仍然有很大的研究空间（庞长伟和李垣，2016）[①]。甚至有学者认为，现有实证方法也存在一定的局限，如采用传统调研问卷，缺乏基于二手数据的大样本实证研究。总之，与企业商业模式应用及其创新实践相比，国内和国外学者对商业模式理论的研究具有一定的滞后性。因此，一方面，针对现有市场上企业商业模式创新的众多案例亟待研究，为新理论框架或模型的提出提供素材；另一方面，基于大样本的计量实证研究有待加强，为提出的理论假设或模型提供经验性证据的支持。

第二节　问题的提出与研究意义

一、问题的提出

通过对企业商业模式创新研究的现实背景和理论背景分析发现，商业模式创新成为当下企业界和理论界研究和关注的焦点。特别是在日益动态复杂的外部环境下，商业模式的改进、再造、创新对企业提升绩效和塑造可持续竞争优势具有积极的作用，被视为企业动态适应不确定环境的重要手段之一。因此，如何有效地促进或驱动企业商业模式创新是一项值得深入研究的课题。在经济全球一体化形势下，企业无论是基于社会关系还是合作关系形成的网络，在市场经济活动中将发挥越来越重要的作用，对企业商业模式及其创新具有重要影响。通过国内和国外文献梳理和研究发现，企业网络嵌入性包括结构嵌入性和关系嵌入性，对商业模式创新的影响机理仍处于模糊状态，这

[①] 庞长伟，李垣. 国内商业模式研究现状——基于2000~2014年CSSCI论文情况分析 [J]. 华东经济管理，2016，30（3）：178-184.

一"暗箱"亟须打开。随着外部环境的快速变化，市场竞争环境日益呈现不确定性，企业需要快速重构资源和能力体系以增强环境适应性和保持竞争优势，而作为一种高阶能力，动态能力成为企业从事这一系列行为的基础。对于科技中小企业而言，由于有自身资源和能力的局限性，企业动态能力的培养和提升离不开社会网络及嵌入其社会关系的影响，而企业的能力和资源又为商业模式创新提供支持。基于以上逻辑分析，本书以科技中小企业为研究对象，尝试从动态能力视角探究网络嵌入性对企业商业模式创新的影响机理。

本书结合资源基础观、社会网络、动态能力、开放式创新等相关理论，尝试从动态能力视角探索网络嵌入性对科技中小企业商业模式创新的影响机理。具体需要研究的问题包括五个：网络嵌入性各维度如何影响科技中小企业商业模式创新及其各维度对商业模式创新的影响程度如何；网络嵌入性各维度如何影响科技中小企业动态能力及其各维度对动态能力的影响程度如何；动态能力各维度如何影响科技中小企业商业模式创新及其各维度对商业模式创新的影响程度如何；动态能力是否在网络嵌入性与科技中小企业商业模式创新之间起中介作用；环境动态性是否在网络嵌入性与科技中小企业商业模式创新之间起调节作用？

二、研究的意义

(一) 理论意义

商业模式创新理论已经成为战略管理领域研究的热点和重点内容之一。本书从动态能力视角探究动态环境下网络嵌入性对企业商业模式创新的影响机理，尝试构建"网络嵌入性—动态能力—商业模式创新"的理论模型，厘清三者之间的逻辑关系，进一步丰富和拓展相关理论，因此，具有重要的理论意义。

1. 进一步丰富动态能力理论研究内容

虽然动态能力研究已经形成了较为丰硕的研究成果，但从网络嵌入性研究动态能力的文献仍然十分匮乏。学者往往从网络嵌入性的结构嵌入性或关系嵌入性中的单一维度探究其对动态能力的影响。本书整合网络嵌入性中结构嵌入性和关系嵌入性，探究其如何影响企业动态能力以及各自的影响程度，通过实证检验发现影响企业动态能力的重要因素，挖掘基于网络嵌入性视角下的企业动态能力培育机制，进一步丰富动态能力理论。

2. 拓展商业模式创新影响机理研究边界

与企业实践相比，商业模式创新理论研究仍处于起步阶段。虽然学者对商业模式创新的积极作用达成了一定的共识，但商业模式创新的前因问题尚处于模糊状态。在前人研究的基础上，本书从动态能力视角探究网络嵌入性对商业模式创新的影响，将环境动态性、网络嵌入性、动态能力统一纳入商业模式创新的理论框架中，厘清各个要素之间的内在联系及其对商业模式创新的影响机理，进一步拓展了商业模式创新理论的研究。

3. 有助于完善竞争优势理论

企业如何塑造和保持竞争优势一直是战略管理研究内容的重要组成部分。动态能力的培育和提升以及商业模式创新是企业可持续竞争优势的源泉，本书基于网络嵌入性视角，探究动态能力培育机制和商业模式创新路径，有助于进一步丰富和完善企业可持续竞争优势理论。

(二) 现实意义

商业模式创新是企业在动态竞争环境下获得新经济增长点和实现可持续发展的重要手段。成文等（2014）认为，商业模式理论研究在具有概念性意义的基础上，还应具有使用的实用性和便利性[①]。本书以科技中小企业为研究对象，通过对网络嵌入性对企业商业模式创新的影响进行理论分析和实证检验。在此基础上，提出促进企业动态能力提升和商业模式创新的对策建议，能够对科技中小企业商业模式创新提供一定的借鉴意义。

（1）为企业提升动态能力提供一定的启示。科技中小企业由于规模小、资源缺乏等条件约束，往往增加了企业快速调整资源和能力以适应环境变化的难度。本书探究网络嵌入性对企业动态能力的影响，并实证检验其各维度对动态能力的不同影响程度，为企业通过网络嵌入性培育和提升动态能力提供了方向及思路。科技中小企业可以根据自身实际，侧重于社会网络结构或社会关系的塑造和培养，为提升动态能力以增强环境适应性奠定网络资源基础。

---

① 成文，王迎军，高嘉勇等. 商业模式理论演化述评 [J]. 管理学报，2014，11 (3)：462-468.

（2）为促进企业商业模式创新提供新的思路。通过研究发现，企业商业模式创新不仅受到自身能力的影响，而且还受到外部环境的影响。科技中小企业商业模式创新并非完全需要依靠自己创新，还需要充分发挥网络嵌入性和动态能力的积极作用。科技中小企业虽然存在诸多局限性，但可以在充分利用外部网络结构和社会关系的基础上，不断培养和提升企业动态能力，从而进行与企业实际相匹配的商业模式创新。

本书能够为科技中小企业动态能力提升和商业模式创新提供一定的理论和实践指导意义，帮助企业识别影响商业模式创新的重要因素，为企业进行商业模式创新提供思路和借鉴，进而有助于企业塑造可持续竞争优势和增强环境适应性。

第二章
巨变中的科技中小企业商业模式创新

大数时代企业面临着技术、市场、政策以及社会环境等商业环境的巨大变化，这些变化影响着企业价值创造路径的选择。由于大数据时代的到来，使企业的战略管理思维发生了重大变化，企业在商业模式的创新和选择过程中也发生了变化。商业模式是一个通过不同途径或方式不断挖掘潜在价值、创造价值、分配和获取价值的过程。探讨大数据时代企业价值创造路径有助于进一步揭示和阐明商业模式运行的内在机理。中国的科技中小企业具有其自身的特点，其在经济社会发展中发挥着重要的作用。通过对科技中小企业的发展现状分析结合商业环境的重大变化对科技中小企业带来的挑战，可以为科技中小企业进行商业模式创新提供科学的决策依据，实现企业的可持续发展。

第一节　环境巨变及企业价值路径选择

大数据时代使企业商业环境发生了颠覆性的变化，波士顿咨询公司（BCG）在《2014最具创新力企业：突破并非易事》中指出，大数据、移动是创新支点，67%的突破性创新者表示在大数据分析和数据挖掘方面的投入产生了显著的回报。大数据的探索和应用对百度、谷歌等互联网企业以及阿里巴巴、亚马逊等电商企业探索商业模式创新和实现快速成长具有重要的推动作用，是企业竞争优势的重要来源之一。

一、环境巨变产生的震源

20世纪80年代，托夫勒在其著作《第三次浪潮》中认为"大数据将是第三次浪潮的华彩乐章"。Nature杂志在2008年开辟了关于"Big Data"的专栏，对大数据相关理论展开了系统的研究和阐述。从此，"大数据"一词引起了企业家和学者的热切关注和广泛研究。由于大数据时代的到来，对企业生存环境产生了巨大的震荡，为了适应环境的变化必须要对大数据的内涵和特征加以了解和把握。从已有的文献可以看到，国内和国外学者从不同视角对大数据的概念进行了研究，但对其概念的理解和界定也不尽相同，甚至存在一定的分歧，如表2-1所示。

表2-1 国内和国外学者对大数据概念的界定

学者	时间	定义
Manyika 等	2011	大数据是指其涉及的数据范围超出传统数据库软件工具所能捕捉、存储、管理和分析能力的数据集
Cuzzocrea 等	2011	大数据是在一系列广泛而异构的应用场景（如从科学计算应用到社交网络）中产生的海量的非结构化数据
Fisher 等	2012	大数据是指无法以简单方式进行加工和处理的数据
Provost 和 Fawcett	2013	大数据是指数据量太大以致传统的数据处理系统无法处理而需要借助新兴信息技术的数据集
George 等	2014	大数据是一种产生于包括互联网点击、移动交易、用户行为和社交媒体等多来源的数据集，需要通过强大的计算技术才能揭示社会经济的发展趋势和模式
赵国栋等	2013	大数据是在多样的或者大量数据中迅速获取信息的能力
沈浩和黄晓兰	2013	大数据是指从海量数据中挖掘、发现知识的过程，即利用自动或半自动手段，采用统计技术，从大型数据库中揭示海量数据中有意义的潜在规律和提取人们感兴趣知识的处理过程

续表

学者	时间	定义
钟瑛和张恒山	2013	大数据主要是指大数据技术及其应用，是指从各种各样类型的数据中，快速获得有价值信息的能力

资料来源：根据国内和国外文献整理。

多数学者从数据出发，认为大数据的本质是数据的集合，强调大数据概念的名词属性，而部分学者从技术视角探究了大数据的内涵，认为大数据是一种先进的信息化技术或应用，突出了大数据的应用属性，还有学者从能力视角出发认为大数据是一种从海量数据中获取信息的能力。总之，大数据是一个有争议而又宽泛的概念。我们认为，大数据是一种由海量非结构化数据构成的集合，需要利用先进云技术才能弥补传统统计工具获取、存储、处理和分析能力的不足，以实现内在价值信息的挖掘和获取。对企业而言，大数据不再单纯是一种海量、结构复杂的数据集，而是一种能够为处于动态复杂环境下的企业提供创新源泉、商业价值或发展机遇的异质性重要战略资源。

大数据是继云计算技术、互联网技术等先进信息技术兴起后才发展起来的，具有鲜明的时代特点。针对大数据的特点，国内和国外学者提出了以下观点，如表2-2所示。

表2-2 国内和国外学者对大数据特点的研究

学者	时间	特点
McAfee 和 Brynjolfsson	2012	"3V"：数据量大（Volume）、种类多（Variety）、实时化（Velocity）
White	2012	"5V"：数据量大（Volume）、种类多（Variety）、实时化（Velocity）、具有价值性（Value）、真实性（Veracity）
Kwon 和 Sim、Chen 等	2013	"3V"：数据量大（Volume）、种类多（Variety）、实时化（Velocity）
李国杰和程学旗	2012	"4V"：海量数据（Volume）、类型复杂（Variety）、实时处理（Velocity）、价值巨大（Value）

续表

学者	时间	特点
赵国栋等	2013	"4V": 体量大（Volume）、实时要求高（Velocity）、多样性（Variety）、有价值（Value）
邬贺铨	2014	"4V": 量大（Volume）、增长快（Velocity）、多样性（Variety）、高价值（Value）
刘涛雄和徐晓飞	2015	"4V": 大量化（Volume）、快速化（Velocity）、多样化（Variety）、价值化（Value）

资料来源：根据国内和国外文献整理。

对于大数据所具有的特征，学者分别提出了"3V""4V""5V"等观点。一些学者是在"3V"特征基础上分别对大数据的特点进行深入的挖掘和拓展。目前，学者普遍接受的是大数据的"4V"特征，即数据量巨大、数据类型复杂、实时处理、价值性。基于资源基础理论（Resource-Based View, RBV），大数据对企业而言是一种异质性战略资源，是企业竞争优势的重要来源之一。大数据资源具有价值性、稀缺性、难以模仿性和不可替代性的特征。大数据是一种蕴藏巨大商业价值的数据集合资源，大数据资源仅被互联网企业、电商企业、电信企业等少数大型企业所拥有，企业大数据资源主要来源于企业产品或服务的使用者及潜在消费群体，是企业通过付出大量资金、人力、物力等构建某种组织路径长期原始积累的结果。由于大数据的"4V"特点，企业难以寻找到与之在资源属性方面相匹配的替代物而取代大数据。

二、环境巨变对思维模式的冲击

大数据的诞生和发展改变了人们传统固有的思维方式。舍恩伯格和库克耶（2013）认为，大数据思维是指一种意识，即公开的数据一旦处理得当就能为千百万人亟须解决的问题提供答案，突出反映了大数据思维的重要性和价值性。赵国栋等（2013）指出，炒作、片面理解、视野狭隘、唯技术论等对大数据的片面认知是阻碍企业家深入应用大数据的最重要因素①。大数据思维体现的是企业家对大数据资源及其如何应用于企业战略决策、组织管理、市场营销等方面的认知、思维方式及处事态度等,大数据思维对企业特别是具有或可获得大数据资源的企业来说至关重要。正确、全面地认知大数据是企业管理层基于大数据深入分析和研究企业战略制定、组织运营及商业模式创新的前提,是企业基于大数据实现可持续竞争优势的关键。国内和国外学者们针对大数据思维特征展开了系统研究:

(一) 二维思维特征

张建设(2012)认为,战略决策主体正由商业精英向社会公众转变,决策依据也由结构化数据向非结构化、半结构化和结构化融合而成的大数据转变,认为传统战略论走向终结②。冯芷艳等(2013)认为,现代企业商务决策很大程度上依赖于社会媒体、网民群体、上下游合作企业以及竞争对手所构成的"网络生态系统"③,即决策主体不再单纯的是企业家或企业高管人员,而是更加复杂或甚至具备网络化结构的社会群体。大数据思维实现了传统固有思维方式的突破,产生了质的飞跃。大数据的出现对传统战略理论提出了巨大挑战,即战略决策的制定已经不再完全取决于企业高管的智慧及经验,更多的是倾向于由下而上、由外而内的基层群体的力量;不再取决于结构化的小样本数据,更多的是依赖于来源广泛、结构复杂的大数据。可见,大数据思维呈现决策主体社会化、决策依据全面化的特点。

(二) 三维思维特征

舍恩伯格和库克耶(2013)指出,大数据时代产生三种重大思维转变④:首先,关注研究事物的所有数据,而不再是小样本数据,即"总体"思维。"总体"思维能够有效摆脱小样本数据获取的主观性及数据估计的误差,使事物的本质能够更加客观真实的展现。互联网、物联网等新兴技术使全数据思

---

① 赵国栋,易欢欢,糜万军,等. 大数据时代的历史机遇 [M]. 北京:清华大学出版社,2013.
② 张建设. 大数据:战略论的终结与社会化决策的兴起 [J]. 企业管理,2012(10):92-94.
③ 冯芷艳,郭迅华,曾大军,等. 大数据背景下商务管理研究若干前沿课题 [J]. 管理科学学报,2013,16(1):1-9.
④ [英] 维克托·迈尔-舍恩伯格,肯尼思·库克耶. 大数据时代:生活、工作与思维的大变革 [M]. 盛杨燕,周涛,译. 杭州:浙江人民出版社,2013.

维模式成为可能。其次,注重数据的混杂性而忽视精确性,即"容错"思维。大数据的数据海量、种类繁多的特点使"容错"思维具备合理性和科学性。最后,更注重事物间的相关关系,而不是因果关系,即"相关"思维。吕本富和刘颖(2015)指出,大数据改变了传统的依靠观察、思考、推理、决策的逻辑思维过程,为企业决策提供了一种基于数据力量从其他视角可以直接获得解决问题方法的新型逻辑思维。其主体思想与舍恩伯格的"相关"思维理论不谋而合,即不去过分探究事物间的因果关系,而是直接去寻求事物间的相关关系。综上所述,大数据思维呈现"总体""容错""相关"三大特征。

(三) 四维思维特征

刘力钢和袁少锋(2015)基于战略视角认为,大数据时代企业管理决策思维特征为定量思维、跨界思维、执行思维和怀疑思维,即"一切都可测量、一切都有关联、一切都可利用、一切都可试验"①(简称四维特征理论)。四维特征理论主要是基于企业微观视角探究管理者在企业战略管理过程中应秉持的大数据思维,是对舍恩伯格和库克耶提出的大数据思维三维特征理论的继承及升华。传统战略思维理论已经不能满足日益动态复杂环境下企业参与市场竞争和实现可持续发展的迫切需求。特别是在大数据时代背景下,徐子沛(2012)认为,和互联网时代相比,大数据时代不仅意味着更广泛、更深层的开放和共享,还意味着更精准、更高效、更智能的管理革命。因此,顺应时代发展潮流,升级传统战略思维,秉持"定量、跨界、执行和怀疑"的大数据思维,是企业参与市场竞争和赢得领先地位的必然选择。

总之,大数据时代的到来引发了传统思维的深刻变革。学者从不同视角对大数据思维特征进行了深入分析和总结,至今未形成一致观点。虽然彼此研究的重点不同,但其研究内容存在共性之处,即依靠来源于社会群体的大数据探究事物的相关性以实现问题的解决或决策的制定,充分体现了大数据思维的全面性、相关性特征。在日益动态复杂的环境下,管理层应秉持大数据思维,在企业商业模式设计、改进和创新过程中应注重融合基于社会公众的社会化决策、基于异质事物间的内在联系及基于大数据的科学分析,从而提升企业应对外部环境变化的能力。

---

① 刘力钢,袁少锋. 大数据时代的企业战略思维特征 [J]. 中州学刊, 2015 (1): 42-46.

三、环境巨变引发商业环境的嬗变

在动态复杂的市场竞争环境中,消费者需求呈现多元化、个性化发展趋势,企业间竞争合作关系日益复杂,竞争日趋激烈,因此对企业的动态竞争能力提出了更高要求。大数据时代,企业面临的商业环境快速变化,包括政府政策、信息技术、顾客需求以及关系网络等的快速变化对企业已有竞争优势形成巨大冲击,驱动企业积极寻求和探索符合大数据时代要求的新商业模式或价值创造方式。

(一)技术环境

在技术环境中,技术更新换代速度加快,产品生命周期日益缩短,云计算、物联网、移动互联网等新一代信息技术快速崛起,对传统企业参与市场竞争形成了巨大冲击。快速发展的互联网及信息技术导致传统价值创造路径或商业模式受到局限,难以满足企业实现价值增值或探寻新价值以提高竞争优势的需求。

大数据技术为海量信息的及时搜寻和管理提供了支持,经数据挖掘的有效信息能独立参与价值创造活动,与其他生产要素并行发挥作用,能有效突破传统价值创造过程(金帆,2014)[①]。随着云计算、移动互联网、物联网等新一代信息技术应用日益成熟,基于现代信息技术对大数据的挖掘为企业进行商业模式创新提供了可能:云计算不仅为海量数据存储提供了一种新型存储方式——"云端"存储,而且为处理和分析大数据以从中获取低密度的价值资源提供了一种强大的计算能力和可行方案;互联网、移动互联网及物联网等实现了"人、机、物"三元世界的虚拟化联结与融合,将现实物理世界予以虚拟化,从而形成海量数据,使大数据具备可获得、易获得的属性。总之,企业基于大数据进行价值创造或探寻全新的商业模式离不开云计算、物联网、移动互联网等新一代信息技术的支持。

(二)市场环境

在市场环境中,随着大数据时代的到来,传统竞争战略已经不能满足企

---

① 金帆. 价值生态系统:云经济时代的价值创造机制 [J]. 中国工业经济,2014(4):97-109.

业适应日益动态复杂环境的发展需求。外部环境日益动态复杂，企业间竞争日益激烈，促使消费市场由最初的卖方市场向买方市场过渡，消费者对企业提供的商品或服务具有更大的选择性和话语权。消费者需求日益呈现多元化、个性化、定制化和网络化，因此，充分了解潜在顾客需求变化是企业商业模式变革的必然选择。

基于精英智慧、依靠经验判断、自上而下的传统战略理论逐渐走向终结，社会化媒体和大数据动摇了战略理论的决策基础，决策主体正由商业精英转向社会公众，而决策依据正转向大数据（张建设，2012）。顾客是企业价值创造和探索新价值的重要源泉。基于小样本数据的调查结果容易导致企业对顾客需求判断产生偏差，难以使企业真正了解整个市场或目标顾客的动态需求，影响企业价值创造过程，甚至会对企业产生一种毁灭性的打击。基于大数据的思维理念是研究和分析与事物有关的总体数据，而不是小样本数据。因此，企业需要尽可能地获取和分析企业顾客的全样本数据，以提高企业对整个目标市场消费者需求把握的精准性，从而为企业商业模式的设计、改进和创新提供可靠的数据及信息支持。大数据时代企业战略思维呈现新特征：定量、跨界、执行和怀疑，即"一切都可测量、一切都有关联、一切都可利用、一切都可试验"（刘力钢和袁少锋，2015）。基于顾客需求驱动和数据驱动的战略导向将是企业进行商业模式创新和实现转型升级的必然趋势。顾客大数据是对企业面临的市场环境变化的最客观、最真实的反映，是企业进行战略决策、运营管理及满足客户需求的重要依据。

（三）政策环境

在政策环境中，政府政策变化的频率和速度呈现不确定性，政策的日益动态化在一定时期内将会成为一种常态。近年来，各国政府对大数据及相关技术的应用和研究加大了关注及支持，纷纷提出了有关推进大数据快速发展和应用的政策（见表2-3）。这一系列政策主要集中在整合移动互联网、云计算、大数据等相关技术，通过对大数据价值挖掘，推动智能化产业链发展、传统产业的"互联网+"、公共服务改革等相关方面。多数国家将大数据战略上升为国家战略，以增强国际竞争力和谋求在国际上的领先地位。

政府是大数据的拥有者，拥有海量、最具价值、最原始的核心数据资源。政府针对大数据政策的提出，一方面，有利于政府部分垄断原始数据实现进一步开放,为企业依靠政府数据和应用大数据技术进行服务创新和价值创造提供可靠的数据源;另一方面,能够为企业、高校、科研院所等开展大数据及相关技术的研究和应用提供良好的政策支持和保障。基于现实日益增多的证据表明,只要实施正确的政策和激励,大数据将成为竞争的关键性基础,并成为下一波生产率提高、创新和为消费者创造价值的支柱(陈宪宇,2013)[1]。政府政策对新一代信息技术的倾斜能够为企业探索新商业模式提供良好宏观环境。

表 2-3 国内和国外有关大数据政策梳理

国家	政策	内容
美国	2012 年大数据研究和发展计划	提高从海量数据中获取知识和洞见的能力
	2014 年《大数据:把握机遇,守护价值》白皮书	强调发挥大数据价值的同时注重保护隐私
中国	2012 年《"十二五"国家战略性新兴产业发展规划》	推进高性能服务器、海量数据存储、智能终端等设备产业化
	2013 年《关于促进信息消费扩大内需的若干意见》	面向移动互联网、云计算、大数据等热点,加快实施智能终端产业化工程
	2015 年"互联网+"行动计划	推动云计算、大数据等与现代制造业结合
	2016 年"十三五"规划纲要	把大数据作为基础性战略资源,全面实施促进大数据发展行动
日本	2012 年《面向 2020 年的 ICT 综合战略》	重点关注大数据应用所需的社会化媒体等智能技术开发、传统产业 IT 创新等
	2013 年"创建最尖端 IT 国家宣言"	全面阐述了 2013~2020 年以发展开放公共数据和大数据为核心的日本新 IT 国家战略
澳大利亚	2013 年《公共服务大数据战略》	推动公共行业利用大数据分析进行服务改革
英国	2013 年《把握数据带来的机遇:英国数据能力战略》	针对提升数据分析技术、加强国家基础设施建设等做出了部署
法国	2013 年《法国政府大数据五项支持计划》	为大数据设立原始扶持资金,促进创新

资料来源:根据张勇进等相关资料整理。

---

[1] 陈宪宇. 大数据的商业价值 [J]. 企业管理,2013 (3):108-110.

(四) 社会环境

大数据时代，企业各种实际或潜在的社会关系不断渗透或影响到企业一切经营活动，进而使企业社会资本的价值日益凸显，主要表现在以下几个方面：

(1) 呈网络化趋势。企业在非大数据时代的关系网较为狭小，网络结构较为简单，主要依靠与社会关系面对面的人际交流，沟通频率较低，关系网络维护成本较高。然而，大数据时代，企业基于互联网、移动互联网等网络载体能以更为低廉的成本与更多的企业、客户、消费者、高校及科研机构等群体构建更大规模、更具黏性、更加畅通的社交网络，有效地拓展了企业可获得社会资本的渠道和途径，从而有助于企业构建自己的社会网络。

(2) 信息透明化。大数据时代，随着互联网和新一代信息技术的快速发展，企业与供应商、客户、消费者、政府以及第三方服务机构等社会关系之间的信息不对称逐渐降低，透明度不断增强，有助于增进彼此间的相互了解，从而为双方开展广泛的合作和深入的交流奠定坚实的信任基础。信任、规范、认同等反映了企业社会资本的情感属性及关系质量，是企业与合作伙伴长期保持密切合作与交流的重要前提。企业只有通过信任、互惠、认同等一系列关系机制构建和培育良好的社会关系，才能有助于减少企业网络成员间的机会主义，进一步降低相关监督成本和知识转移成本。

(3) 合作全球化。大数据时代，信息呈爆炸式增长趋势，企业难以拥有全部的创新知识和资源，需要企业跨组织、跨地区、跨行业，甚至是跨认知领域搜寻战略合作伙伴。大数据时代以互联网和电子商务为平台的企业合作伙伴选择范围更广（王举颖等，2014）。现代竞争环境的变化，促使企业单打独斗的竞争形势逐渐演化为以群体合作共同参与市场竞争的形式，从而导致竞争合作关系或社交网络形式更加复杂。企业可以通过网络更加便捷、灵活的方式选择异质性的合作伙伴进行交互和构建战略合作关系，有助于企业摆脱以往的时空限制，从而更好地应对外部市场竞争和潜在风险，使企业构建和保持强大的竞争力。

大数据时代，技术环境、市场环境、政策环境以及社会环境等发生重大改变，为企业探索全新的商业模式提供了重要的战略机遇期。大数据时代的企业商业模式创新是以顾客需求为导向，以反映客观现实的海量、异构化的原始数据为出发点,依靠云计算、物联网、移动互联网等新一代信息技术进行数据的收集、存储、处理和分析,从而实现企业战略目标的一系列价值创造活动。

四、巨变中的企业价值创造路径

(一) 大数据时代商业模式与价值创造

1. 商业模式的界定

针对商业模式的内涵,学者众说纷纭,至今尚未形成统一的观点(Zott等,2011)。早期对商业模式概念的研究主要是对企业商业现象的简单描述,也被称为现象类商业模式(傅世昌和王惠芬,2011)[①]。国外学者 Morris 等(2005)在分析前人对商业模式概念研究基础上,将其划分为经济类、运营类和战略类三种,并在此基础上采用整合方式对商业模式进行了重新界定[②]。国内学者原磊(2007)在 Morris 等(2003)研究基础上认为,商业模式概念发展总体上表现为:由经济类向运营类、战略类和整合类演进[③],这也充分体现了对商业模式概念认识的不断深化。目前,Morris 等(2003)和原磊(2007)对商业模式内涵的总结和梳理具有代表性(王水莲和常联伟,2014)。

经济类观点认为,商业模式是企业获取和保持其收益的逻辑陈述(Stewart 和 Zhao,2000),是企业攫取利润而经营商业的方法(Rappa,2000;Afuah 和 Tucci,2001),主要围绕企业盈利的基本逻辑和方法进行探讨,反映了企业的经济模式,详细阐述了企业获取利润、未来规划以及保持竞争优势等主要方式和途径。

运营类观点认为,商业模式是企业经营过程中价值流、收入流和物流的特定组合(Mahadevan,2000)、是企业进行价值创造的交易内容、结构和治理架构(Amit 和 Zott,2001),主要围绕企业的商业流程和基本结构进行探

[①] 傅世昌,王惠芬. 商业模式定义与概念本质的理论体系与研究趋势 [J]. 中国科技论坛,2011 (2):70-76.

[②] Morris M, Schindehutte M, Allen J. The Entrepreneur's Business Model: Toward a Unified Perspective [J]. Journal of Business Research, 2005, 58 (6): 726-735.

[③] 原磊. 国外商业模式理论研究评介 [J]. 外国经济与管理,2007, 29 (10): 17-25.

讨，由单纯的盈利逻辑拓展到整体的运营结构。

战略类观点认为，商业模式是企业为获得持续收入流而创造目标顾客群体架构、营销、传递价值和关系资本的描述（Dubosson-Torbay 等，2002），是企业获取利润的内部和外部因素与战略能力之间的逻辑关系，是一种联系财务目标、现实环境与企业行为的系统性蓝图（Bossidy，2004），涉及企业资源、能力以及战略方向的总体考察，不再局限于盈利的运营架构，而是将其上升到企业战略高度。

整合类观点认为，商业模式是对企业战略方向、运营结构和经济逻辑等一系列存在关联性变量进行定位和整合的陈述（Morris 等，2003），是一种用于整合企业、顾客、供应链伙伴等利益相关者以获取超额利润的战略创新意图和可实现的结构体系以及制度安排的集合（罗珉等，2005），即从系统的视角阐述商业系统运行的本质。从某种程度上讲，整合观更能突出地反映商业模式的本质，指导商业系统如何更好地创造价值。

2. 商业模式与价值创造的关系

项国鹏等（2014）通过对国外商业模式文献研究发现，价值发现、价值创造、价值分配与获取等能够揭示商业模式运行的内在机理[①]。商业模式是一个通过不同途径或方式不断挖掘潜在价值、创造价值、分配和获取价值的过程。王雪冬和董大海（2013）认为，商业模式创新遵循的是建构逻辑，强调以市场为导向，通过重构最优规则来创造新价值[②]。商业模式创新注重的是挖掘和创造新的价值。而价值创造的核心逻辑（包括价值发现、获取、创造与实现等过程）是企业商业模式的本质属性（Dubosson-Torbay 等，2002）[③]。价值逻辑主线贯穿于企业商业模式创新过程始终，包括基于顾客价值主张或市场导向的"源创新"（Edison，2012）、基于企业顶层设计的战略创新（Hamel，1989）以及基于流程、收入与成本运营的过程创新（Osterwalder，2005）等。

George 等（2014）认为，管理学者需要探究"大数据"新价值来源的产

---

① 项国鹏，杨卓，罗兴武. 价值创造视角下的商业模式研究回顾与理论框架构建——基于扎根思想的编码与提炼[J]. 外国经济与管理，2014（6）：32-41.
② 王雪冬，董大海. 商业模式创新概念研究述评与展望[J]. 外国经济与管理，2013，35（11）：29-36.
③ Dubosson-Torbay M, Osterwalder A, Pigneur Y. E-business Model Design, Classification, and Measurements[J]. Thunderbird International Business Review，2002，44（1）：5-23.

生方式及其凸显价值的创造路径，以及该价值是如何通过新的商业模式和管理工具等在各利益群体之间进行分配的，如合同和许可证等方式。Manyika 等（2011）指出，大数据不仅能够使公司改善或创新产品和服务，而且还能创造全新的商业模式，如实时定位数据创造了一种全新的服务模式——基于驾驶的导航服务和保险定价服务。企业获取竞争优势的关键并不取决于如何获取大数据，而在于如何实现大数据资源与企业商业模式动态整合，为企业商业模式创新提供动态化资源支持。因此，有必要系统地研究大数据时代企业价值创造路径，进一步阐明商业模式运行机理。

(二) 大数据时代基于价值系统的价值创造

企业大数据来源主要包括基于互联网、物联网、智能终端等方式获取的以顾客诉求、网络社交、定位搜索等为主的顾客数据和以体现企业研发、生产、物流、销售等维持企业正常生产的运营数据。基于大数据的价值创造系统是企业利用大数据技术对顾客数据和运营数据进行智能化处理和分析，形成具有价值的信息和知识，实现基于大数据的实体价值链和虚拟价值链的有效整合——线上线下活动有机融合的一种价值创造系统，有助于提升企业整体的运营效率和降低企业运营成本。

1. 基于信息协同的价值创造

基于大数据的价值创造系统，将企业实体价值链中的每一项生产作业及管理活动中产生数据或信息以编码的方式投射到虚拟价值链体系中，实现对实体价值创造活动的虚拟化、信息化和智能化的运营和管理。企业在虚拟环境中能更加清晰地透视和监测企业整个价值创造体系，对企业分散的业务活动的信息流、物流、资金流等基于大数据技术实现集成和优化，从而进行更为有效的管理。其中，在研发设计环节，企业能够基于大数据技术实现研发设计的虚拟化操作，动态调配和整合企业共享的数据资源、信息资源及软件资源。通过模拟仿真的形式进行企业的研发设计活动，在材料采购和库存环节，企业基于大数据对消费者需求的分析，进行动态估计、预测和修正消费者的需求量，进而提升企业原料的采购量和库存量的精准性，从而降低企业库存成本。在生产运营环节，企业可以利用互联网或物联网模式对生产运营过程中的设备工作、机器运行、半成品及产品制造等企业运营数据和信息的反馈进行动态监测及质量跟踪，及时预警并提示潜在问题，以防止故障的发生,从而避免企业更大损失的出现。在营销服务环节,企业基于消费者大数据收集、分析和处理,动态了解不同消费者群体的差异化需求,进行精准营销和提供个性化服务,提升企业产品或服务的销量。

在传统价值链管理过程中,价值创造活动的各个环节独立运作的效果相对较好,难以形成一个有机的统一体,导致企业整体运作的协调性较差。企业基于大数据的价值系统构建,使实体价值链和虚拟价值链在价值创造过程中协同运作。新一代信息技术可以实现企业各部门之间信息高度共享和协同,打破企业内部的信息孤岛,促使价值创造系统中各价值创造环节的节点之间无缝连接,有效克服传统价值链管理在空间上的组织结构障碍和信息交流障碍,提高整个企业各部门间合作的协同性和职能的耦合性,发挥"1+1>2"的协同效应,提升企业运营效率和市场反应能力。

2. 基于价值链重构的价值创造

外部环境日益动态复杂,对企业价值链的灵活性和组织柔性提出了更高要求。企业需要重新审视其价值创造体系能否继续适应环境变化和满足顾客需求。随着信息技术的迅猛发展和竞争环境的日益严峻,传统企业固有的价值创造模式已经难以为企业带来可持续的竞争优势,甚至面临被市场所淘汰的困境,需要从战略视角加强对企业价值链的柔性管理,对价值创造活动进行动态调整、优化或重构,以不断地提升企业价值管理能力和创造能力。企业价值链重构通常可以通过增加、删除、逆流、整合等其中的一种方式或几种方式组合形式进行重新设计或构建(Yang等,2004)[①]。大数据为企业对价值链进行动态调整和优化以不断增加企业价值提供了可能。

基于大数据的价值链重构是在实现虚体和实体价值链整合的基础上,利用顾客需求倒逼机制,促使企业对价值链体系进行重新审视、优化和再设计。首先,基于大数据审视企业价值链。企业以顾客需求为导向,利用大数据技术对顾客需求进行动态分析和对企业价值创造体系动态监测,通过顾客需求促使企业对价值创造活动进行重新审视和思考,即如何优化或设计企业价值链更好地为顾客提供更多的产品价值、服务价值以及体验价值等。其次,基

---

① Yang D H, Kim S, Nam C, et al. Fixed and Mobile Service Convergence and Reconfiguration of Telecommunications Value Chains [J]. IEEE Wireless Communications, 2004, 11 (5): 42-47.

于顾客需求进行价值链的优化。企业结合审视产品全生命周期过程中价值创造活动情况，加强对价值创造活动的柔性管理，对企业无效、高成本、冗余的活动要及时进行缩减或删除，通过外包、众包等方式满足企业发展需求。整合自身资源优势和能力优势，主攻核心技术、核心产品及相关业务。提升企业专业化水平和价值创造能力。最后，基于价值链重构实现企业转型。当企业发展遇到"瓶颈"或处于成熟阶段时，企业需要基于大数据的分析和挖掘，重新审视企业价值创造活动，整合资源、技术和能力等优势，向价值链的研发端与服务端延伸，从而促使企业转型升级。例如，传统制造业企业可借助大数据向制造服务型企业转变，在为顾客提供产品的同时，也可以提供相应的咨询服务、设计服务、解决方案服务等，以不断寻求价值创造新路径，探索新的利润增长点。

（三）大数据时代基于知识管理的价值创造

知识管理是企业进行价值创造的重要路径之一，而知识的有效管理能够提升企业竞争优势，是企业获得成功的重要影响因素之一（Spender 和 Grant，1996）[1]。知识管理除了注重组织内部的共享，还强调要与外部环境进行动态匹配（Chang 和 Tzeng，2010）[2]。企业基于大数据进行知识管理，是指企业利用新一代信息技术从外部环境中广泛收集数据及信息以挖掘和获取顾客知识，将内隐于海量数据及信息中的知识外显化，对企业已有知识库进行更新、扩充和整合，进行知识创新并加以利用的过程。传统企业往往忽视对顾客大数据的处理、分析和挖掘，导致顾客真实内在需求难以发现。具有大数据思维的企业能够基于新一代信息技术深入分析和挖掘企业长期积累的大数据资源，能够有效洞察客户需求，并从长期搜寻和积累的数据中挖掘传统企业无法获得的新知识，实现企业知识创新。企业价值创造只有通过对外部环境信息和知识的收集、吸收融合及创新，才能不断实现企业价值创造体系中原有知识体系的突破和升级。企业基于大数据背景下的知识管理，主要途径是知识搜

---

[1] Spender J C, Grant R M. Knowledge and the Firm: Overview [J]. Strategic Management Journal, 1996, 17 (S2): 5-9.

[2] Chang H F, Tzeng G H. A Causal Decision Making Model for Knowledge Management Capabilities to Innovation Performance in Taiwan's High-Tech Industry [J]. Journal of Technology Management & Innovation, 2010, 5 (4): 137-146.

寻、知识融合和知识创新。

1. 基于知识搜寻的价值创造

基于大数据的知识搜寻主要是通过新一代信息技术对市场环境的扫描、监测,通过对顾客大数据资源的收集、存储、处理和分析以获取更多更详尽的顾客知识。顾客知识主要包括：关于顾客的知识、来自顾客的知识和顾客需要的知识（Blosch 和 Marcus，2000；Gebert 等，2003）。关于顾客的知识主要指反映顾客基本属性的信息,如顾客性别、年龄、购物习惯等；来自顾客的知识主要指反映顾客对产品或服务的态度及价值判断的信息,如顾客对产品或服务的赞赏或批评、建议等反映情感及态度的信息；顾客需要的知识指企业为满足顾客对企业产品和服务的认知需要而储备的知识,企业需要对顾客及时传递相关信息和知识,以便顾客更好地了解和认知企业产品、服务、品牌等。

基于大数据搜寻的顾客知识为企业提供了一种互补性的无形资产,能够有效弥补管理者的认知不足,为企业进行管理和决策提供洞察。随着互联网及移动智能终端的应用和普及,消费者行为的点点滴滴都会被智能终端时时刻刻记录下来,形成海量的用户信息及行为数据,也就为企业进行大数据分析提供了有关顾客的知识资源。Tapscott（2002）认为,顾客提供的这些信息构成了企业重要的数字资本（王化成和尹美群；2005）[①]。企业基于顾客大数据的处理和分析能够为企业提供非常重要、有价值的信息,例如,顾客所购买的商品能够反映其购置目的、偏好及对商品的态度和潜在需求等顾客知识。企业基于大数据的顾客知识搜寻能够促使企业获取对顾客需求的洞察,是对企业原有知识体系进行升级的起点,也是企业进行价值创造的起点。随着互联网时代的到来,快速崛起的电子商务和虚拟社区,为企业获取消费者的产品和服务购置行为痕迹及评价的数据和信息提供了虚拟化平台。企业利用大数据及新一代信息技术对消费者有关企业产品和服务的评价,尤其是对具有批判性观点或创新性建议的有效获取,能够为企业进行产品或服务改进、创新提供重要的源泉。

[①] 王化成,尹美群. 价值链模式下价值创造的要素体系研究——兼论价值评估过程中与传统模式之间的异同 [J]. 管理世界, 2005 (5): 104-110+143.

2. 基于知识耦合的价值创造

企业基于大数据获取新的顾客知识之后，还需要与企业原有知识进行碰撞和融合，以对企业原有知识库进行补充和完善。外部环境动态变化，日益增长的知识量，包括顾客需求的变化、行为方式的改变等顾客知识，要远远超过企业原有知识的容量。因此，基于大数据的顾客知识的获取和存储不仅提升了企业对外部知识收集的能力，也扩充了企业知识的容纳能力，促使企业知识不断丰富和更新。企业基于大数据获取消费者对产品和服务的建设性改进意见，取其精华，去其糟粕，与企业产品和服务进行整合，促进企业原有产品和服务的改进和完善，是一种没有发生本质变化的渐进式创新。

企业基于大数据的知识耦合性价值创造还体现在基于大数据的精准营销。企业在对顾客知识搜寻的基础上，通过大数据技术提高了企业对顾客的认知水平。企业基于大数据的精准营销理念是对"相关"思维理念的探索和实践，即事物间存在或多或少的潜移默化的联系。基于大数据对消费者购物行为、社交行为、网页浏览行为等数据进行智能化分析，丰富企业的顾客知识，以不断提升企业对消费者需求的认知水平，从而智能地向特定消费者推荐有针对性的产品或服务信息，即通过将企业产品和服务与消费者需求实现智能化匹配，向顾客传递其所需要的知识，以提高顾客对企业产品或服务的认知度和需求度，从而促进企业产品或服务的销售。有时，消费者自己也未必能了解其潜在需求或忽视了其内在需求。基于大数据的精准营销能够在更好地了解消费者内在需求的基础上，及时向消费者推送有针对性的产品或服务信息，提醒或激发消费者的内在需求，从而促使消费者产生购买欲望和购买行为。基于大数据的精准营销是企业利用大数据收集的顾客知识与企业原有知识实现融合、匹配与应用的结果。

3. 基于知识创新的价值创造

搜寻的外部知识在企业内部融合是一个渐进的过程，而知识创新是一个知识融合由量变到质变的过程。知识创新是基于对知识的收集、融合、转化，进而形成企业在特定时期所特有的新知识的过程，并将新知识与企业产品、技术、工艺相融合，突破式地创新产品、技术、工艺等，从而产生质的飞跃。管理学者德鲁克认为，知识创新是"赋予知识资源以新的创造财富能力的行为"（樊治平和李慎杰；2006）①。知识创新不仅强调知识的新颖性，而且注重新知识的应用价值属性——能够为企业创造新的价值。

基于大数据的知识创新则是通过大数据及新一代信息技术将企业新知识与产品和服务融合，促进企业产品及服务的突破式创新，甚至产生新的商业模式，为顾客提供更多的价值。企业的知识创新将外化为企业产品、服务、商业模式等创新，从而增加产品价值、服务价值及体验价值，进而提升顾客感知价值。企业知识创新是以顾客需求为出发点，着眼于顾客知识与产品、服务的融合，驱动企业产品、服务及商业模式的创新，即企业创新的产品、服务及商业模式等是企业知识创新的集中展现。商业模式创新已成为企业实现组织动态调整以适应日益动态复杂环境和创造价值以提升企业竞争优势的非常重要的途径之一。企业商业模式将知识创新成果和经济效益结合起来，基于新一代信息技术的支持，在信息流、知识流和价值流的互动匹配过程中形成商业模式创新的基本途径，即企业知识管理是一个循环往复、螺旋式上升的动态过程，通过组织知识的学习、运用、创新的循环往复，不断推进商业模式的创新（李长云，2012）②。

通过大数据技术广泛收集外部知识，以不断增加和充实企业知识存量，改进和完善企业产品和服务，甚至以突破式创新的方式提升顾客感知价值，才能更好、更快地适应动态复杂的竞争环境。

（四）大数据时代价值创造路径模型

波特最先提出实体价值链，用以探究企业价值创造活动，Sviokla 等将价值创造理论延伸至虚拟价值链（杨学成、陶晓波，2015）。其中，实体价值链是企业基于研发设计、生产加工、物流销售等一系列价值创造的物理活动，而虚拟价值链是通过对信息的收集、组织、选择、合成和分配而创造价值（杨学成、陶晓波，2015）。舍恩伯格（2013）则从大数据视角提出了大数据价值链，认为其是大数据本身、拥有处理数据的技能以及具备基于数据挖掘的创新思维。大数据是价值创造的源泉，基于数据挖掘的创新思维是大数据价值链的核心，技能是为从大数据中获取创新源泉提供了技术和能力支持，

---

① 樊治平，李慎杰．知识创造与知识创新的内涵及相互关系［J］．东北大学学报（社会科学版），2006（2）：102-105．

② 李长云．创新商业模式的机理与实现路径［J］．中国软科学，2012（4）：167-176．

三者之间相辅相成缺一不可。大数据价值链本质是一种数字化的信息链,涵盖从大数据的获取、存储、处理、分析到形成信息和知识管理的一系列虚拟化的价值创造活动,是对虚拟价值链本质更深入的挖掘和探究。

大数据时代,企业价值创造是一个整合虚实价值链的复杂的系统工程。企业基于大数据的价值创造是以顾客为出发点,获取以顾客为中心的大数据资源,进行处理和分析,转化为可资利用的信息和知识。通过大数据资源的获取,可以及时洞察和捕捉顾客的真实需求,以价值创造的方式将信息和知识在大数据技术支持下嵌入并内化在企业商品和服务中,实现产品或服务的创新或附加值的增加。最终通过市场交易的方式将价值传递给顾客。基于大数据的价值创造源泉来自于顾客,而价值创造成果最终又服务于顾客,形成了一个基于大数据的价值螺旋上升式的价值创造循环系统,改变了从研发、生产到销售的单一方向的传统价值创造路径。本书在波特等价值创造理论基础上构建了大数据时代企业价值创造路径模型,如图 2-1 所示。

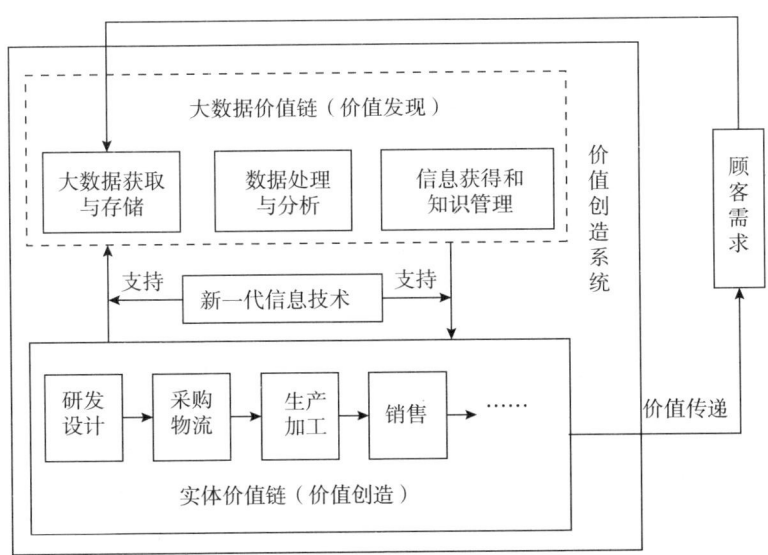

图 2-1 大数据时代企业价值创造路径模型

第二节 中国科技中小企业发展现状

一、中小企业及科技中小企业界定

(一) 中小企业的界定

关于中小企业的界定,各国的划分标准并不统一,甚至存在一定的模糊性。由于不同国家和地区的经济发展水平、所处的经济发展周期以及企业自身的发展特点和波动情况不同等原因,导致世界各国家和地区对中小企业的划分标准也存在一定的差异性。总体上看,多数国家主要采用"定性"和"定量"两种方式对中小企业进行划分。从"定量"角度划分,主要是从员工总数、销售总额、注册资本以及资产总额等方面中的一项或多项进行界定。从"定性"角度划分,则主要结合中小企业自身的特点,包括企业管理模式、现代生产方式、雇佣劳动关系等衡量指标(姜爱军,2012)。定性指标往往缺乏统一的标准,而且具备很强的主观性,主要依赖于主观判断。因此,在国际上这一方法缺乏一定的通用性。多数国家采用定量的方法或定性与定量相结合的方法对中小企业进行界定。

1. 国外对中小企业的界定

各个国家对中小企业的界定标准存在一定的差异性。其中,美国针对不同的行业特点采用不同的划分标准对中小企业进行界定,如利用人数衡量制造业,利用销售额衡量服务业、零售业和农业,利用资产总额衡量金融业等。近几年,美国使用了相对更为简洁的标准定义中小企业,美国每年出版的《中小企业报告》中,把拥有500人以下雇员、低于600万美元年营业额的企业统称为中小企业(郑霞,2015)。欧盟则利用雇员人数和年营业额两个指标共同衡量企业,将中小企业划分为中、小、微三种企业。日本则利用资本额和雇员人数两个指标共同衡量不同的行业的中小企业。韩国则利用资本额或雇员人数单一指标对不同的行业的中小企业进行界定,如表2-4所示。

表2-4 国外对中小企业的界定标准

美国	制造业	职工人数500人以下
	服务业	销售额650万美元以下
	农业	销售额75万美元以下
	金融业	资产总额1亿美元以下
	零售业	销售额650万美元以下
欧盟	中型企业	雇员超过50人且少于250人，年营业额不超过5000万欧元（或年度资产负债总额不超过4300万欧元）
	小型企业	雇员超过10人且少于50人，年营业额不超过1000万欧元（或年度资产负债总额不超过1000万欧元）
	微型企业	雇员少于10人，年营业额不超过200万欧元（或年度资产负债总额不超过200万欧元）
日本	工矿业、运输业及其他	资本额3亿日元以下及平时雇员300人以下
	零售业	资本额5000万日元以下及平时雇员50人以下
	批发业	资本额1亿日元以下及平时雇员人100以下
	服务业	资本额5000万日元以下及平时雇员100人以下
	旅馆业	资本额5000万日元以下及平时雇员200人以下
韩国	制造业、运输业	资本额5亿韩元以下，或雇员300人以下
	建筑业	资本额5亿韩元以下，或雇员50人以下
	商业、服务业	资本额5000万韩元以下，或雇员50人以下
	批发业	资本额2亿韩元以下，或雇员50人以下

资料来源：姜爱军.中国东北地区中小企业网络嵌入性、动态能力与企业成长关系研究[D].吉林大学博士学位论文，2012.

2. 中国对中小企业的界定

从2003年开始，中国正式实施的《中华人民共和国中小企业促进法》从法律上首次对中小企业的内涵进行了明确的界定：中小企业是指"在中华人民共和国境内依法设立的有利于满足社会需要、增加就业、符合国家产业政策，生产规模属于中小型的各种所有者和各种形式的企业"。而中小企业的具体划分标准是结合行业特点,从企业职工人数、销售额以及资产总额等指标进行划分。后来,中国对中小企业具体的划分标准进行了多次修改和调整。2011年,国家正式颁布的《中小微企业划分标准规定》进一步将中小企业划分为中型企业、小型企业、微型企业三种类型,结合各个行业特点,并根据企业从业人数、营业收入、资产总额等指标对中小企业进行了详细的划分。

(二)科技中小企业界定

科技中小企业是在中小企业基础上进一步细分出来的,是指满足中小企业划分条件的,依靠具有一定数量的科技人员从事企业科学技术研究与开发活动,并能够将自主知识产权转化为高新技术产品或服务的一类企业群体,主要涉及的技术领域包括电子与信息、生物与医药、新材料、资源与环境、新能源与高效节能、高技术服务业、光机电一体化、农业与农村等领域。

表2-5 国家级和省级科技型中小企业的划型标准

指标类型	国家级指标	省级指标
科技人员占比(%)	10以上	8以上
研发费用占比(%)	4以上	3以上
科技成果与服务收入占比(%)	50以上	30以上
自主知识产权(项)	2项以上	1项以上

注:"以上"均有包含的意思。
资料来源:陈志军,温洲,李享.中国科技型中小企业定义及划型标准的研究[J].科学与管理,2016,36(4):39-42.

陈志军等(2016)认为,科技中小企业评价要素主要包括三大核心要素,即科技人员、科技投入以及科研产出要素。在参考"中小企业"和"高新技术企业"的认定标准,并综合分析全国10多个省市科技中小企业认定条件及相关指标的基础上,提出了国家级和省级科技型中小企业的划分标准(见表2-5)。其中,科技人员占比是指企业从事研发和相关技术创新活动的科技人员占企业当年职工总数的比例;研发费用占比是指企业研究开发费用总额占同期销售收入总额的比例;科技成果与服务收入占比是指企业技术转化成果或技术服务产生的收入占企业总营业收入的比例。本书采用省级标准对科技中小企业进行划分,即科研人员占比8%以上、研发费用占比3%以上和科技成果转化占比为 30% 以上同时满足的中小企业为科技中小企业。

二、科技中小企业特点

科技中小企业已经成为国民经济的重要组成部分之一，在推动经济发展和技术创新方面发挥着不可替代的作用。科技中小企业既具备中小企业的特点，又拥有科技企业的特征，因此具有双重属性，具体表现为创新性强、高度的灵活性、高风险与高收益并存。

（一）具有较强的创新性

与一般企业相比，科技中小企业是有一定科研人员比例，从事知识和科技含量高的高新技术产品或服务的研发、制造和销售等的企业。从科技中小企业的定义中可以看出，科技中小企业的本质特征就是创新。首先，科技人员是科技中小企业人员的重要组成部分，是企业开展技术、产品和服务创新的核心人员，也是最具创新意识的重要群体，体现了科技中小企业的创新性。其次，科技中小企业的产品和服务具有知识密集型和技术密集型的特征，往往是企业从事研发和创新的结果，是企业参与市场竞争的优势和根基。创新是科技中小企业赖以生存、成长和实现快速发展的重要手段。科技中小企业是中国进行创新活动的重要群体，占中小企业的 3.3%，却拥有全国 65% 的专利、75% 的技术创新和 80% 的新产品（岳宇君和胡汉辉，2018）[①]。科技中小企业在技术创新机制和创新效率方面有着得天独厚的优势，是中国建设创新型国家的中流砥柱，推动着中国技术创新、产品创新以及服务创新的快速发展。

（二）经营管理具有高度灵活性

与大型企业相比，科技中小企业具有高度的灵活性。科技中小企业规模相对较小，组织结构较为简单，从业人员人数少，这决定了企业在经营管理方面具有很大的灵活性。虽然企业容易面临人才流失、融资困难以及市场份额小等问题，但由于企业规模小，制约企业的因素也相对较少，企业经营决策的灵活性较强。特别是当企业生产经营遇到困境时，企业经营者可以根据

[①] 岳宇君，胡汉辉. 科技型中小企业支持政策变迁的博弈模型与利益协调分析［J］. 经济与管理研究，2018，39（2）：96-107.

具体实际，灵活地调整企业的财务、人事以及组织架构等，及时改变企业的发展方向、研究思路、生产方式以及人员匹配等，使企业能够迅速摆脱已有的危机或困境，使企业的损失能够降到最小。因此，相对于大企业而言，科技中小企业在经营管理方面具有更大的灵活性和可操作性。

（三）高风险与高收益并存

科技中小企业从事研发和制造的产品及服务，具有科技含量高、技术水平先进、附加值大的特点，其对研发过程中的设备、器材以及研究人员要求相对较高。对于新产品和新服务的研发往往需要经过多次论证、实验和试产，需要投入更多的资金、人员和新设备，甚至有的新产品需要经过长时间的研制开发，面临着较大的时间成本。科技中小企业面临着资金有限、经营管理经验缺乏、管理体制不完善、融资渠道匮乏等问题，导致企业应对外部环境变化的能力相对较弱。此外，随着外部环境的快速变化，企业面临的不确定性程度不断提升，科技中小企业研发和创新的产品和服务通过一定的商业模式转化为最终的利润，这一过程也存在一系列潜在的风险。例如，不被消费者所认可而面临着巨大的市场风险、受政府管制而形成潜在的监管风险以及被其他企业模仿而造成的知识产权风险等。因此，与一般企业相比，科技中小企业生产经营面临着较高的风险。然而，较高的风险往往伴随着较高的收益。科技中小企业提供的产品和服务多属于高科技产品，往往具备较高的附加值。企业的产品和服务一旦被市场所接受，能够产生数倍于投资的利润，将在未来的一段时间内给科技中小企业带来巨大的市场回报。特别是当企业研发的技术和产品在某一细分领域内形成垄断时，更容易获得外部资金的支持和青睐，形成一种互利共赢的合作机制，有助于企业突破传统行业的发展和盈利模式，构建更具有活性和发展潜力的商业模式或生态体系，在降低潜在风险的基础上，为企业带来更为可观的超额收益。

三、中国科技中小企业发展现状分析

科技中小企业是推动科技发展和科技创新的重要组成部分之一。经过多年的快速发展，科技中小企业凭借其创新意识、研发能力、成长速度以及成果转化等方面的优势，已经成为推动中国技术进步、经济和社会发展的有生力量之一。

(一) 研发与经费投入情况

科技中小企业在技术研发和创新过程中离不开研发经费的投入和使用。研发费用投入和企业创新之间存在一定的正向关系。在某种程度上,企业研发费用投入越多,越有利于企业的研发和创新。如图2-2所示,2009~2015年,科技中小企业研究与发展(R&D)的经费呈现缓慢增长趋势。从2009年的5802.11亿元一直增长到2015年的14169.9亿元,在此期间,科技中小企业的研发费用增长了2.4倍多,从中可以看出,中小企业在发展过程中一直注重研发费用的投入,而且其重视程度随着时间的推移而不断提升。这说明科技中小企业的创新意识在不断增强,注重技术的研发和产品的创新,不断朝着知识密集型企业和技术密集型企业的方向而努力发展。

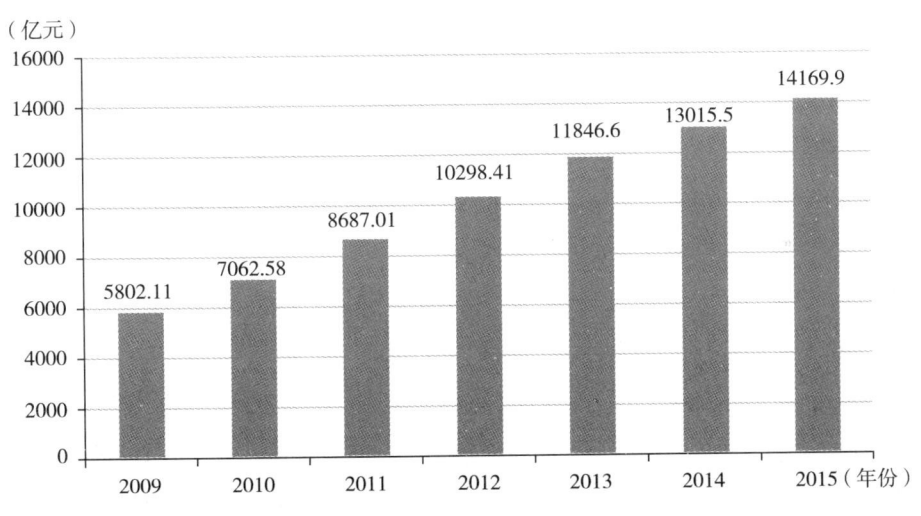

图2-2 全国研发经费内部支出柱状比较[1]

(二) 科研人员情况

企业科研人员数量越多,质量越高,越能够促进企业技术研发和产品创新。中国对企业科技创新的重视程度在不断提升,在企业科研经费投入不断

---

[1] 许静.国内和国外科技型中小企业技术创新驱动因素比较研究[J].齐齐哈尔大学学报(哲学社会科学版),2018(2):65-69

增加的同时，科研人员的数量和质量也在不断提升。2000~2014年，中国科技人员的总量从 2500 万增加到了 7512 万，在这一期间，科技人员总量增长了 3 倍多，这说明，中国科技人员数量快速增长，有助于形成一定的规模优势，此外，中国本科及以上学历人员占比在逐年上升（许静，2018）。这意味着中国在注重提升科研人员数量的同时，也注重增强科研人员的质量。

（三）专利情况

衡量企业创新的重要指标之一是企业专利情况。中国科技中小企业发明专利、实用新型专利以及外观设计专利三种类型的专利数量不断上升，其中，2014 年的专利申请总量比 2004 年增长了近 8 倍，说明科技创新经费和人员的增长产生了明显的产出效果，科技中小企业的申请专利的结构也在不断优化。2014 年，国内科技中小企业发明专利申请量为 48.5 万件，比上年增长 13.6%，占国内发明专利申请量的 60.5%；国内科技中小企业企业发明专利授权量为 9.2 万件，比上年增长了 15.7%，占国内发明专利授权总量的 56.5%（许静，2018）。虽然科技中小企业专利数量得到了显著提升，而且专利结构得到不断优化，但是，近年来，中国科技型中小企业的创新竞争力仍有待提高，存在的主要问题是高质量的专利十分匮乏，专利质量的增长速度要远远落后于专利数量的增长速度。

四、科技中小企业在经济社会发展中的作用

科技中小企业是构成中国市场经济体系的重要微观基础，在推动中国经济稳定增长，促进科技创新和创造劳动力就业机会过程中发挥着举足轻重的作用，为实现中国经济社会健康、平稳和可持续发展做出了重要贡献。

（一）促进国家科技创新水平提高

一个国家科技水平的高低往往取决于该国企业创新能力的高低，企业综合实力和竞争力的强弱取决于该企业的技术水平和创新能力。与一般企业相比，科技中小企业在创新机制和创新效率方面有着得天独厚的优势。很多对社会经济发展具有关键作用的技术、产品和服务都来自以科技型中小企业占主导地位的产业，如计算机软件业、生物医药技术产业、新材料、器械配件、

电子元器件等（冯朝军，2016）。科技中小企业是以科技创新为核心内容的企业，由一定比例和具备创新精神的科研人员组成，为市场提供新技术、新产品和新服务等。面对市场竞争压力，创新成为科技中小企业寻找细分市场、增强竞争优势和实现可持续发展的关键手段之一。科技中小企业是加快科技成果转化和实现技术创新的有效载体，凸显了科技中小企业最为重要的一个特征——创新。创新是引领国家和企业发展的第一动力，是建设和发展现代经济的战略支撑。中国将创新上升为国家战略的高度，把科技创新作为基本战略，致力于构建创新型国家。虽然科技中小企业占中国中小企业的3.3%，却拥有全国65%的专利、75%的技术创新和80%的新产品（岳宇君和胡汉辉，2018），科技中小企业在中国科技创新过程中发挥着非常重要的作用。中国科技中小企业的专利数量在不断上升，申请专利的结构也在不断优化，对中国构建创新型国家能够产生积极的影响。

（二）推动经济增长

科技中小企业往往具有较大的发展潜力和较强的成长性，有助于培育和创造经济发展新的增长点。中国经济正处于新常态时期，主要表现为经济由高速增长状态转化为中高速增长，经济结构不断优化升级，从要素驱动、投资驱动转向了创新驱动。科技创新和进步成为推动中国经济增长的主要动力，有助于改变中国高消耗、高污染、低效益的增长模式。科技中小企业是由一定比例科技人员组成的、以市场为导向开展科技创新的主体，是推动中国经济快速发展的有生力量。据统计，截至2013年底，全国高新区内的科技型中小企业工业总产值151368亿元，是2001年的14.96倍；营业总收入为199649亿元，是2001年的16.74倍；实现利润12444亿元，是2001年的19.30倍；出口创汇额4133亿美元，是2001年的18.24倍。在北京，仅中关村科技园区，2013年技工贸总收入达30497.4亿元，实现增加值5472.4亿元，2001~2013年，技工贸总收入平均增长25.41%，经济效益持续改善，上缴税费总额1506.6亿元，实现利润2264.8亿元（冯朝军，2016）[①]。通过科技中小企业的工业总产值、营业总收入、利润、出口创汇额等数据指标看，

[①] 冯朝军．中国科技型中小企业的特点和作用探析［J］．安康学院学报，2016，28（5）：101-103+112．

科技中小企业对推动中国经济发展做出了突出的贡献。此外，科技中小企业作为创新的主体，创新成为企业赖以生存和成长的重要基础，注重研发新技术和创造新产品、新服务，为中国经济的发展提供新的增长点。

（三）创造就业机会

在"大众创业，万众创新"的时代背景下，目前，中国已经构建了4200多家众创空间、3000多家科技企业孵化器、400多家企业加速器和150多家国家高新区，形成了创新服务的一个生态网络、生态环境，服务了近40万家科技型中小企业，2017年新增的就业200多万人[①]。在中国经济转型过程中，科技创业成为科研人员将科学技术转化为生产力的有效手段，是其自谋职业和带动潜在劳动力就业的重要方式。科技中小企业具有潜力巨大和高成长性的特征，如谷歌、Facebook以及阿里巴巴等，都是由最初的科技创业发展起来的，创造了很多就业岗位，为经济发展和社会的和谐做出了重要贡献。在信息技术的高速发展和政策支持体系日益完善的时代背景下，科技创业环境得到日益改善，为科技人员从事创业活动提供了支持和便利。近年来，电子信息技术和产业得到快速发展，为科技中小企业的诞生和成长提供了重要的战略机遇。与此同时，数量众多的科技中小企业又为社会创造了更多的就业机会，能够起到缓解社会就业压力的作用。

总之，科技中小企业有利于促进中国科技创新，提升科技创新效率和实现科技成果转化；能够促进中国经济增长，以创新驱动中国经济健康、稳定和快速发展；创造更多的就业机会缓解就业压力，对构建和谐社会发挥着功不可没的作用。

第三节　科技中小企业商业模式及创新

商业模式创新是企业技术创新、产品创新和服务创新之后的又一种非常

[①] 王俊，侯少卿．科技部部长：科技型中小企业去年增加就业200多万［EB/OL］．http：//finance.sina.com.cn/roll/2018-03-10/doc-ifyscpxu5397636.shtml，2018-03-10/2018-04-15.

重要的创新范式，对科技中小企业的成长和发展具有重要的影响。科技中小企业开展商业模式创新，有助于企业实现减少交易成本，提升交易效率，实现价值增值，有助于企业实现科技成果转化，将以研发的技术、产品或服务实现外部商业化，提升企业营利性。商业模式创新是为了企业能够以更低廉、更高效的方式与其他合作伙伴构建合作共赢的商业生态系统，即基于合作或联盟的方式参与市场竞争，有助于增强企业竞争力。

商业模式特征及类型

(一) 商业模式刚性特征

随着外部环境的快速变化，以往成功的商业模式往往难以维持企业可持续竞争优势，甚至导致企业参与市场竞争的失败。究其根本，这是因为商业模式本身如同核心能力一样，存在刚性问题，导致企业难以及时调整或创新商业模式以动态适应环境变化。企业进行商业模式创新的过程就是为克服其商业模式刚性而进行动态演化的过程。大数据时代，随着新一代新技术的兴起，各种新型商业模式层出不穷，成就了一批互联网企业，例如，阿里巴巴、饿了么、谷歌等，对固守原有商业模式的传统企业的快速成长和发展产生了巨大冲击。因此，充分认识和解决企业商业模式刚性问题是企业开展商业模式创新以提升环境适应性的关键。

1. 商业模式刚性内涵

商业模式是由各种要素按照一定规则构成一个系统性概念。商业模式一旦形成，需要在某段时间内保持自身结构的相对稳定，即在企业开展商业活动过程中表现出一惯性和连续性。夏清华和娄汇阳（2014）将商业模式保持现有结构稳定的特性界定为商业模式特性，并根据属性的不同，分为主观刚性和客观刚性。主观刚性是由于企业主观认知障碍而不能及时改进或创新商业模式而表现出来的特性，例如，管理者无法意识到商业模式创新的必要性。而客观刚性是由于来自企业内部或外部障碍而导致企业无法改进或创新商业模式而表现出来的特性，例如，核心资产的专用性导致企业无法有效开展商业模式创新。

2. 商业模式刚性的影响因素

有些企业能够快速调整或创新商业模式而实现快速发展，而有些企业虽然尝试对商业模式进行改进或变革，也难逃被市场淘汰的噩运。这是因为不同的企业克服商业模式刚性的能力不同。能有效克服商业模式刚性的企业能够更好地随环境的改变而积极主动采取措施以改进或创新商业模式。影响企业商业模式刚性的因素主要包括以下几点：

（1）组织惯例。组织惯例是企业在生产经营过程中重复的、可识别的一系列行为模式，是企业的做事方式，是企业行为的集合（刘亚军、胡义伟，2009）。企业组织惯例的形成表明，企业经常或习惯于采取某种方式来处理某些业务，是企业经过长时间的经验和技巧而形成的思维和行为模式，存在一定的路径依赖性。然而，这种思维和行为模式将会深刻地影响企业商业模式的稳定性，即企业在运营商业模式的过程中，习惯于商业模式各个构成要素的固定组成模式或运行方式，而不容易对组织惯例做出改变以改变和创新商业模式。组织惯性越强的企业，越倾向于对现有成功商业模式的简单复制和推广，而不是做出改变。

（2）核心能力。企业核心能力通常也具备一定的刚性。具体表现为企业往往倾向于固守经过实践检验的能力优势，而容易忽视外界环境变化对企业自身所带来的潜在影响。企业商业模式往往是基于核心能力而构建的，目的是更好地发挥企业核心能力优势。企业核心能力刚性越强，商业模式刚性越强，即商业模式在核心能力不变的情况下难以脱离核心能力而做出彻底的改变或创新。

（3）企业战略。企业战略主要是通过战略刚性影响商业模式刚性。企业战略刚性是指由于管理层认识和行动上的滞后而导致的企业战略行动上的延迟，由企业日常惯例、组织结构、资产专用性等随时间推移而产生的思维和行动僵化的结果。企业战略往往影响着商业模式的制定，即企业商业模式的设计、修改和创新要与战略相匹配。而战略刚性决定企业商业模式与战略匹配的稳定性，导致商业模式不会发生太大的改变。当企业外部环境动态变化时，战略具有"黏滞性"和"惯性"，表现出反应迟缓，而商业模式也不会立即做出相应的调整和改变。因此，战略刚性在某种程度上会阻碍企业采取措施改进商业模式或探索全新的商业模式，导致商业模式刚性加强。

（4）管理层认知。管理层是设计或创新企业商业模式的行为主体，也可能会对企业商业模式的再设计或创新产生一定的阻碍。这是因为，在商业模式不断改进和完善过程中，管理层逐渐形成一种主观的"惰性"。在企业成长过程中，管理层的行为会沿着"资源→能力→知识→认知"这一逻辑路径运行，管理层的认知强化为组织提供了稳固持续的支持，被强化的认知行为逐渐模式化、常规化，导致管理层认知惯性的形成。当外部环境发生快速变化，管理层长期形成的实践经验和认知惯性将与外部环境存在认知差异，由于已经存在的"认知惯性"和"行为惯性"，会导致管理层更相信自己，而不采取与环境相适应的商业模式变革和创新，从而形成企业商业模式的刚性。

(二) 商业模式创新内涵及类型划分

1. 商业模式创新内涵

随着外部环境的快速变化，企业固守原有商业模式往往将导致竞争优势难以持续，只有不断创新商业模式，才能提升企业绩效和塑造持续竞争力。Magretta（2002）基于价值链视角认为，新商业模式就是隐藏在所有商业活动下一般价值链上的变量，起始于一个产品或流程创新（项国鹏、周鹏杰，2011）[1]。Schlegelmilch 等（2003）从战略视角认为，商业模式创新是一种能够通过改变或颠覆现有规则或竞争性质来重塑企业经营管理模式的战略创新，能够促进顾客价值提升和企业快速成长。Mitchell 和 Coles（2004）从商业模式构成要素视角认为，与竞争对手相比，至少改进4个构成要素称为商业模式更新，在此基础上以全新的方式为顾客提供产品或服务，则称为商业模式创新[2]，Osterwalder（2007）、Johnson 等（2008）、Lindgardt 等（2009）也认为，企业可以通过改变或创新商业模式构成要素来实现商业模式创新。Zott 和 Amit（2010）基于系统视角认为商业模式创新是企业通过重组资源和合作伙伴来改进或重新设计运营系统，通过跨越产权边界颠覆与利益相关者之间的交易方式。Tidd 和 Bessant（2012）基于创新类型的不同认为，商业模式创新是一种全新的范式创新，这种范式创新源自新进入者对问题和游戏规则重新界定或构建的，能够影响和改变企业经营的思维方式（王雪冬、董大海，2013）。张越和赵树宽（2014）从价值创造视角认为，商业模式创新是通过对

---

[1] 项国鹏，周鹏杰. 商业模式创新：国外文献综述及分析框架构建 [J]. 商业研究，2011（4）：84-89.

[2] Mitchell D W, Coles C B. Business Model Innovation Breakthrough Moves [J]. Journal of Business Strategy，2004，25（1）：16-26.

复杂资源的最优化重组，以创新的逻辑实现企业价值有效的提升。李巍和丁超（2016）从产业生态系统视角认为，商业模式创新的实质是企业对产业生态系统内部资源和交易网络进行创新性的优化重组①。曾萍等（2017）从系统视角认为，商业模式创新是指企业对商业模式系统架构整体的改变，包括理念认知、组织惯例和业务系统的创新②。

针对商业模式创新内涵的研究，学者从不同视角对其进行了阐述和界定，形成了较为丰富的研究成果。虽然众学者关注重点不同，甚至存在一定争议，但总体呈现以下几个特点：商业模式创新是对参与到商业运营过程中的企业与供应商、客户、第三方机构等利益相关者之间形成的原有商业规则或"游戏规则"的打破与重构；商业模式创新注重的是挖掘和创造新的价值，主要围绕新价值的发现、创造和获取展开；商业模式创新呈现系统性的特点，是企业各种资源、能力、组织结构等要素按照一定新方式进行重构和有机整合，从而使商业系统各要素更好地协同运作。商业模式由目标市场、核心产品或服务、运营流程、利益分配方式等不同要素构成，这些要素之间相互作用、相互支撑，形成一个独特的统一有机体，能够进行创新但是难以被模仿（张越和赵树宽，2014）③，即商业模式各构成要素之间相辅相成，部分要素发生变化，其他要素也将会随之改变，按照一定的方式协同演进，因此，商业模式创新具有明显的系统性特征。基于 Zott 和 Amit（2010）④ 的系统整合的观点，可以将商业模式创新定义为，是企业通过整合和重组资源，对组织架构、运营流程以及与供应商、客户、第三方机构等合作伙伴之间的商业规则等商业生态系统构成要素进行改进或重新设计，从而为顾客创造和传递新的价值，是一种以价值重塑为基础的系统性创新活动。

2. 商业模式创新类型划分

国内和国外学者对商业模式创新进行划分是为了进行可操作化研究、更

---

① 李巍，丁超. 企业家精神、商业模式创新与经营绩效 [J]. 中国科技论坛，2016（7）：124-129.
② 曾萍，陈书伟，孙奎立. 企业社会资本与商业模式创新：机制与路径研究 [J]. 财经论丛（浙江财经大学学报），2017（2）：85-94.
③ 张越，赵树宽. 基于要素视角的商业模式创新机理及路径 [J]. 财贸经济，2014，35（6）：90-99.
④ Zott C, Amit R. Business Model Design: An Activity System Perspective [J]. Long Range Planning, 2010, 43（2）：216-226.

好地理解和研究其内在本质。商业模式创新可以从创新程度、构成要素和系统框架结构等方面进行具体的分析。

从创新程度视角对商业模式创新进行划分。例如，Linder 和 Cantrell（2000）将其划分为挖掘型、调整型、扩展型和全新型四种创新类型，其中，挖掘型注重开发企业现有商业模式潜力而不改变其本质，调整型则强调提升企业核心技能，扩展型则意味着将成功商业逻辑延伸到新领域，全新型则注重打造全新的商业模式；Osterwalder（2004）在案例研究基础上将其划分为存量型、增量型和全新型三种；原磊（2007）将商业模式创新划分为完善型、改变型、调整型以及重构型四种①，前三种类型是在企业原有商业模式的基础上进行改进和完善，属于一种渐进式创新或改良性创新模式，而重构型则强调通过彻底颠覆的方式打造全新的商业模式，属于一种突破式创新或颠覆式创新模式。

李东和王翔（2006）通过对商业模式创新要素的 Meta 分析和分层聚类分析认为，商业模式创新包括顾客价值创新、成本结构创新和利润保护模式创新三个基本要素。崔楠等（2015）将商业模式创新划分为市场驱动型和驱动市场型两种，其中，驱动市场型强调企业主动采取创新模式以挖掘和满足客户潜在需求，市场驱动型则强调企业被动采取创新模式以响应客户需求变化。

曾萍等（2017）从系统架构的视角认为商业模式创新包括理念认知创新、组织惯例创新和业务系统创新三个方面。基于商业生态系统视角，Zott 和 Amit（2007）则根据设计主题的不同，将商业模式创新分为新颖型和效率型。效率型模式强调通过改变企业与利益相关者之间协调机制以降低交易成本和提升交易效率。新颖型模式强调通过全新的交易机制或模式以创造新价值（蔡俊亚、党兴华，2015；李巍，2016；陈亚光等，2017），这种划分方式逐渐被国内学者采纳和认可，成为商业模式创新划分方法的一直主流（吴隽等，2016）②，并进一步得到了实证检验。Zott 和 Amit（2007）认为，可以将商业模式创新划分为效率型和新颖型两种。效率型商业模式创新是指企业通过改进和优化商业生态系统架构和体系，以实现成本降低和效率提升为目的的一

---

① 原磊. 商业模式体系重构 [J]. 中国工业经济, 2007 (6): 72-81.
② 吴隽, 张建琦, 刘衡, 等. 新颖型商业模式创新与企业绩效：效果推理与因果推理的调节作用 [J]. 科学学与科学技术管理, 2016, 37 (4): 59-69.

系列系统性创新活动。这种改良性的创新模式不仅能够让企业实现价值增值，而且有助于企业竞争力的增强（Teece，2010）[1]。效率型商业模式创新主要通过以下途径实现优化：企业与供应商、客户以及第三方机构之间的交易与沟通渠道，如降低交易信息的不对称性和不确定性（Zott 和 Amit，2007），有利于减少彼此间的机会主义倾向和成本；解构或重构企业价值链，例如通过市场交易内部化，抑或外包非核心业务，能够有效降低成本（刘建国，2016）[2]；优化系统结构和交易流程，如实施标准化交易模式，降低交易复杂程度，进而提升交易效率等。这种商业模式创新对企业而言往往难度系数相对较小，容易操作实施，而且在短期内容易取得良好的绩效。例如，戴尔公司采用定制直销模式代替传统销售模式，大力削减中间代理商环节，直接面向客户销售，成为世界排名第一的计算机系统公司（陈亚光等，2017）[3]，这一商业模式创新过程属于经典的效率型，即在原有商业模式基础上进行改良和优化，从而达到缩短交易时间、降低交易成本、减少沟通障碍以及降低信息不对称性等效果，切实增强商业模式的运营效率。新颖型商业模式创新是指以新的价值理念为导向，对商业模式系统进行重新设计或颠覆式创新，打造全新的用户体验，从而创造新价值的一系列创新活动。这种突破式的创新模式所创造的商业模式往往与企业现有商业模式之间存在差异较大的行为系统，能够通过构建新的交易内容、结构和治理方式等获取价值创造新途径，从而提升企业绩效（蔡俊亚、党兴华，2015）[4]。新颖型商业创新可以通过以下途径实现：①打造全新的商业理念；②开辟新的市场领域或发掘一批潜在消费群体；③探索全新的价值主张，从而推出新颖的产品或服务，寻求新的价值来源；④构建新的交易机制、交易方式以及交易渠道等，抑或引入新的战略合作伙伴等。这种商业模式创新对企业而言难度系数相对要大得多，对企业的要求相对也越高，但往往能够为企业带来意想不到的收获。例如，小

---

[1] Teece D J. Business Models, Business Strategy and Innovation [J]. Long Range Planning, 2010, 43 (2): 172-194.

[2] 刘建国. 商业模式创新、先动市场导向与制造业服务化转型研究 [J]. 科技进步与对策, 2016, 33 (15): 56-61.

[3] 陈亚光, 吴月燕, 杨智. 商业模式创新对财务绩效的影响: 一个整合模型 [J]. 中国科技论坛, 2017 (3): 156-162.

[4] 蔡俊亚, 党兴华. 商业模式创新对财务绩效的影响研究: 基于新兴技术企业的实证 [J]. 运筹与管理, 2015, 24 (2): 272-280.

米公司提出了"为发烧而生"的全新理念,推出"高配低价"的手机产品以打破传统"高价高配"的产品模式,构建小米粉丝社群以挖掘新的价值主张,采用"饥饿营销"方式以吸引消费者的关注和抢购,打造基于"软件+硬件+互联网服务"的商业生态链,引领商业模式创新前沿(刘建刚和钱玺娇,2016)①。小米公司是新颖型商业模式创新的典型代表,积极进行商业模式创新探索,不断突破自己的边界,挖掘新的商业机会,取得了非常大的成功。虽然新颖型和效率型两种商业模式创新关注或强调的侧重点不同,但彼此之间也存在密切的联系。新颖型商业模式创新是一种突破式创新,而这种创新一旦实施,并非完全适应企业战略或匹配企业发展,可能需要通过效率型商业模式创新不断进行调整、改进和完善,以使新颖的商业模式能够更好地为企业的发展服务。效率型商业模式创新是一种渐进式创新,在不断对原有商业模式进行改进、优化和调整,量变达到质变,即当原有商业模式无法再进行改进和完善时会促使企业探寻全新的商业模式。总之,两种商业模式创新在一定条件下可能会相互转化,从而更好地促进企业的发展和提升企业竞争力。

(三)科技中小企业商业模式创新面临的挑战

1. 创新人才的缺乏

科技中小企业属于知识和技术密集的创新型企业,注重先进知识和高技术在企业内部员工之间的快速传递及交流,强调研发新技术、新产品和新服务。然而,与一般大型企业相比,科技中小企业由于受到自身规模和资金的限制,企业拥有的创新型人才,特别是关注于商业模式创新的人才十分缺乏。企业研发出来的新技术、新产品或服务需要新颖的商业模式相匹配,才能转化为企业的利润,实现企业成长。特别是随着新一代信息技术的快速发展,各种新型商业模式层出不穷,对中小企业的发展形成一定冲击。为了适应外部环境变化,企业只有适时进行与企业产品和服务相匹配的商业模式创新,才能在激烈的市场竞争中脱颖而出。然而,科技中小企业缺乏创新人才,容易忽视商业模式创新,导致高科技产品或服务难以为企业创造价值,成为企业快速成长过程中的一个重要阻碍。

---

① 刘建刚,钱玺娇."互联网+"战略下企业技术创新与商业模式创新协同发展路径研究——以小米科技有限责任公司为案例[J].科技进步与对策,2016,33(1):88-94.

2. 外部环境快速变化

科技中小企业面临的外部环境正在发生巨大改变，如何进行商业模式创新以应对环境变化成为科技中小企业发展过程中遇到的一项重要挑战。随着互联网和新一代信息技术的快速发展，"互联网+"农业、工业和服务业成为未来发展的主要模式。对科技中小企业而言，竞争已不再是单个企业之间的竞争，而是已经形成基于合作或战略联盟的组织群体之间的竞争，商业生态系统之间的竞争或将成为市场竞争的主要形式。科技中小企业所面临的市场、技术、产品和服务以及经营方式等正在快速变化，依赖于传统的经营经验或成功的商业模式容易使企业陷入危险境地。产业链上的信息不对称性逐渐降低，导致消费者讨价还价的能力不断增强，使消费者拥有更强的话语权。此外，消费者需求日益个性化，产品生命周期日益缩短，产品与服务之间的界限逐渐模糊，产品服务化成为企业主要的发展方向，如何提供令消费者更满意的产品和服务成为科技中小企业商业模式设计和创新过程中重点思考的问题。科技中小企业在研发产品和服务时要注重商业模式创新，即考虑如何为顾客实现价值增值或创造新的价值，从而提升企业竞争力，以更好地适应当前动态复杂的竞争环境。

3. 融资困难

融资困难是中小企业发展过程中普遍面临的问题。这是由企业外部因素和内部因素共同决定的。其中，外部因素包括融资制度不完善、民间融资不规范、服务支持体系不健全等，而内部因素主要包括企业规模小、盈利不稳定、治理结构不规范等。科技中小企业变革或创新商业模式过程中，需要对组织结构、资产设备、人员以及合作伙伴等构成要素做出相应的改进，可能需要大量的资金和资源的支持。科技中小企业创新产品和服务，实现科技成果转化，需要新的商业模式与之相配合，而商业模式创新是一项"牵一发而动全身"的系统工程，需要各个构成要素协同演进。科技中小企业内部资金匮乏，而又难以从外部获取所需资金，则无法及时有效地获取、整合和重构商业模式创新过程中所需的资源和能力，从而不利于企业商业模式创新。

第三章

相关文献综述

通过对国内和国外相关研究文献的梳理、总结和评述，挖掘现有研究的不足和空白，可以使研究问题与前人研究成果之间的理论传承、发展和创新关系进一步条理化和明晰化。文献综述部分主要包括网络嵌入性、动态能力、商业模式创新以及环境动态性等相关研究。

第一节 网络嵌入性的相关研究

网络嵌入性是研究企业社会网络的重要工具，是在经济活动中持续不断的社会情境，成为新经济社会学研究过程中一个核心概念和重要理论工具（Granovetter，1985；王劲波，2012①），对企业的资源获取、知识共享和技术创新等经营行为具有潜移默化的影响，进而影响企业绩效的提升和竞争优势的塑造。

一、网络嵌入性的内涵

随着社会网络研究的兴起，嵌入性引起了学者的广泛关注和研究，但其

---

① 王劲波. 网络嵌入性对知识获取的影响研究——以中国制造企业为例 [J]. 厦门大学学报（哲学社会科学版），2012（6）：126-134.

内涵至今仍存有一定争议，尚未形成一致的观点。Polanyi（1944）最早从宏观的社会经济层面视角提出了"嵌入性"一词的内涵，认为嵌入性是指人类的经济行为内嵌于经济和非经济的制度中，受到特定制度和社会结构的影响①，初次强调了包括政府和宗教在内的制度因素对经济行为的潜在影响，为后期社会学家从嵌入性视角研究社会和经济行为提供了思想启蒙。

　　Granovetter（1985）深化并拓展了嵌入性理论的研究，认为网络嵌入性是指经济行为内嵌于处于不断演化过程中的社会关系之中，并受到社会结构和内嵌于其中的社会关系（强调信任机制）影响的一种社会情境，描述的是社会关系影响经济运行的一种形态（刘雪锋等，2015）②，是对新古典经济学研究的"社会化不足"和社会学研究"过度社会化"问题的一种折中式选择。从此，网络嵌入性成为学者从社会结构和关系视角研究经济行为的一个重要分析工具。Zukin 和 Dimaggio（1990）在 Granovetter（1985）对嵌入性内涵研究的基础上对其进一步延伸，认为嵌入性是社会结构、文化、认知以及政治制度对经济活动的潜在影响③。Uzzi（1996）则传承了 Granovetter（1985）的主体思想，明确指出，相对市场机制而言，嵌入性是能够提供更多异质性机会的交易系统④，其本质依旧是探究社会关系特性（包括信任、信息共享以及共同解决问题）对经济行为的影响。Echols 和 Tsai（2005）指出，网络嵌入性描述了企业间的关系结构，特别是指关于企业间的联系程度以及彼此的联结方式，即处于网络中的企业与其他企业之间的关系及结构特征。

　　在国外研究基础上，国内学者对网络嵌入性的内涵也进行了相应的探讨，鲁开垠（2006）将"嵌入性"称为"根植性"，探讨了产业集群社会网络的嵌入性的内涵、特点及内容等，认为嵌入性是集群的经济行为，深深地嵌入

---

① Polanyi K. The Great Transformation: The Political and Economic Origins of Our Time [M]. Boston: Beacon Press by Arrangement with Rinehart & Company, Inc., 1994.
② 刘雪锋，徐芳宁，揭上锋. 网络嵌入性与知识获取及企业创新能力关系研究 [J]. 经济管理，2015（3）：150-159.
③ Zukin S, Dimaggio P. Structures of Capital: the Social Organization of the Economy [M]. Cambridge, MA: Cambridge University Press, 1990.
④ Uzzi B. The Sources and Consequences of Embeddedness for the Economic Performance of Organizations: The Network Effect [J]. American Sociological Review, 1996, 61 (4): 674-698.

到当地社会关系、制度结构以及文化土壤中，具有乡土性和扎根性的特点①。许冠南等（2011）认为，网络嵌入性表征了企业在网络中的位置、地位以及网络中其他企业之间的相互关系，这些特点在某种程度上能够决定企业在网络中所能获得与配置资源的数量②。阮爱君等（2014）从知识视角界定了知识网络嵌入性的内涵，认为是知识嵌入组织以及组织的社会网络结构之中，是知识的重要特征之一。魏江和徐蕾（2014）将集群企业和知识网络整合并提出了知识网络双重嵌入的概念，把集群企业同时嵌入于本地知识网络和超本地知识网络的现象界定为知识网络双重嵌入，反映了企业在集群地理空间内外部各种关系的集合。

国内和国外学者从不同视角对网络嵌入性的内涵进行了研究，虽然仍然存在一定分歧，尚未形成一致的观点，但都是对Polanyi提出的嵌入性内涵的继承和发展，其本质存在一致性，即无论是个体还是群体的经济行为或多或少受到所嵌入网络特性的影响。在参考国内和国外学者研究的基础上，本书将网络嵌入性界定为企业嵌入于由供应商、客户、其他企业、政府及高校等利益相关者构成的存在正式和非正式契约关系的社会网络中，反映了企业所嵌入网络的特性，这种网络特性会对企业的行为产生重要影响。本书研究界定的网络嵌入性的行为主体是企业，而客体由利益相关者构成的社会网络。

二、网络嵌入性的维度划分

为了便于对网络嵌入性的理解和其作用机制的研究，国内和国外学者对网络嵌入性的维度进行了可操作化划分。根据研究视角和关注重点的不同，学者纷纷提出了对网络嵌入性维度划分的各自见解，主要代表性划分方法如表3-1所示。

---

① 鲁开垠. 产业集群社会网络的根植性与核心能力研究［J］. 广东社会科学，2006（2）：41-46.

② 许冠南，周源，刘雪锋. 关系嵌入性对技术创新绩效作用机制案例研究［J］. 科学学研究，2011，29（11）：1728-1735.

表 3-1 网络嵌入性维度划分

代表性学者	网络嵌入性维度划分
Granovetter（1985）	结构嵌入性和关系嵌入性两个维度
Zukin 和 DiMaggio（1990）	结构嵌入性、认知嵌入性、文化嵌入性和政治嵌入性四个维度
Halinen 和 Tornroos（1998）	时间嵌入性、空间嵌入性、社会嵌入性、政治嵌入性、市场嵌入性和技术嵌入性六个维度
Andersson 等（2002）	业务嵌入性和技术嵌入性两个维度
Hagedoorn（2006）	环境嵌入性、组织间嵌入性和双边嵌入性三个维度
Hsin-Mei 等（2012）	基于个人联结的关系嵌入性、基于所有权联结的结构嵌入性和基于技术联结的位置嵌入性三个维度
王福胜和王摄琰（2012）	内部网络嵌入性和外部网络嵌入性
彭伟和符正平（2014）	本地网络嵌入和超本地网络嵌入两个维度
魏江和徐静蕾（2015）	本地知识网络和超本地知识网络两个维度
韩莹和陈国宏（2016）	结构嵌入、关系嵌入和知识嵌入三个维度

资料来源：通过 Granovetter 等国内和国外学者文献梳理。

多种多样的划分方法从不同视角探究了网络嵌入性对企业行为的影响，丰富了网络嵌入性的研究视角和研究内容。其中，Granovetter 的二维度划分方法是目前应用较为广泛的典型分析框架之一，而这一研究框架成为社会学、经济学和管理学领域研究网络嵌入性问题应用比较普遍的分析工具（Mizruchi 和 Marquis，2006；张慧和周丹，2013）。关注网络嵌入性中最根本的两种要素——结构和关系对企业经济行为的潜在影响，得到了多数学者的认可，这也是本书采取二维度划分法的主要依据。因此，在参考 Granovetter 观点的基础上，本书利用结构和关系嵌入性两个维度表征网络嵌入性，从而探究和分析网络嵌入性所产生的网络效应及其对企业商业模式创新的影响机制。

结构嵌入性反映了企业所嵌入网络的结构特性，如网络位置、规模、异质性、集聚性等，探究网络结构特性对企业行为的影响。Siu 和 Bao（2008）、田红云等（2016）在研究过程中均利用网络规模及其中心性两个维度来刻画网络结构嵌入的特征[①]。阮爱君等（2014）指出，网络规模、网络中心性、

---

① Siu W S, Bao Q. Network Strategies of Small Chinese High-Technology Firms: A Qualitative Study [J]. Journal of Product Innovation Management, 2008, 25 (1): 79-102.

网络异质性维度被多数学者用来表征网络结构嵌入性①。随着企业创新模式逐渐由个体封闭式创新向合作开放式创新转变以及企业网络由本地网络逐渐向全球网络延伸和拓展，企业合作群体呈现多元化、跨地域等体现网络异质性的结构性特征。因此，本书在参考前人研究的基础上，将结构嵌入性划分为网络中心性、网络规模以及网络异质性三个维度展开相应研究。网络中心性是一个体现企业所处网络中位置的重要指标，如趋近网络中心还是网络边缘，在某种程度上反映了企业在网络中的影响力、社会地位及声望等。网络规模是一个体现企业在网络中构建交流、合作与互动的关系或联结数量大小的重要指标。网络异质性是一个网络中合作成员的多样性或差异化属性的重要指标，例如，合作伙伴属于不同的行业、所有制类型、地域差异、文化差异等。

关系嵌入性反映了企业与网络中成员之间的关系特性，如关系质量、关系强度等，探究网络关系对企业行为的影响。企业与网络成员之间的关系属性是分析和探究网络嵌入性影响企业行为的基石。李新春和刘莉（2009）认为，中国的关系网络具有独特性，以非正式的人际关系网络为核心，具有人情、互惠、责任和义务等嵌入性特征，如先天存在的亲戚关系、后天培养的朋友和同学关系等②。Granovetter（1973）利用互动频率、亲密程度、关系持久性以及相互服务内容来衡量关系嵌入性③。Uzzi（1997）认为，关系嵌入性包含信任、信息共享与共同解决问题三个维度，这三个维度往往体现了企业网络关系质量。阮爱君等（2014）、田红云等（2016）利用网络关系质量和关系强度来衡量关系嵌入性，这往往也是多数学者采用的观点。本书利用关系质量和关系强度来衡量关系嵌入性，以此探究其对商业模式创新的影响。关系强度是指企业与网络成员之间交流、互动或合作的频繁程度。关系质量是指企业与网络成员合作过程中对彼此之间关系认知的评价，例如，是否值得信任、能否做到兑现承诺、能否共同解决问题等。

---

① 阮爱君，卢立伟，方佳音. 知识网络嵌入性对企业创新能力的影响研究——基于组织学习的中介作用 [J]. 财经论丛（浙江财经大学学报），2014，179（3）：77-84.
② 李新春，刘莉. 嵌入性—市场性关系网络与家族企业创业成长 [J]. 中山大学学报（社会科学版），2009，49（3）：190-202.
③ Granovetter M S. The Strength of Weak Ties [J]. American Journal of Sociology, 1973, 78（6）: 1360-1380.

三、网络嵌入性对企业创新影响

作为研究经济个体行为的工具,网络嵌入性对企业创新的影响一直是学术界研究和关注的重点,特别是随着企业创新不断呈现开放性特征,网络嵌入性在企业创新过程中的作用日益凸显。

(一) 网络嵌入性对企业创新的直接影响

部分学者认为网络嵌入性对企业创新存在直接影响。高展军和李垣(2006)从理论上分析了不同结构特征对企业技术创新的差异化影响。网络嵌入性与企业创新绩效之间的关系可能是正向的(Cohen 和 Levinthal,1997;Corey 和 Phelps,2010)、负向的(Darr 和 Kurtzberg,2000)以及倒 U 型的(Sampson,2007;谭云清,2015)。Salman 和 Saives(2005)通过对生物技术企业的间接网络互动模式研究发现,位于网络中心位置的企业容易获取知识优势和进行创新[1]。Tortoriello 和 Krackhardt(2010)认为,作为一种正式制度的有益补充,企业社会关系能够对创新行为提供帮助和支持[2]。基于战略联盟视角,赵炎和郑向杰(2013)对 420 个高科技上市企业的网络嵌入性研究发现,个体中介中心性和行业网络密度对企业创新绩效具有显著的正向影响[3]。任胜钢等(2011)实证研究认为,关系强度、网络位置(网络中心度)和网络密度均对渐进式创新有显著的正向影响,对突变式创新有显著的负效应,而网络异质性对两种创新模式的作用恰好相反。范群林等(2011)通过对四川德阳装备制造业集群的研究发现,结构洞特征对企业创新能力增长存在显著的正向关系,而节点度及其网络中介中心度对企业创新能力的增长不存在正向影响。刘雪峰等(2015)研究发现,知识获取在制造企业网络嵌入性和创新能力之间的中介作用并不明显,即网络嵌入性可能直接影响企业创新能力。张悦等(2016)通过采用 Meter 分析方法实证发现,企业网络嵌入性

---

[1] Salman N, Saives A L. Indirect Networks: An Intangible Resource for Biotechnology Innovation [J]. R&D Management, 2005, 35 (2): 203-215.

[2] Tortoriello M, Krackhardt D. Activatingcross-boundary knowledge: The Role of Simmellian Ties in the Generation of Innovations [J]. Academy of Management Journal, 2010, 53 (1): 167-181.

[3] 赵炎,郑向杰. 网络嵌入性与地域根植性对联盟企业创新绩效的影响——对中国高科技上市公司的实证分析 [J]. 科研管理, 2013, 34 (11): 9-17.

(包括结构和关系嵌入)对创新绩效均产生正向影响,而高新技术企业网络嵌入性的作用更为突出①。此外,网络嵌入性对企业创新的直接影响还会受到部分变量的调节作用,例如网络能力(任胜钢等,2011)、区域位置(赵炎和郑向杰,2013)、搜索策略(谭云清,2015)等。

(二)网络嵌入性对企业创新的间接影响

Stephen(2002)、许冠南等(2011)、阮爱君等(2014)认为,组织学习在网络嵌入性与企业创新之间具有中介作用。Zahra(2012)认为,与越多的网络成员合作与交流,有助于获取更多异质性的信息和知识,从而提升企业创新思维和能力。李妍和梅强(2010)基于对民营科技企业网络嵌入性的理论分析,认为技术嵌入性和业务嵌入性通过创新动力作用于企业创新能力②。蒋天颖等(2014)认为,集群企业网络嵌入能够通过知识转移和知识创造影响企业创新。学者针对网络嵌入性具体如何影响企业创新仍然莫衷一是。导致这种分歧产生的主要原因是由于不同学者的研究视角、关注企业的类型以及所处的时代背景存在差异。

第二节　动态能力的相关研究

战略刚性、资源的"相对黏性"以及核心能力的路径依赖性能够阻碍企业自身能力的演化和更新,容易使企业陷入"刚性陷阱",导致企业难以保持竞争优势和快速适应外部变化的环境。为了弥补传统资源基础观和核心能力观的不足,Teece等(1994)基于动态环境假设前提下提出并阐述了"动态能力"③,为探讨可持续竞争优势的塑造提供了新的研究工具和研究方向,并得

---

① 张悦,梁巧转,范培华. 网络嵌入性与创新绩效的 Meta 分析[J]. 科研管理,2016,37(11):80-88.

② 李妍,梅强. 民营科技企业网络嵌入性、创新动力、创新能力关系研究[J]. 科技进步与对策,2010,27(10):60-64.

③ Teece D, Pisano G. The Dynamic Capabilities of Firms: An Introduction [J]. Industrial and Corporate Change, 1994, 3(3):537-556.

到国内和国外学者广泛关注和探讨,成为战略管理领域研究热点之一。

一、动态能力的内涵

在整合资源观和能力观的基础上,Tecce（1997）将动态能力界定为整合、重组和构建企业内外部竞争力以应对环境变化的能力。动态能力强调企业能够随着外部环境变化,克服能力刚性,实现组织的动态调整,包括资源、惯例和能力等。为了避免动态能力概念的同义反复,Eisenhardt 和 Martin（2000）认为,动态能力是一种能够实现资源获取、整合和重构的组织流程或惯例,能够与外部市场共同演化,甚至创造新市场。此后,国外学者对其内涵进行了更为深入和细致的探讨。Zollo 和 Winter（2002）基于学习视角认为,动态能力是一种能够通过群体学习改变运营惯例和增强系统效率的行为模式[1]。Zott（2003）认为,动态能力是企业优化资源配置和促进组织活动演化的组织流程或惯例。Winter（2003）认为,动态能力是一种区别于基础运作能力的高阶能力。Wang 和 Ahmed（2007）将动态能力视为一种行为导向,能够促使企业不断对资源和能力进行整合及重构,提升企业核心能力以不断增强竞争优势。Barreto（2010）在总结前人研究基础上指出,动态能力是企业系统解决一系列问题的潜在能力。Drnevich 等（2011）则认为,动态能力是对企业新产品或服务、业务流程、顾客关系以及经商方式进行改进和创新的能力[2]。Vanpoucke 等（2014）将动态能力界定为组织动态获取、整合、重构资源和能力以实现与市场动态变化相匹配的一系列过程[3]。

随着国外对动态能力研究的不断深入,国内学者对其内涵也作了较为广泛的探讨。黄江圳和谭力文（2002）认为,动态能力是一种开拓性能力,能够改变企业资源和能力基础；董俊武等（2004）从学习视角认为,动态能力的本质

---

[1] Zollo, M., Winter, S.G. Deliberate Learning and the Evolution of Dynamic Capabilities [J]. Organization Sicence, 2002, 13 (3): 339-351.

[2] Drnevich, P I, Kriauciunas, A P. Clarifying the Conditions Andlimits of the Contributions of Ordinary and Dynamic Capabilities Torelative Firm Performance [J]. Strategic Management Journal, 2011. 32 (2): 254-279.

[3] Vanpoucke E, Vereecke A, Wetzels M. Developing Supplier Integration Capabilities for Sustainable Competitive Advantage: A Dynamic Capabilities Approach [J]. Journal of Operations Management, 2014, 32 (7-8): 446-461.

是企业不断学习的过程。焦豪和崔瑜（2008）指出，动态能力实质是企业对资源和能力不断获取、整合与重新配置以动态适应环境变化的一种行为导向①。江积海和刘敏（2014）认为，动态能力是一种高阶能力，能够通过整合和更新等方式对企业运作能力进行有效管理，以不断塑造可持续竞争优势②。杜丹丽等（2015）则认为，动态能力是企业对动态环境中机会及时感知，动态整合和更新企业资源和能力，使企业获得持久竞争优势的一种能力③。

国内和国外学者从不同视角对动态能力的内涵进行了阐述和界定，总体上来说主要存在两种观点：第一，是以 Tecce 等（1997）为代表的能力视角，将动态能力视为动态整合、重构和构建企业资源和能力的能力或一种高阶能力（Winter，2003），强调改变企业资源和能力基础实现企业自身演化以不断适应外部环境快速变化的能力属性；第二，以 Eisenhardt 等（2000）为代表的惯例或过程视角，将动态能力视为整合、重构、获取和释放资源以适应甚至创造市场变化的组织过程或战略惯例（Eisenhardt 和 Martin，2000），是一种在企业日常生产经营过程中能够使资源和能力得以动态调整和配置的、能够被清晰辨识的组织流程或常规程序。

无论是能力视角还是流程视角，虽然存在分歧，但也有其共性之处：首先，它们都强调对外部动态环境的匹配或适应；其次，都强调企业或组织要动态调整、构建和重构资源和能力来应对外部环境变化，即通过改变企业资源和能力基础实现组织演化以提升环境适应性。这两种观点并不矛盾，甚至存在必然的联系。企业动态能力的强弱往往会通过企业的日常程序、惯例或行为等基于过程的模式表现出来。动态能力内嵌于企业的过程和惯例，并在其中发挥作用——改变企业基础资源和常规能力配置（宝贡敏和龙思颖，2015）④。从能力视角研究更能体现动态能力本质，因此，本书更倾向于能力视角的观点，将动态能力界定为企业动态感知外部环境变化，灵活构建、整

---

① 焦豪，崔瑜．企业动态能力理论整合研究框架与重新定位［J］．清华大学学报，2008（S2）：46-53+74+143.
② 江积海，刘敏．动态能力重构及其与竞争优势关系实证研究［J］．科研管理，2014（35）：75-82.
③ 杜丹丽，姜铁成，曾小春．企业社会资本对科技型小微企业成长的影响研究——以动态能力作为中介变量［J］．华东经济管理，2015（6）：148-156.
④ 宝贡敏，龙思颖．企业动态能力研究：最新述评与展望［J］．外国经济与管理，2015，37（7）：74-87.

合、改变企业资源和能力基础，促使组织惯例不断演化，从而不断增强环境适应性的一种高阶能力。

二、动态能力的维度划分

表 3-2　动态能力维度划分

代表性作者	动态能力维度划分
Teece 等（1994）	适应能力、整合能力和重构能力
Teece 等（1997）	整合能力、构建能力和重构能力
Eisenhardt 等（2000）	整合能力、重构能力、获取能力和释放能力
Pavlos（2004）	市场导向、吸收能力、协调能力和整合能力
Teece 等（2007）	机会感知能力、机会利用和重构能力
Wang 等（2007）	适应能力、创新能力和学习能力
Wu（2010）	整合能力、学习能力和重构能力
Barreto（2010）	机会和威胁的感知能力、资源整合能力和重构能力
Makkonen（2014）	重构能力和革新能力
贺小刚等（2006）	市场潜力、组织柔性、战略隔绝、组织学习和组织变革
魏江等（2008）	环境洞察能力、变革更新能力、组织柔性能力和技术柔性能力
曹红军等（2009）	动态信息利用能力、动态资源获取能力、动态内部整合能力、动态资源释放能力和动态外部释放能力
王铁骊和高阳（2009）	市场感知能力、知识吸纳能力、资源重构能力
冯军政等（2011）	机会感知能力、资源整合能力和资源重构能力
苏敬勤和刘静（2013）	市场感知能力、多组织协同控制能力、组织学习吸收能力
董保宝和李白杨（2014）	战略隔绝、环境适应能力、变革能力、整合资源能力以及学习能力
马鸿佳等（2014）	环境适应能力、资源整合能力、学习能力
杜丹丽等（2015）	信息感知能力和资源整合能力
简兆权等（2015）	感知能力、整合能力和吸收能力

资料来源：根据 Teece 等国内和国外文献整理。

随着动态能力研究的深入，动态能力的划分也逐渐明晰，主要呈现两种趋势：一是在 Tecce 等（1994，1997，2007）观点基础上，学者结合研究实际对动态能力的维度进行传承和发展（见表3-2），动态能力维度划分从组织层面的行为方面（如资源的整合与重构）拓展到了认知方面（如对外部环境的感知），是对抽象的高阶能力——动态能力的进一步细化，从而变得容易理解、可操作和测量；二是在 Eisenhardt 等（2000）观点基础上，将动态能力作为惯例和流程进行细分，涉及企业的战略管理与运营等具体的过程，如战略决策（Eisenhardt 和 Martin，2000）、研发能力（Helfat，1997）、营销能力（Danneels，2008）以及新产品、业务流程和顾客关系开发能力（Drnevich 和 Kriauciunas）等，这种划分方法也得到了部分学者的认可（冯军政和魏江，2011）[①]。此外，还有学者尝试从知识的视角探究动态能力维度的划分，将动态能力划分为知识获取、知识整合以及知识创造等（Prieto 等，2009；郑素丽等，2010；杜健等，2011），这种划分视角尚处于探索状态，仍需要进一步实证检验。

综览学者对动态能力维度的划分，Teece 等对动态能力维度的划分或在此基础上进行相应的拓展更具有实际价值（杜丹丽等，2015），得到了学者的广泛应用和认可，更能够充分体现动态能力的本质属性。本书更倾向于动态能力的第一种划分趋势，认为动态能力与传统的研发能力、决策能力、营销能力和生产能力等涉及具体的战略管理或运营过程或惯例等不同，是一种抽象的高阶能力。

针对动态能力维度的划分，虽然国内和国外学者提出多种不同的划分方法，但至今尚未形成一致的观点。本书对动态能力维度的划分主要遵循以下几项原则：首先，与动态能力的本质属性相吻合，即本书从能力视角对动态能力的维度进行划分。其次，参考国内和国外研究现状，以国内学者的划分为主，以国外学者的划分为辅，因为国内学者以国外研究为基础，与中国企业具体实践相结合，提出相应的划分方式，具有非常重要的参考意义和价值。虽然国外学者的划分方法较为成熟，但并不一定适合中国情境的研究。最后，结合权威期刊和知名学者的最新观点和建议，注重维度划分在管理学领域内的普遍接受性、量表成熟性以及可操作性等特点。因此，在参考 Tecee（2007）、Barreto（2010）、王铁骊和高阳（2009）、罗珉和刘永俊（2009）、

[①] 冯军政，魏江. 国外动态能力维度划分及测量研究综述与展望 [J]. 外国经济与管理，2011，33（7）：26-33

马鸿佳等（2014）、简兆权等（2015）观点的基础上，本书将动态能力划分为感知能力、整合能力以及学习能力三维度。

感知能力也被称为环境洞察能力，是企业针对外部环境变化通过采取如扫描、观察、过滤、阐释、创造等一系列活动对未来行业发展、技术变革以及市场需求变化过程中潜在机会识别与把握的能力（Teece，2007）。企业对环境洞察的重点是要认识环境变化对企业生存和发展的潜在影响，而这种能力是动态能力的首要元素（焦豪等，2008）。对外部环境的正确感知与识别是企业整合和配置资源以进行技术、产品、服务以及商业模式创新的重要前提，对企业在制定决策和实施战略变革过程中发挥着非常关键的作用（Maitlis，2005）[1]，有助于企业发现和利用环境变化中的潜在机会来提升其竞争力（杨竹青等，2014）。因此，在日益动态复杂的市场竞争环境中，企业需要通过感知能力来动态感知、发掘、把握外部市场需求变化和行业发展趋势，及时制定恰当的决策或采取符合时宜的举措以提高企业环境适应性和竞争力。

整合能力是指企业获取、协调、整合与重新配置内外部资源以应对外部环境变化的能力，是构成动态能力维度的核心要素，能够更好地反映和体现动态能力对企业资源有机联系和整合效应（Teece等，1997）。在感知和识别市场机会的前提下，企业需要通过市场交易、社会关系以及企业内部等方式对有限的资源进行获取、协调和有机整合，进而挖掘资源的最大潜能，以实现"1+1>2"的综合资源效应，充分满足企业利用潜在机会实现快速发展的需求。整合能力在这一过程中发挥着不可替代的作用，决定着企业资源的效能能否得到有效的利用和发挥，将影响着企业未来的竞争优势和成长（马鸿佳等，2011）[2]。因为外部环境日益动态复杂，竞争日趋激烈，导致企业面临的不确定性风险逐渐增大，企业只有通过对提升整合能力，对内部和外部资源进行不断整合、开发和创新，才能尽可能地避免外部环境的快速变化给企业发展或成长带来的冲击或风险。

学习能力是动态能力的重要维度之一，是组织为了开发与挖掘所需的知

---

[1] Maitlis S. The Social Processes of Organizational Sensemaking [J]. Academy of Management Journal, 2005, 48 (1): 21-49.

[2] 马鸿佳, 董保宝, 葛宝山. 资源整合过程、能力与企业绩效关系研究 [J]. 吉林大学社会科学学报, 2011 (4): 71-78.

识和技能，通过对知识的模仿、改进与创造来提升组织环境适应性的胜任力（胡汉辉、潘安成，2006）①。根据知识基础观，企业是由各种知识按照一定组合方式经过相互作用而形成的一种系统架构，是不同知识流相互作用的集合体。在信息急剧膨胀和知识经济飞速发展的时代，组织学习能力已经成为企业以领先或优于竞争对手的速度和方式获取新知识的能力，是企业得以生存的必要条件（王建军、陈思羽，2016）②。学习能力的发展需要经过知识的获取和吸收两个阶段，只有通过积累和应用这两个子过程协同的不断发展才能转化为企业的竞争优势（谢洪明等，2014）③。学习能力的提升，能够加快组织内部、组织与外部之间的知识流动、转换、更新和创造，能够为企业动态获取、整合、协调、重构资源和能力以增强竞争优势和环境适应性提供知识基础及能力基础。组织学习能力对企业特别是知识密集型企业的创新（包括管理创新、技术创新和产品创新等）以及绩效具有积极的作用（Stata，1989；Mabey 和 Salaman，1995；张明等，2008；付悦、陈国权，2012）。

动态能力三个维度之间相互作用、相互影响，相辅相成，从而构成一个协同演化的有机体。感知能力是企业通过整合能力动态整合和重构资源的认知基础及前提。学习能力能够更好地让企业感知外部环境变化和更有效的方式整合企业资源及能力。整合能力又能通过对内外部资源和能力整合为加强组织对外部环境的感知能力和学习能力提供资源基础。因此，动态能力是由感知能力、学习能力和整合能力构成的、协同演化的统一有机体，为企业增强环境适应性和提升竞争力提供了一种组织高阶能力的支持。

三、动态能力的形成与提升

动态能力是企业在动态复杂环境中提升适应性和保持竞争优势的一种关键能力。如何培养、构建和提升企业动态能力或寻求动态能力的影响因素成

---

① 胡汉辉，潘安成．组织知识转移与学习能力的系统研究［J］．管理科学学报，2006，9（3）：81-87．
② 王建军，陈思羽．创新、组织学习能力与IT外包绩效关系研究：关系质量的中介作用［J］．管理工程学报，2016，30（2）：28-37．
③ 谢洪明，张颖，程聪，等．网络嵌入对技术创新绩效的影响：学习能力的视角［J］．科研管理，2014，35（12）：1-8．

为国内和国外学者重点研究和探讨的问题之一。对动态能力的形成和提升机制研究主有以下几种视角:

(一) 资源视角

根据资源基础观,资源是企业能力构建和培养的前提和基础,是企业能力的重要来源,企业构建、培育和提升动态能力也需要具有 VRIN 属性的战略资源(董保宝等,2011)。Wu(2007)通过对台湾高科技企业研究发现,企业拥有的资源越多,越容易吸引外部合作者、获取并利用外部资源,进而促进企业动态能力的提升。刘烨等(2009)认为,企业家资源是动态能力产生的基础,并通过对高科技企业的实证检验发现,企业家资源与动态能力显著正相关。舒燕和邱鸿钟(2014)通过对中药企业数据的结构方程分析发现,企业资源可以通过提升动态能力增强企业竞争优势。董保宝和葛宝山(2012)认为,虽然静态的、有价值的资源对动态能力的构建起积极作用,但资源的有效整合包括识别、获取、配置与利用过程,才是推动企业动态能力形成和提升的关键[①]。

(二) 战略导向视角

战略导向是指导企业采取市场行为的战略倾向和文化倾向,充分体现了企业的经营思想和理念,主要包括市场、创业和技术导向等(Zhou 和 Li,2007)。Zhou 和 Li(2010)指出,作为一种战略选择,战略导向能够为企业提供一种帮助企业在快速变化环境中构建动态能力的源泉[②]。Menguc 和 Auh(2006)认为,市场导向与企业其他互补性资源相结合能够有利于动态能力的演化,进而提升企业绩效[③]。姜文辉和郑慕强(2010)通过实证研究发现,企业市场导向能够通过提升动态能力促进技术创新。除了市场导向以外,创业导向也对企业动态能力的形成和提升具有积极的作用。Teece(2007)认为,较强创业导向的企业具有的动态能力也越强。这是因为以创新性、超前

---

① 董保宝,葛宝山. 新创企业资源整合过程与动态能力关系研究[J]. 科研管理,2012,33(2):107-114.

② Zhou K Z, Li C B. How Strategic Orientations Influence the Building of Dynamic Capability in Emerging Economies [J]. Journal of Business Research, 2010, 63 (3): 224-231.

③ Menguc B, Auh S. Creating a Firm-level Dynamic Capability through Capitalizing on Market Orientation and Innovativeness [J]. Journal of the Academy of Marketing Science, 2006, 34 (1): 63-73.

行动性和风险承担性为主要特征的创业导向有助于企业动态能力的形成、培养和提升（Lawson 和 Samson，2001；焦豪等，2008）；胡望斌等（2009）通过对新企业实证研究发现，创业导向对企业动态能力的形成和培育具有积极的促进作用[①]。曾萍等（2011）认为，创业导向在企业动态能力构建过程中起着关键作用，可以直接或者间接通过组织学习提升企业动态能力。

(三) 知识管理或组织学习视角

知识基础观认为，企业能力包括动态能力，是企业所拥有各种知识的集合。Nielsen（2006）认为，动态能力是企业改变、更新和利用企业知识资源的一系列知识管理活动，会随着企业知识结构的更新而不断演化[②]。企业动态能力形成和提升的过程，也是隐藏在其背后的知识经过获取、整合和创造以不断适应外部环境变化的动态过程。Zollo 和 Winter（2002）认为，企业的经验积累、知识阐明以及知识编码等学习活动共同促进组织动态能力的演化。谢慧娟和王国顺（2012）通过对物流企业的实证研究指出，企业可以通过包括内部学习和跨组织边界组织学习，不断获取、创造和整合新的知识，构建一套新的知识架构，以促进企业动态能力演化和提升。葛宝山等（2016）实证研究发现，探索式和利用式双元学习，在创新文化和动态能力之间起完全中介作用。彭本红和武柏宇（2017）认为，企业通过跨界搜寻整合内外部知识，能够弥补现有技术和市场知识的不足，克服已有的思维定式，从而提升企业动态能力。

(四) 认知视角

企业管理者认知水平和能力决定了其信息的搜索范围、辨识程度和解释方向，影响着其感知能力——对外部市场机会的识别和把握，是企业动态能力构建的关键因素（Gavetti 和 Levinthal，2000；Lamberg 和 Tikkanen，2006）。在有限理性假设的前提下，管理者个人在认知水平和能力上存在差异性。林海芬和苏敬勤（2012）认为，企业家认知水平有其特殊性。他们具有更强大的感知能力和敏锐的洞察力，能够快速识别、捕捉和利用市场机会，并实现

[①] 胡望斌，张玉利，牛芳. 中国新企业创业导向、动态能力与企业成长关系实证研究［J］. 中国软科学，2009（4）：107-118.

[②] Paarup Nielsen A. Understanding Dynamic Capabilities through Knowledge Management［J］. Journal of Knowledge Management，2006，10（4）：59-71.

获利。许晖等（2013）通过对东软集团案例研究发现，管理者国际化认知影响着企业国际化进程中营销动态能力演化的全过程，包括能力的形成、提升和转移阶段[①]。尚航标等（2014）通过对上市公司实证研究发现，管理认知复杂性对动态能力起促进作用，而管理认知集中性则起到相反的作用[②]。

（五）其他研究视角

部分国内和国外学者分别从企业家社会资本、企业社会资本、政府支持、顾客参与、网络能力、流程再造和组织结构、智力资本、交互记忆系统、网络特征、网络嵌入性、竞争情报扫描、跨界搜索等研究视角探究了动态能力的形成机制或影响因素，形成了较为丰富的研究成果。

四、动态能力与企业创新关系研究

随着外部环境的快速变化，创新成为企业发展的主题，是企业适应环境和增强竞争优势的重要手段之一。动态能力如何影响创新也已经成为战略管理领域研究的重要课题。国内和国外学者从不同视角对动态能力与创新之间的关系进行了有益的探索，但如何通过动态能力培育来推动创新的研究仍有局限（林萍，2012）。多数学者认为，动态能力对企业创新能够产生积极的影响。早期学者主要从理论上分析动态能力对创新的影响机制，且主要集中在技术和产品创新方面。企业只有充分发挥动态能力的积极作用才能将静态的创新资源转化为企业的创新绩效（Eisenhardt 和 Martin，2000；Barney，2001）。Teece（1997）认为，企业动态能力能够对创新资源和能力实现有效整合和重构，从而推动企业新产品的研发和创新。Winter（2003）认为，动态能力能够为企业技术创新提供必要的创新环境。

随着研究的深入，动态能力与创新关系的研究视角呈现多元化，创新研究范围不断扩大，也不再局限于单一类型，开始逐步采用案例和数量统计的方法进行实证检验。O'Connor（2008）从系统论视角构建了动态能力培育框

[①] 许晖，郭净，邓勇兵．管理者国际化认知对营销动态能力演化影响的案例研究[J]．管理学报，2013，10（1）：30-40．

[②] 尚航标，田国双，黄培伦．管理认知特征对动态能力的影响机制研究[J]．华东经济管理，2014，28（2）：79-84．

架（包括可识别的组织结构、探索过程、必要的技能和人才开发等七项要素构成），目的是推动企业突破性创新的开展[①]。魏泽龙等（2008）基于理论分析认为，动态能力能够对应用型和探索型创新产生正向影响，且对探索型创新影响更大。Ellonen 等（2009）基于四家出版企业案例研究发现，拥有较强动态能力的企业有利于渐进式创新和颠覆式创新。Agarwal 和 Selen（2009）通过对大型电信公司经验数据的结构方程分析发现，高水平动态能力能够促进企业服务创新，并强调企业应该通过培育和管理动态能力来促进服务创新[②]。林萍（2012）通过对福建电子信息企业的实证检验发现，企业的资源（包括信息、人力、技术等资源）必须通过动态能力才能够对组织创新起作用。江积海和蔡春花（2014）通过对中国南车组的纵向案例研究，构建了"动态能力—运作能力—资源组合—创新绩效"的主导逻辑，进一步厘清了动态能力对创新绩效的作用机理。简兆权等（2015）基于193家高科技企业实证研究发现，动态能力对技术创新产生显著的正向影响，这一作用并受到环境不确定性的调节。袁野等（2016）基于434家企业实证分析，探究了动态能力的不同维度对企业创新类型（市场型、技术型以及联合型）选择的差异影响，以及在这一过程中战略导向所起的调节作用。李随成等（2016）通过对供应商整合能力的实证研究发现，整合能力对渐进式创新与突破式创新有正向影响，且后者的作用更大。

动态能力与创新之间的关系研究由理论分析向案例研究和实证研究延伸，多数学者认为，动态能力对企业技术、产品、服务、管理等创新会产生积极影响。然而，动态能力对创新的影响研究尚处于初级阶段，动态能力对不同的创新内容和创新类型的影响机制、影响程度以及相关情境因素等问题仍需要进行深入的理论分析和实证检验。

五、动态能力与企业绩效的关系研究

自从 Teece 等提出动态能力是企业塑造可持续竞争优势的来源之后，国内

[①] O'Connor G C. Major Innovation as a Dynamic Capability: A Systems Approach [J]. Journal of Product Innovation Management, 2008, 25 (4): 313-330.

[②] Agarwal R, Selen W. Dynamic Capability Building in Service Value Networks for Achieving Service Innovation [J]. Decision Sciences, 2009, 40 (3): 431-475.

和国外学者广泛关注动态能力与企业绩效之间的关系，并基于不同研究视角深入探究动态能力对企业财务绩效和非财务绩效等的影响机制，为企业实现快速发展和获得可持续竞争优势提供借鉴，推动动态能力理论的发展。

主流观点认为，动态能力对企业绩效起着直接作用，即动态能力能直接显著影响企业绩效。例如，Jantunen 等（2005）认为，动态能力与企业国际化绩效呈显著正相关；WU（2007）发现，具有整合与重构功能的动态能力对财务绩效有显著的影响；沈锭荣等（2012）利用结构方程模型验证了动态能力对创新绩效正向作用的假设，并提出了从资源位势、感知能力等五个方面提升动态能力以提高企业绩效；Nolsøe 等（2013）研究了在动荡的环境下中小制造企业动态能力、创新绩效和盈利能力之间的关系，通过多案例研究方法验证了动态能力对创新绩效具有正向作用①；徐召红等（2013）认为，动态能力直接影响高科技企业当前的盈利水平，是高科技企业最为重要的能力；李非等（2014）对212家新创企业调研表明，动态能力对新企业绩效具有正向作用；Da-yuan 等（2014）基于实证研究发现，动态能力对企业竞争优势具有显著的正向影响等。

学术界主流观点认为，动态能力能够有效提升企业财务绩效和非财务绩效。具备动态能力的企业能够根据外部环境变化适时调整运营惯例、战略目标、组织结构等以实现企业的可持续发展。动态能力对企业绩效能够产生积极的影响，即在动态复杂的外部环境下，企业能够通过增强自身动态能力实现企业绩效的改善。

第三节 商业模式创新的相关研究

商业模式创新不仅成为企业转型升级、塑造持续竞争优势和寻求新发展方向的着力点，也成为学术界研究和关注的热点。商业模式创新研究主要包

---

① Nolsøe Grünbaum N, Stenger M. Dynamic Capabilities: Do They Lead to Innovation Performance and Profitability? [J]. IUP Journal of Business Strategy, 2013, 10 (4).

括影响因素以及作用结果等方面的研究。

一、商业模式创新的影响因素

对商业模式创新过程中的驱动因素和制约因素的影响研究，是解决企业商业模式创新问题的重要前提，也是学术界研究商业模式重点探讨和研究的问题（Kim 和 Min，2015）[①]。至于哪些关键因素在商业模式创新过程中起决定性作用的研究还处于不断探讨阶段。学者从多种视角探究了商业模式创新的前因问题，主要包括企业的技术、市场环境等外部因素和企业资源与能力、高管团队等内部因素，具体如下：

（一）技术视角

早期商业模式创新往往是基于互联网技术推动起来的（Timmers 等，1998）。Kodama（2004）、Faber 等（2003）、Yovanof 和 Hazapis（2008）等研究发现，在信息技术领域内的产业融合和模块化等技术发展及演进推动了西方发达国家企业商业模式创新（王鑫鑫、王宗军，2009）[②]。技术范式的变革在商业模式创新过程中发挥着重要作用（李文莲和夏健明，2013；Øiestad 和 Bugge，2014）。Teece（2010）认为，技术创新往往为企业将技术、产品和服务实现商业化创造了机会，成为商业模式创新的重要推动因素。虽然企业进行商业模式创新不一定需要新技术的支持，但是，新技术的出现、发展和应用往往能够推动或者催化新商业模式的出现（Velu，2015）。吴晓波等（2013）通过案例研究发现，技术创新和商业模式创新之间甚至存在着一定的共演关系。

（二）市场环境视角

企业商业模式创新往往会受到市场需求变化、竞争压力等外部环境的影响。快速变化的市场环境中蕴藏着机会与威胁，是企业创新商业模式的重要影响因素（Wirtz 等，2016）[③]。随着外部环境的动态变化，企业需要不断调整

[①] Kim S K, Min S. Business Model Innovation Performance: When Does Adding a New Business Model Benefit an Incumbent? [J]. Strategic Entrepreneurship Journal, 2015, 9 (1): 34-57.

[②] 王鑫鑫，王宗军. 国外商业模式创新研究综述 [J]. 外国经济与管理，2009，31 (12): 33-38.

[③] Wirtz B W, Pistoia A, Ullrich S, et al. Business Models: Origin, Development and Future Research Perspectives [J]. Long Range Planning, 2016, 49 (1): 36-54.

或者变革商业模式以实现可持续发展（Sosna 等，2010）①。消费者的消费习惯、需求变化是企业开发新商业模式以捕捉机会的重要前提（郭海、沈睿，2014）。郭海和沈睿（2012）实证研究发现，针对商业模式创新，环境包容性、技术波动和竞争强度能够起到促进作用，而需求不确定性则起到阻碍作用。

（三）企业资源与能力视角

商业模式设计、改进、创新与实施离不开企业内部资源和能力的有机整合与协调。姚伟峰和鲁桐（2011）基于案例研究认为，资源整合能够构建新竞争力和新商业模式。机会识别、资源均衡利用和实现领导、文化与员工承诺一致性三种关键能力（Achtenhagen 等，2013）、整合能力（庞长伟，2015）、吸收能力（朱益霞等，2016）、网络能力（刘亚军、陈进，2016）以及动态能力（Tecce，2007）等在商业模式创新过程中发挥重要作用。罗珉等（2005）基于租金理论分析认为，企业异质性资源和学习能力为商业模式创新提供强大的推动力②。王锡秋（2009）基于理论分析，认为商业模式创新需要企业价值界定、流程管理和资源整合三种基本能力支持，且其不同类型对三种能力要求也存在差异。

（四）企业高管团队视角

部分研究者认为企业商业模式创新是一种基于对外部环境变化而产生的认知重构的过程（Martins 等，2015；庞学卿，2016③），往往牵扯到企业经营的各个方面，需要高管的支持和推动（Linder 和 Cantrell，2000）。企业突破原有商业模式，重新设计或变革商业模式往往需要依靠企业高管对环境的认知能力（阎婧等，2016）、信念（Aspara 等，2011）以及创造力等（Svejenova 等，2010；吴晓波、赵子溢，2017）。而高管对企业和环境问题认知和考虑的认知惯性，则会产生一定的抑制作用（Amit 和 Zott，2012；Chesbrough，2010）。Ghezzi 等（2010）认为，高管团队难以判断企业情况、低估环境和过

---

① Sosna M, Trevinyo-Rodríguez R N, Velamuri S R. Business Model Innovation through Trial-and-Error Learning: The Naturhouse Case [J]. Long Range Planning, 2010, 43 (2-3): 383-407.
② 罗珉，曾涛，周思伟. 企业商业模式创新：基于租金理论的解释 [J]. 中国工业经济，2005 (7): 73-81.
③ 庞学卿. 商业模式创新的前因及绩效：管理决策视角 [D]. 浙江大学博士学位论文，2016.

度重视产品和技术等都局限性不利于商业模式创新①。刘刚等（2017）基于实证研究发现，高管团队的异质性与商业模式创新呈 U 型关系。

部分学者从社会资本（曾萍等，2017）、制度环境（Amit 和 Zott，2001）、战略导向（李巍，2017）等视角探究了商业模式创新的影响机制。国内和国外学者从不同视角探究了商业模式创新的影响因素，丰富了商业模式创新理论，但对作用机制并未形成一致的观点。不同的驱动因素有待进一步细分，或者从系统整合视角探究各个因素对商业模式创新的影响程度，从而寻求其关键因素，为企业进行有效的商业模式创新提供更可靠的指导价值。

二、商业模式创新对企业绩效的影响

商业模式创新是动态复杂环境下企业自我调整以保持竞争优势的重要方式之一。Zott（2007）等认为，商业模式是企业价值创造的主要方式。企业通过效率型和新颖型两种商业模式创新，能显著改善企业绩效（胡宝亮，2015；吴隽等，2016）。商业模式创新是新技术商业化的重要手段（Chesbrough，2010）。王翔（2014）发现，新颖导向的商业模式能够正向调节技术创新与企业绩效之间的关系。庞长伟等（2015）认为，企业商业模式创新提升企业绩效的原因是：商业模式创新的主旨是为顾客创造新的价值，提供更好的价值体验（Zott 等，2011）；依赖于组织内外部资源与能力的协调配合；可以通过对研发活动的投入提高企业绩效；能够产生模仿壁垒等。刘刚等（2017）认为，商业模式创新的程度与企业绩效呈显著的正相关关系，商业模式创新的不同维度在提升企业绩效时所发挥的作用是不同的，价值创造维度的作用最为显著。虽然，不同的学者从各自的研究视角展开了有关商业模式创新对企业绩效的影响，但得出结论往往趋于一致：商业模式创新对企业绩效和竞争优势能够产生积极的影响。

---

① Ghezzi A, Balocco R, Rangone A. How to Get Strategic Planning and Business Model Design Wrong: the Case of a Mobile Technology Provider [J]. Strategic Change, 2010, 19 (19): 213-238.

第四节 网络嵌入性、动态能力与商业模式关系研究

一、网络嵌入性与动态能力关系研究

Døving 和 Gooderham（2008）认为，企业跨组织间联系的多样性和范围可以视为能够使企业获取和维持异质性网络位置的动态能力的重要体现[①]。章威（2009）网络嵌入性包括结构与关系嵌入性，其对知识的获取与转化有正向影响。杜健等（2011）利用探索性案例的方法证实，多样性、信任、共同解决问题和承诺等，不同网络嵌入属性分别对知识获取和整合能力具有显著的正向影响。Luo 等（2012）认为，企业家拥有的个人网络关系质量越好，越有利于企业整合网络资源、与网络成员达成合作意向，从而提升企业适应能力[②]。张秀娥等（2012）通过对中国东北地区中小企业实证研究发现，企业能够通过强化网络嵌入性提升组织的动态能力，包括环境观察能力、组织柔性以及研发能力。田雪等（2015）实证研究发现，物流企业在全球制造网络中的嵌入性通过正向作用于企业的动态能力，包括预测能力和创新能力。从已有的研究结果可以看到，网络嵌入性对企业动态能力的塑造和提升具有积极的影响，这一观点得到较为一致的认可。

二、动态能力与商业模式关系研究

对于动态能力与商业模式之间关系的研究，尚未形成一致观点。Teece（2007）认为，企业进行有效的商业模式创新离不开动态能力的支持。庞长伟

---

① Døving E, Gooderham P N. Dynamic Capabilities as Antecedents of the Scope of Related Diversification: The Case of Small Firm Accountancy Practices [J]. Strategic Management Journal, 2008, 29（8）: 841-857.

② Luo Y, Huang Y, Wang S L. Guanxi and Organizational Performance: A Meta-Analysis [J]. Management & Organization Review, 2012, 8（1）: 139-172.

等（2015）通过对 319 家企业实证研究发现，整合能力能够通过商业模式创新提升企业绩效。Helfat 等（2015）基于动态能力的微观基础认为，管理者的认知能力能够促进企业商业模式变革①。王炳成和张士强（2016）通过对 48 家制造业企业员工实证分析，员工吸收能力的三个构面都对商业模式应用起积极作用，而员工吸收能力中的个人投入、辨识与共享构面对商业模式创意起积极作用。曾萍等（2016）实证研究发现，动态能力在政府支持与企业商业模式创新之间起部分中介作用，即动态能力对商业模式创新能够起到一定促进作用②。也有研究认为，动态能力在商业模式创新过程中起调节作用。蔡俊亚和党兴华（2016）实证研究发现，动态能力在行业学习与商业模式新颖性之间起调节作用。周飞（2016）通过对 119 家创新型企业实证研究发现，动态能力正向调节市场知识跨界搜寻与商业模式创新之间的倒 U 型关系。总之，动态能力对商业模式创新的影响研究仍处于争论阶段，需要结合具体的研究视角和研究对象作进一步理论分析和实证检验。此外，动态能力对不同商业模式创新类型的影响也有待深入研究。

三、网络嵌入性与商业模式关系研究

网络嵌入性对商业模式的影响研究主要集中在影响机制分析方面，包括对商业模式创新、商业模式类型选择以及中间机制等。Human 和 Provan（1997）认为，中小企业网络对企业商业模式维度、类型和特点等产生积极影响；Zott 等（2000）基于系统观认为，商业模式创新不仅需要跨越企业边界，而且还需要分析企业自身与价值节点上其他企业间的关系。何建华（2012）通过多案例分析认为，网络密度、中心性和结构洞等网络结构特征对中小企业商业模式创新能够产生积极的影响。张承龙和夏清华（2015）基于对科技型小微企业的实证研究发现，网络嵌入对商业模式选择产生显著影响。胡保亮（2016）通过对双重网络嵌入对物联网商业模式的影响研究，揭示了物联

---

① Helfat C E, Peteraf M A. Managerial Cognitive Capabilities and the Microfoundations of Dynamic Capabilities [J]. Strategic Management Journal, 2015, 36 (6): 831-850.

② 曾萍，李明璇，刘洋. 政府支持、企业动态能力与商业模式创新：传导机制与情境调节 [J]. 研究与发展管理, 2016, 28 (4): 31-38.

网商业模式的构建路径。孟迪云等（2016）通过实证研究发现，网络嵌入性（包括关系和结构嵌入性）与商业模式创新有显著的正向关系。王伟等（2017）基于新创企业的实证研究发现，企业的关系网络构建行为对商业模式创新具有积极影响。通过文献梳理发现，网络嵌入性对商业模式影响研究处于初级阶段，特别是对其创新的影响，有待于进一步实证检验。此外，网络嵌入性对企业商业模式创新影响的"暗箱"仍处于模糊状态，亟须打开。

第五节 环境动态性的相关研究

一、环境动态性内涵

企业环境往往是一个涉及范围很广的概念，涵盖影响企业参与市场竞争行为的、企业以外的所有要素，对企业行为具有重要影响（González-Benito，2014）。Barnard（1938）早期研究了组织与环境之间的关系，强调组织要与环境相适应，这一思想为现代战略分析方法奠定了基础（徐二明和王智慧，1999）。环境的不确定性将导致企业战略的不确定性，进而影响企业的行为和绩效。随着外部环境变化幅度日益增大和变化速度不断加快，企业环境不确定性日益提升，对企业的潜在影响和作用也越来越突出。学者逐渐将环境动态性纳入管理学研究范畴，对其内涵进行界定，并展开相关研究。

周晓东和项保华（2003）认为，环境变化可以通过变化对象、变化速度以及变化方向来分析，利用环境变化速度更能够说明环境动态性。Dess 和 Beard（1984）在研究环境动态性过程中认为，测定环境是否稳定主要从变化、没有固定模式以及难以预测三个方面来进行衡量。刘雪锋（2007）在 Dess 和 Beard（1984）研究基础上认为，环境动态性就是环境变化的频率、无固定模式可以遵循以及不可预测等特性①。环境动态性表现在很多方面，例如政治、经济、社会、技术及竞争格局的变化和发展（项国鹏和项乐毅，2013），即环境动态性是以上各种构成要素相互作用的结果。Baum 和 Wally（2003）认为，环境动态性研究的是外部环境变化所导致的不确定性程度②。冯军政（2013）认为，环境动态性是指感知环境变化的高度不稳定性或不可预测性，主要包括技术动态性和市场动态性两方面内容③。在高动态环境下，企业环境变化速度越快，稳定性越差，不确定性程度也就越高，从而导致企业对外部环境，包括对行业发展趋势、市场需求变化、技术变革以及竞争对手情况等预测难度明显增大。

环境动态性是影响企业创新行为的重要指标。特别是在中国经济转型期，企业外部环境变得错综复杂，对企业战略决策和创新行为造成巨大的不确定性影响。因此，将环境动态性纳入商业模式创新的研究框架内，探究环境动态性在网络嵌入性与商业模式创新之间所起的作用机制具有重要意义。在参考 Dess 和 Beard（1984）、Baum 和 Wally（2003）、周晓东和项保华（2003）等研究的基础上本书认为，环境动态性是反映企业外部环境随着时间的不断推移而发生变化的幅度和频率，从整体上表征了企业外部环境不确定性的程度，较高的环境动态性具有变化幅度大、变化频率快、难以预测等特点，从而导致顾客需求、行业发展、技术变革以及竞争者行动具有高度的不确定性，增加了企业对外部环境的把控难度。

二、环境动态性与企业创新关系

环境动态性对企业创新存在潜移默化的影响。国内和国外学者关于环境动态性与创新之间关系的研究仍然存在争议，主要存在以下两种观点：一是将环境动态性作为调节变量。二是将环境动态性作为自变量。

---

① 刘雪锋. 网络嵌入性与差异化战略及企业绩效关系研究［D］. 浙江大学博士学位论文，2007.
② Robert Baum J, Wally S. Strategic Decision Speed and Firm Performance［J］. Strategic Management Journal, 2003, 24 (11): 1107-1129.
③ 冯军政. 企业突破性创新和破坏性创新的驱动因素研究——环境动态性和敌对性的视角［J］. 科学学研究，2013，31 (9): 1422-1432.

(一) 环境动态性的调节作用

环境动态性往往是管理学研究中一个重要的调节变量，陈力田（2012）探讨了环境动态性在战略协调柔性和企业产品创新之间的调节作用；胡海青和李浩（2015）基于对"瞪羚企业"的实证研究发现，环境动态性存在不同的支持内容，如在技术支持和商业运营支持方面与突破式创新之间起的调节作用不同，突出了环境动态性调节作用的重要性。王永健等（2016）对战略新兴企业研究发现，环境动态性在弱关系（外部社会网络关系）与突破式创新之间起正向调节作用。孟云迪等（2016）研究发现，环境动态性在信任、信息共享、网络中心性与商业模式创新关系中起着显著的正向调节作用，而不是体现其直接促进作用。

(二) 环境动态性的直接作用

Detienne 和 Koberg（2002）认为，外部环境的快速变化，包括技术变革和市场变化，能够为企业提供一个促进创新的环境①。动态变化的外部环境能够为企业提供新信息、知识以及商业机会，是企业创新思想的源泉，进而促进企业技术探索与创新（Miller 和 Chen，1994）。冯军政（2013）通过对环境特征对企业创新影响实证研究发现，技术动态性对突破式创新和破坏式创新具有积极影响，而市场动态性只对破坏式创新有积极影响。阎婧等（2016）研究发现，环境动态性与企业商业模式创新显著正相关，对商业模式创新具有直接效应而非调节效应。综上所述，环境动态性与企业创新之间的关系仍存在争议，需要进一步理论分析和实证研究。

第六节 中小企业创新的相关研究

随着经济全球化的深入和信息化程度的提升，企业面临的市场环境日益

---

① Detienne D R, Koberg C S. The Impact of Environmental and Organizational Factors on Discontinuous Innovation within High-technology Industries [J]. Engineering Management IEEE Transactions, 2002, 49 (4): 352-364.

动态复杂，创新成为企业应对环境变化的有效途径。越来越多的企业开始注重技术创新、产品创新以及管理创新等。中小企业由于自身规模小、资源相对匮乏，如何进行有效的创新以及如何通过创新提升企业绩效成为研究的热点。

一、中小企业创新的影响因素研究

中小企业是推动经济发展的有生力量，是进行创新活动的主力军。与大企业不同，中小企业受到自身多种约束条件的限制，其开展创新活动过程中可能受到多重因素的影响。现有学者主要从企业社会网络、企业自身以及外部环境因素等对中小企业创新的影响因素展开研究。

（一）企业社会网络因素

社会网络是企业获取互补性资源和能力的重要途径之一，能够为企业开展创新活动提供强有力的支持（Shu 等，2005；Kaasa，2009；何建华，2012；王军等，2016）。Kim（2001）认为，协同创新能够提升中小企业的创新作用，由于密集竞争和协作网络，地理位置上集中分布的中小企业能够将创新的效用最大化。王霄和胡军（2005）通过实证研究指出，中小企业的创新结构受到结构性、认知性社会资本和企业人力资本的综合影响，而企业认知性社会资本既能直接影响技术创新水平，又能通过结构化社会资本间接影响技术创新水平。Hallen 和 Eisenhardt（2012）研究指出，相对于公共联结关系，专属联结关系对中小企业创新的推动作用更为明显。基于社会网络结构视角，何建华（2012）结合具体案例，探讨了网络密度、网络中心性和结构洞等要素对中小企业商业模式创新的影响。程聪等（2014）通过对浙江137家中小企业的实证研究发现，网络位置和网络契合度对渐进式创新能产生积极的影响，其中，网络位置决定了企业所能获得的网络知识和技术等创新资源优势，网络契合度决定了企业获取这些创新资源效率的高低。

（二）企业自身因素

陈晓红和马鸿烈（2012）对414家中小上市公司实现研究发现，企业研发投入程度、人力资源的投入强度等分别与技术创新能力呈显著正相关。雷辉和刘鹏（2013）探究了高管团队特征对中小企业创新的影响认为，高管团队的年龄、性别、异质性分别与技术创新呈显著负相关，而高管团队的学历、科学与工程专业背景及输出型职能背景分别与技术创新呈显著正相关。李柏洲等（2014）基于计划行为理论视角认为，中小企业的创新态度、主观规范和知觉行为控制能够通过合作创新意愿的完全中介作用间接正向影响企业的合作创新行为。粟进和宋正刚（2014）通过对京津 4 家科技中小企业的多案例研究指出，企业技术创新的关键内部影响因素是企业家精神和研发能力。程聪等（2014）认为，企业创新潜力能够通过企业家的创新意识、创新管理模式以及创新文化等对企业渐进式创新发挥作用。基于全球价值链视角，刘昌年等（2015）通过对文献的梳理指出，影响中小企业创新能力的因素主要包括全球机制链治理模式、企业战略、市场创新、企业吸收能力和技术保护等。李晓翔和霍国庆（2015）通过对科技中小企业的实证研究发现，资源匮乏和中小企业产品创新之间存在显著的倒 U 型关系，而且这一关系会受到拼凑策略的调节作用。刘盼盼和罗鄂湘（2017）基于科技中小企业的实证研究指出，组织分别通过组织内学习和组织间学习的中介作用间接影响企业商业模式创新能力。

（三）企业外部环境因素

Nola（2010）通过对爱尔兰和北爱尔兰的中小企业创新的研究发现，政府补贴能够促使企业开展新产品创新活动。粟进和宋正刚（2014）基于案例研究指出，企业技术创新的关键外部影响因素是市场需求与竞争、政府政策与法规。王维等（2014）基于中小企业上市公司的实证研究发现，良好的金融环境对中小企业 R&D 投入和专利产出均有显著的正向影响，而政府补贴对专利产出有显著影响，且对规模较小企业的 R&D 投入和专利产出均有显著的正向影响。周宗安等（2017）研究发现，城商行的发展能够缓解中小企业创新资金压力，进而推动企业创新。查颖冬等（2017）基于苏州中小企业的实证研究指出，环境冗余度对中小企业自主创新能力的四个维度（核心创新能力、集成创新能力、交互学习能力和创新产出能力）均具有显著的正向影响，此外，还分别检验了开放深度和开放广度在环境冗余度与自主创新能力之间的中介作用。

中小企业创新过程中会受到企业社会网络、自身条件以及外部环境等多重因素的影响。科技中小企业是中小企业群体中参与创新的主体，然而，只有少部分学者对其创新的影响因素展开研究。

二、中小企业创新对绩效的影响研究

Gronum 和 Verreynne（2011）在探究小企业的开放式创新与企业绩效时指出，企业采用由外而内的开放式创新对企业绩效能够产生积极的影响。陈晓红和马鸿烈（2012）实证研究发现，科技中小企业技术创新与成长性显著正相关，而非科技中小企业与成长性的相关性不明显。基于能力视角，陈艳和范炳全（2013）在探究开放式创新能力对创新绩效的影响时指出，发明能力、吸收能力、连接能力和创新能力对企业的创新绩效具有显著的正向影响，而变革能力和吸收能力的影响不显著。陈晓红和于涛（2013）在研究营销能力与市场绩效关系过程中发现，技术创新过程的研发投入和技术投入两个维度，分别对市场绩效能够产生显著的正向影响。企业创新已经被看作中小企业构建竞争优势的重要基础（蒋天颖等，2013）。结合均衡理论，李巍（2015）在探讨中小企业创新均衡对竞争优势的影响时指出，创新匹配均衡能够驱动低成本优势，而创新联合均衡能够正向影响差异化优势，即中小企业基于市场创新和技术创新的均衡有助于企业竞争优势的构建。解学梅和刘丝雨（2015）将中小企业协同创新划分为战略联盟、专利合作、研发外包、要素转移四种模式，认为这四种模式能够对企业创新绩效产生正向影响，并能够通过协同效应作用于创新绩效。

Dibrell 等（2008）基于美国中小企业实证研究发现，企业创新能够通过 IT 投资间接作用于企业绩效。Liao 和 Rice（2010）基于澳大利亚中小制造业企业的实证研究发现，企业创新是通过转变产出而间接作用于组织绩效。彭雪蓉和魏江（2014）基于浙江中小企业的实证研究发现，资源获取在生态工艺创新与组织绩效之间起部分中介作用，而在生态管理创新与组织绩效之间起完全中介作用。

通过对以往国内和国外有关相关文献的梳理和回顾，发现已有研究从不同的视角分别对网络嵌入性、动态能力、商业模式创新以及环境动态性等问题行了理论分析和实证研究，形成了十分丰富的研究成果，为进一步深入研究和探讨提供了理论基础、研究方向和借鉴意义。但是，从已有研究成果看，仍存在一些研究的局限性和需要深入探讨和解决的问题。

（1）通过对商业模式创新文献的梳理发现，已有研究主要存在以下几点不足：①目前对商业模式创新的研究还主要局限于理论分析和案例研究。近些年来，虽然有学者开始尝试采用基于数据统计的实证分析来检验商业模式创新的前因变量和结果变量，但相关研究相对较少，特别是有关商业模式创新影响因素研究方面有待于进一步深入。②已有的研究往往聚焦于成熟企业、平台型企业、高新技术企业等的商业模式创新研究，而对科技中小企业商业模式创新研究较少。③对商业模式创新影响因素的研究往往偏重于内部因素或外部因素，从整合企业外部和内部因素的视角探究商业模式创新影响机制的文献仍然匮乏。

（2）基于对网络嵌入性与商业模式创新关系研究回顾发现，已有研究注重分析和检验网络嵌入性对商业模式创新的直接影响（何建华，2012；孟迪云等，2016），而忽视了网络嵌入性影响商业模式创新的中间机制，即网络嵌入性通过何种因素影响企业商业模式创新。企业进行商业模式创新不仅依赖于外部网络，而且也离不开自身能力和资源的支持。网络嵌入性对企业能力会产生一定影响，进而会影响到企业的商业模式创新。企业动态能力可能在企业网络嵌入性与商业模式创新之间具有中介作用，即网络嵌入性通过影响企业动态能力，进而影响商业模式创新。总之，网络嵌入性对企业商业模式创新影响的"暗箱"亟须打开，有待于深入理论分析和实证检验。

（3）结合动态能力对商业模式创新影响的文献梳理发现，已有研究在动态能力对商业模式创新的影响研究方面存在一定的分歧：部分学者认为动态能力起直接影响作用（Teece，2007；庞长伟等，2015；曾萍等，2016），有学者认为动态能力起调节作用（周飞，2016；蔡俊亚和党兴华，2016）。由于研究的视角和研究对象存在一定差异性，可能是导致动态能力如何影响企业商业模式创新产生分歧的主要原因，因此，动态能力对企业商业模式创新影响有待于进一步实证检验。此外，动态能力对商业模式创新的影响机制仍然较为模糊，特别是对不同类型商业模式创新的影响机制，需要深入分析和探讨。

第四章

研究的理论基础

第一节 资源基础理论

资源基础理论（Resource-based Theory）已经成为战略管理领域研究企业竞争优势来源的重要理论之一，对后续核心能力、知识基础理论以及动态能力理论的产生和发展产生了重要的影响。

一、传统资源基础理论

（一）资源基础理论的起源

随着产业组织理论的发展，越来越多的研究者将产业分析的范式引入了战略理论。早期研究企业竞争优势来源的经典理论之一是以波特（1980）为代表的竞争优势外生论——产业分析理论，该理论认为企业竞争优势来源于外部具有吸引力的产业（黄旭和程林林，2005）[①]，强调企业对外部市场机会的开拓和挖掘。波特在《竞争战略》一书中提出了产业竞争结构分析的范式，指出企业赢利能力取决于其竞争优势，而企业竞争优势又一定程度地取决

---

① 黄旭，程林林. 西方资源基础理论评析 [J]. 财经科学，2005（3）：94-99.

企业所在产业基本的竞争结构，即由四方面竞争力量（潜在竞争对手的入侵、替代品的威胁、现在竞争对手之间的竞争以及客户和供应商讨还价的能力）所形成的竞争结构。这五种竞争力的综合作用会随产业的不同而不同，随产业的发展变化而改变，结果就会导致不同产业或同一产业在不同的发展时期具有不同的利润水平，从而对企业的吸引力产生一定的差异性。企业可以通过其战略对五种竞争力产生影响，甚至改变某些规则，进而赢得竞争优势（王开明、万君康，2001）[1]。Barney（1986）指出，波特从产业视角分析了企业绩效与环境的关系，为研究企业竞争优势来源提供了基础，但未阐明企业资源与绩效的内在联系[2]。虽然产业吸引力能够为企业带来竞争优势，但同行业领域内的不同企业之间利润差距却无法得到有效解释。

追根溯源，最初对资源基础观提供重要理论基础的是 Penrose。在其所著的《企业成长理论》一书中，Penrose 用经济学原理探讨了企业资源与企业成长之间的关系，提出了"组织不均衡成长理论"，使资源基础观已经不再局限于观念上的讨论，而是初步拥有了理论上的支撑。与波特的产业分析理论不同，Penrose（1959）将企业成长的关注点聚焦于企业内部资源，认为基于内部资源所提供的产品和服务是企业成长的原动力，为后续学者研究企业竞争优势来源的注意力从企业外部转移到内部以及提出资源基础理论奠定坚实基础。Wernerfelt（1984）在战略管理杂志上发表的"企业的资源基础观"一文，标志着资源基础理论被正式提出。Wernerfelt（1984）认为，企业资源是指任何可以被视为给某既定企业带来优势或劣势的东西，更正式地，在特定时间里被定义为半永久性地属于企业的那些有形和无形的资产（杨春华，2010）[3]，例如资产、知识、能力等。Grant（1991）认为，企业资源和能力是企业战略之基，是企业创造利润的主要来源。资源基础理论认为企业是各种资源（包括有形和无形）的集合体。该理论主要围绕资源是否为企业绩效差异产生的主要原因以及竞争优势的来源这两个基本问题来展开探讨。

---

[1] 王开明，万君康. 企业战略理论的新发展：资源基础理论［J］. 科技进步与对策，2001，18（1）：131-132.

[2] Barney J B. Strategic Factor Markets：Expectations, Luck, and Business Strategy［J］. Management Science, 1986, 32 (10)：1231-1241.

[3] 杨春华. 资源基础理论及其未来研究领域［J］. 商业研究，2010（7）：26-29.

(二) 传统资源基础理论主要观点

1. 基本假设

企业资源基础理论存在两个基本前提假设：第一，同一行业（或集团）内的企业拥有或控制的战略资源是异质的（Heterogeneous），这意味着企业拥有与其他企业不同的资源，从而能够采取完全不同的策略，进而能够更好地抓住并利用发展机遇；第二，这些资源在企业之间不完全流动，资源的不可完全流动性能够避免被竞争对手轻易地复制或者模仿，有助于企业保持竞争优势，因而，战略资源的异质性能够长久保持（Barney，1991）。异质性体现战略资源在企业之间配置的不均衡性，拥有更多能够创造价值资源的企业就有可能获得更多租金；不完全流动性则反映部分资源只能归属某些企业，由此资源产生的租金也归属这些企业（周建等，2009）。不同（无论是属于同行业还是不同行业领域内）的企业由于拥有或控制的资源存在差异性，从而决定了企业竞争力的差异。

2. 研究框架

传统资源基础理论是以资源为企业进行战略决策的思考逻辑中心和出发点，通过资源这个桥梁来连接企业战略决策和竞争优势（杨春华，2010）。通过对其发展脉络的回顾和总结，可以把资源基础理论的研究划分为两种基本思路：一种是以 Barney 为代表，从企业自身视角出发，对企业内部异质性资源要素的特性进行分析，研究企业竞争优势的可持续性和企业间绩效差异的来源；另一种是以 Peteraf 为代表，从竞争性市场的视角对市场竞争和竞争战略选择进行剖析，其焦点是如何分离出不同的竞争战略。

Wernerfelt（1984）认为，异质性战略资源存在有价值、稀缺、不完全模仿和不完全替代等特点。Barney（1991）发表的"企业资源与持续竞争优势"把以往分散的有关资源的观点或论断进行充分的梳理和整合，系统地提出了一个较为全面的理论框架。Barney（1991）指出，能够为企业带来竞争优势的资源具有价值性、稀缺性、不可模仿性和不可替代性四大特征，即初步构建了 VRIN 框架。Wernerfelt（1984）和 Barney（1991）认为，独特资源的整合和配置会影响重要产出，即企业有能力对资源进行有效配置时，资源的价值性、稀缺性、不可完全模仿性才能真正发挥作用。Barney（2002）在优化以往研究成果的基础上,将异质性战略资源的特征概括为价值性（Valuability）、稀缺性（Rarety）、不可完全模仿性（Imperfect imitability）和组织性（Organization）。Barney（2002）认为,资源的价值性是指企业的资源能使企业消除环境中潜在不利的威胁或开发和利用环境中有利的机会,资源只有具备一种或同时具备两种情况时,才能称为是有价值的。价值性体现的是企业间在价值创造方面所具有的资源和能力差异。然而,企业资源仅仅拥有价值性是不够的,如果其他企业同时拥有这种资源,并能够参与市场竞争,这种单一的价值性特征并不能真正构成企业竞争优势的来源,因此,稀缺性是异质性战略性资源的又一特性。稀缺性是与竞争性企业相比较而言的,拥有有价值的、稀缺的资源就可以构成企业的竞争优势。然而,拥有这两种特性的资源并不能构成企业持续的竞争优势,因此,不可完全模仿性构成了异质性战略性资源的第三个特性,包括了Barney（1991）提到的难以模仿性和难以替代性。如果企业的异质性资源是竞争对手能以较低的成本进行成功的模仿,或通过其他的资源进行战略性功能替代,那么可持续竞争优势就不具备实现的条件。企业构建竞争优势的潜力取决于其拥有的有价值性、稀缺性、不可完全模仿性的资源,但要想让这些资源发挥作用,就必须对资源进行有效的整合,即反映了异质性战略资源的另一个属性——组织性。Barney（2002）对这一理论框架进一步完善,将组织性纳入了资源基础理论的研究框架中,构建了VRIO的研究框架。可见,Barney（2002）提出的企业资源基础理论分析框架可以分为两个层级：包含资源的有价值性、稀缺性、不可完全模仿性,也是较低的层级；而组织性属于更高层级,是一种可以有效整合资源价值性、稀缺性和不可完全模仿性的组织能力,是企业一种特殊的无形能力的外在表现。Barney（2002）基于企业间战略资源异质性和差异稳定性的前提,探讨了企业资源与持续竞争优势之间的关系,从而建立了持续竞争优势来源的企业资源模型——VRIO模型（刘力钢等,2011）[1]。

不同于Barney（2002）从企业内部的异质性战略资源特性（VRIO）构建企业资源基础理论框架,Peteraf（1993）从市场竞争的视角,聚焦于通过资源差异分离出不同的竞争战略,并结合竞争战略的选择,以挖掘企业绩效差

---

[1] 刘力钢,刘杨,刘硕. 企业资源基础理论演进评介与展望[J]. 辽宁大学学报（哲学社会科学版）,2011,39（2）:108-115.

异性产生和维持的根本原因，即对构成企业持续竞争优势的竞争战略和战略结果进行剖析。Peteraf（1993）认为，企业寻求竞争优势共有四种战略可供选择①：第一，以资源异质性为核心的竞争战略。Peteraf（1993）认为，资源异质性意味着优势资源要素只能是有限的供给，正是由于这种有限的供给，才能使企业在参与市场竞争过程中获得竞争优势，但是，资源的异质性并无法保证企业获得持续的竞争优势。企业要想获得持续的竞争优势，必须选择其他三种战略。第二，资源非完全移动竞争战略。Peteraf（1993）认为，资源的非完全移动性有助于企业获得持续竞争优势。因为资源的不完全移动性是企业资源使用效率保持差异性的重要前提，或者说资源在本企业的使用效率高于在其他企业内的使用效率，所以，资源的不完全移动性导致了产业内竞争企业不能获得同样的异质性资源，或即使是获得同样的异质性资源，但由于所需成本超过了其收益，竞争企业也会因此而放弃采取行动，从而有利于确保企业获得持续竞争优势。第三，事前竞争限制战略。Peteraf（1993）认为，事前竞争限制的战略核心是企业如何以较低的成本从市场上获得优势资源，其隐含的假设是战略资源要素市场不完全或市场机制失效。第四，事后竞争限制战略。Peteraf（1993）认为，事后竞争限制战略源于隔离机制产生的难以模仿性和不完全替代性。正是这两个特性保证了企业竞争优势可以转化为持续竞争优势（刘力钢等，2011）。

此外，Grant（1991）、Raphael 和 Schoemarker（1993）、Collis 等（1995）学者对资源基础理论研究框架进行了研究，并呈现了很多相似性（周建等，2009），推动了资源基础理论的进一步发展。资源基础理论认为，企业竞争优势取决于企业内部战略性异质资源，可见，资源基础理论建立了一种基于企业异质性资源的竞争优势内生理论，突破了外生性研究的企业"黑箱"假设，把企业竞争优势来源的研究视角从企业的外部产业环境分析转到了企业的内部资源分析。传统资源基础理论以企业内部资源为分析单位，将"资源—战略—绩效"作为分析范式，重点探讨企业所拥有或控制的异质性或独特的资源对企业绩效差异和竞争优势的影响。资源基础理论认为，虽然外部市场结构和市场机会在某种程度上会对企业竞争优势产生影响，但并非是影响企业

---

① Peteraf M A. The Cornerstones of Competitive Advantage: A Resource - based View [J]. Strategic Management Journal, 1993, 14 (3): 179-191.

竞争优势的关键因素。此外，并非所有的资源都能够为企业带来可持续竞争优势，只有拥有或控制那些异质性或独特（如具有 VRIO 属性）的战略资源，并进行有效整合和利用，才能为企业塑造或维持竞争优势。

二、资源基础理论的演进

企业资源基础理论主要围绕着"企业是什么""影响企业竞争优势的关键因素是什么"和"企业如何塑造竞争优势"等问题展开研究。资源基础理论研究的广义资源包括有形资源和无形资源。随着经济快速发展，学者更加注重研究无形资源（包括能力和知识）对企业竞争优势的影响，促使传统资源基础理论逐步演化为基于能力的资源观——核心能力理论和基于知识的资源观——知识基础理论。

（一）核心能力理论

核心能力理论的代表人物 Parahalad 和 Hamel（1990）认为，核心能力是组织中的积累性学识，是企业可持续竞争优势的源泉。Foss（1996）认为，核心能力既是组织资本，又是社会资本，这种能力有助于企业对知识进行有效的协调和整合。核心能力学派对核心能力的观点或见解达成了初步的共识，提出了与传统资源基础观不同的一些观点。

首先，核心能力理论认为企业是一个由企业一系列能力构成的集合体。企业任何资源（包括有形资源和无形资源）价值的实现依赖于隐藏在企业背后的一系列能力，企业能力则是企业经过长时间的积累和不断学习而形成的结果，与企业最开始各种资源的投入、资源的追加投入以及企业的切身发展经历是密不可分的，具有非常明显的路径依赖性。企业能力隐含在由组织成员构成的团队、战略制定与实施、组织惯例与程序以及企业所特有的文化氛围当中。由于企业路径依赖性存在及其作用，能力贯穿于企业整个系统架构中，企业的任何一个部分都依托于企业内在能力而正常运行，无法真正地脱离企业能力而有效存在，因此，企业是一个能力集合体。

其次，注重把能力作为企业的基本分析单元。由于企业是由一系列能力构成，因此，企业的分析单元着眼于企业基本能力，不是存在于企业中从事具体工作的个人，也不是由组成成员按照一定秩序构成的团队，抑或其他影响企业正常运营的规则，而是能够切实反映企业本质的一系列能力。虽然企业能力具有一定的抽象性，但这并不影响通过对企业能力系统地分析来探究企业竞争优势的来源。根据能力的重要性，可以将企业能力分为一般能力和特殊能力，根据能力的功效，可以将企业能力分为技术能力、市场能力、组织能力以及研发能力等。每个能力可以根据具体的需要进行进一步细分。因此，核心能力理论以企业能力作为基本的分析单元，是企业展开系统分析的根本出发点。

最后，拥有或构建核心能力的企业才能维持长期竞争优势。根据资源基础观，企业核心能力之所以能够带来可持续竞争优势，是因为作为企业关键的战略资产，它具有较强的互补性、稀缺性、难以交易性、不可模仿性、有限替代性等特点，能够产生持续租金（王毅等，2000）[1]。企业核心能力的基本假设源自于传统的资源基础理论，这意味着核心能力在企业之间（包括同行业领域内和不同的行业领域内）呈现不均匀的分布，而且也难以通过市场交易来实现自由的流通。长期竞争优势意味着企业拥有比其他竞争对手能够更加卓有成效地从事生产经营活动和解决各种难题的能力。企业经营战略、组织结构、技术水平等优势仅仅是企业充分发挥核心能力的重要产物。作为企业长期竞争优势基础的核心能力必须具有如下特征：价值优越性、异质性、不可仿制性、不可交易性、难以替代性，这一系列特征会使企业核心能力受到替代品的威胁相对较小（李东红，1999）[2]。

此外，相对于传统资源基础理论而言，核心能力理论层次更加分明，给出了从核心能力到终端产品的作用机制：企业这棵大树赖以生存的根系是核心能力，树干是核心产品，分支是业务单元，果实是终端产品（Parahalad和Hamel，1990）。该理论从能力视角为企业核心产品、最终产品的研发和创新提供动力，为企业持续竞争优势的塑造和培育提供了能力基础。

(二) 知识基础理论

学者们一直从不同视角来探究企业的存在，如交易成本理论、资源基础理论和知识基础理论等。知识基础理论最初也是为了更好地阐述和揭示企业

---

[1] 王毅，陈劲. 企业核心能力：理论溯源与逻辑结构剖析 [J]. 管理科学学报，2000，3（3）：24-32.

[2] 李东红. 企业核心能力理论评述 [J]. 经济学动态，1999（1）：61-64.

存在的重要意义。知识基础理论认为,企业存在的目的是能够让个体之间更好地分享和交换知识(Grant,1996;Spender,1996)。企业是知识按照一定架构体系组合而成的一种知识集合。隐藏在企业能力背后并决定企业能力的是企业知识以及与知识密切相关的认知学习(余光胜,2005),知识是分析企业活动的基本单元。Davenport 和 Prusak(1998)认为,知识是一种包含了结构化的经验、价值观、情境信息、专家见解和直觉等要素的动态的混合体,它为评估和利用新经验与信息提供了环境及框架。知识可以分为显性知识和隐性知识。其中,显性知识是正式的,能够通过一定方式进行编码以及可以实现转移的知识,而隐性知识则往往是内嵌于个体,以经验为基础的知识,往往难以进行有效的编码。知识是企业所有资源中最重要的战略资源之一,是企业竞争优势的根源,也是解释企业间绩效差异原因的重要分析工具(Grant,1996)[1]。

Smith(2000)对知识基础展开了较早研究,指出影响创新的重要影响因素是创新的知识基础。按照显性、隐性知识不同组合方式、编码方式和约束条件,知识基础可以分为三种存在形式:第一,分析性知识基础(Analytical Knowledge Base),是指以自然科学中的标准,聚焦于客观现实,集中主要精力来理解和阐释系统内在细节的一些知识,以科学知识为主,这种知识的编码化程度较高,便于以文本的形式进行分享和转移。第二,综合型知识基础(Synthetic Knowledge base),是对现有的显性知识和隐性知识按照一定方式重新组合在一起共同发挥作用的一系列知识,这类知识往往编码化程度较低,具有较强的意会性,需要通过一些辅助性的经历或经验(如"干中学"、试错学习、交互中学习等)等非单纯文本化形式进行分享和转移。第三,符号性知识基础(Symbolic Knowledge Base),是指具有非常强的符号学特征的一系列知识,是随着文化产品商业化和文化产业的快速发展而产生的。这类知识主要通过符号、设计和文化制品、声音以及故事叙述等组合与传播,能够被用来描述和阐释文化、符号产业的地理与空间创新模式(Asheim 等,2007),往往是基于特定的文化背景和特殊的情景下才发挥其作用,或在不同背景下该符号性知识可能表达迥然不同的内涵。因此,符号性知识基础具有较强的

---

[1] Grant R M. Toward a Knowledge - based Theory of the Firm [J]. Strategic Management Journal, 1996, 17 (S2): 109–122.

文化根植性和情景特殊性。Asheim 和 Coenen（2005）认为，利用不同知识基础的企业知识来源组织模式和创新的地理模式存在一定的差异性，因此，其所需要的创新要素和资源的支持也不尽相同。因此，企业需要根据企业所拥有的知识基础来具体问题具体分析，以知识基础为出发点，深入探讨和分析不同知识基础对企业成长和发展的不同作用机制，探寻企业持续竞争优势的根本来源。

企业之所以存在，是因为在有限理性和专业化分工的前提下，企业能够发挥一种非常重要的协同整合机制。组织的基本任务是对组织内的任务和分工明确化，并进行有机协调。而知识整合机制是企业提供了一种"高度规则化"的组织原则（Kogut 和 Zander，1992）。与市场相比，企业的优势在于企业中的组织、个体和团体之间能够进行更为有效的知识转移和共享。企业本质上是一个运营知识的获取、转移、共享和应用的知识系统，正是企业所拥有或控制的异质性知识造就了其竞争优势（芮明杰、方统法，2003）。知识之所以成为企业竞争优势的来源，是由于企业知识具有隐晦性、专业性、复杂性等特征以及"隔离机制"（如知识产权保护）的存在，使竞争对手难以在短时间内进行学习与模仿。作为一个知识处理系统，企业的目的是为了占有个人知识并通过整合、创新来形成新的、有价值的专门知识，而企业的核心能力则是源自具有情境依赖的隐性知识（湛正群、李非，2006）。Nonaka 等（1995）提出了一个知识管理的四阶段模型，企业内以个人为载体的隐性知识通过显性化、整合、内部化和社会化四个阶段，最终转变为企业的专门知识，蕴含于企业的自身的情境之中。即企业对知识进行科学有效的管理，使之具备难以模仿和难以转移的属性，从而有助于企业获得可持续竞争优势。

核心能力理论和知识基础理论都是在传统资源基础理论基础上发展起来的，是对传统资源基础理论的细化和延伸，都是从企业内部来探究竞争优势来源。核心能力理论和知识基础理论也并非完全相互独立，知识基础理论从知识和学习视角为企业核心能力的培养和构建提供了有力理论解释和支持。

三、资源基础理论与本书的内在联系

资源基础理论强调企业拥有或控制的异质性资源（包括知识和能力等）

能够为企业带来竞争优势。Teece（1998）认为，与多数有形资源相比，无形资源（如企业社会资本、企业形象、知识等）很大程度上更难以被竞争对手所模仿①。企业的经济行为嵌入到一定的社会网络中，拥有异质性的网络资源（包括网络结构和社会关系）。王开明和万君康（2001）认为，企业可以通过组织学习、知识管理和构建外部网络的方式发展企业独特的优质资源②。综上所述，社会网络不仅是企业一种异质性的战略资源，而且有助于企业获得、培养和发展异质性的战略资源。

本书以科技中小企业为研究对象，探究网络嵌入性对企业商业模式创新的影响。刘刚等（2017）指出，根据资源基础观，企业资源的异质性会对企业商业模式创新的时机、强度和效果产生影响③。林萍（2012）认为，企业资源、能力、技术服务平台、战略联盟、外部合作等也都为创新提供了人财物的资源保障④。企业商业模式创新离不开企业异质性战略资源的支持，否则，企业进行商业模式创新，很容易被竞争对手所模仿，进而导致其竞争优势的丧失。对科技中小企业而言，构建外部社会网络，一方面，能够获取其所需的资源和能力，有效弥补企业自身的不足和弱势；另一方面，能够通过某种合作形式共同进行商业模式创新，减少潜在的失败风险，构建长期的竞争优势。因此，资源基础理论能够从资源视角为本书研究商业模式创新提供坚实的理论基础。

第二节　社会网络理论

社会网络理论早期主要是应用于社会学方面的研究，探究人与人之间的

---

① Teece D J. Capturing Value from Knowledge Assets: The New Economy, Markets for Know-how, and Intangible Assets [J]. California Management Review, 1998, 40 (3): 55-79.
② 王开明，万君康. 企业战略理论的新发展：资源基础理论 [J]. 科技进步与对策，2001, 18 (1): 131-132.
③ 刘刚，刘静，程熙镕. 商业模式创新时机与强度对企业绩效的影响——基于资源基础观的视角 [J]. 北京交通大学学报（社会科学版），2017, 16 (2): 66-75.
④ 林萍. 企业资源、动态能力对创新作用的实证研究 [J]. 科研管理，2012, 33 (10): 72-79.

社会关系和结构属性。随着研究的深入，该理论逐渐被纳入经济学和管理学的研究范畴。社会网络研究已经不再局限于个体研究，而是将企业、社会团体等组织纳入进来，从社会学视角探究企业间关系和企业网络节点对经济行为的潜在影响，认为企业的经济行为由单纯的市场机制影响转变为受市场和社会的共同影响，拓展了古典经济学的研究范畴（Davern，1997）。社会网络不仅是一种基于特殊社会关系而形成的网络结构，而且是介于企业外部交易市场和内部科层组织之间的一种治理机制，能够提供诸如信息等各种资源（王军等，2016）。社会网络理论形成多种理论分支，本书主要阐述社会资本理论和网络结构理论。

一、社会资本理论

资本最开始的时候是一个经济学领域的概念。通常，资本意味着在未来某个时期能够为个人、企业乃至国家带来经济效益。社会学家受到经济学中资本内涵的影响和启发，在此基础上提出了社会资本的概念，并被其他领域的学者们逐渐接受和应用。"社会资本"一词，表征了源自社会网络中的各种关系对个人和企业获得经济效益能够产生重要的直接影响。

（一）社会资本的内涵

法国社会学家 Bourdier（1980）首次正式提出社会资本的概念，认为其是个体或团体内嵌于社会网络及关系中的所积累的实际的或潜在的资源的集合体（汪旭晖，2007）。社会资本与可分割、可转让的私人物品不同，具有其特殊性：第一，社会资本具有不可转让性（Loury，1987）。社会资本虽然具有一定的使用价值，但难以被轻易地进行交换。社会资本对受益者而言，并不是私人财产。个体虽然可以使用社会资本，但是无法随意支配社会资本。第二，社会资本不会随着使用而减少，但会因为不使用而消失。个体或企业与网络成员保持互动、有限责任、维持信任与互惠等，社会资本会随着使用而不断增加；相反，如果彼此互动和交往次数较少，以往建立起来的有助于社会资本发挥作用的信任、互惠等就会逐渐减少，甚至会被遗忘，导致有些人会远离，从而使社会资本减少或消失。第三，公共物品性。私人物品使投资者受益，而社会资本不仅能使拥有者受益，而且还能让其他人受益。在某种程度上，社会资本公共物品性导致了人们对社会资本的投资不足（科尔曼，2008）。

Gabbay 等（1999）以企业为研究对象，探究了社会结构与企业目标之间的内在关系，指出企业社会资本是以社会结构为载体，能够帮助企业实现主体目标的那些资源（武志伟，2003），包含政府、上下游合作企业、第三方机构等利益相关者以及基于血缘、朋友、亲情等形成的非利益相关者。与一般社会资本的概念不同，企业社会资本具有其独特性：第一，目标指向性。虽然一般意义上的社会资本也牵扯到为了获取个人或集体利益而展开协同与合作行为的方向，但它并没有明确的行动目标。无论是个人利益还是合作行为，都是行为的过程，而并非是行动的目的，但企业作为一种组织存在，明确的目标是其存在的根本理由（周小虎，2006）。第二，动态性。企业组织阶段性目标可能会赋予企业资本以动态性，即企业所需的社会资本可能会随企业目标的动态变化而发生改变，此外，企业社会资本在不同的时期对企业战略目标的实现的作用也会发生改变（何军，2012）。总之，企业社会资本也会随着企业的变化而改变。

目前，国内和国外学者对社会资本的界定主要存在"资源观"和"能力观"两种观点。资源观认为社会资本是指企业所拥有的社会关系网络及内嵌于其中的实际或潜在资源的集合，着重强调社会资本的资源属性，而能力观则认为社会资本是指企业通过社会关系及其网络以获取潜在稀缺资源的能力，着重突出社会资本的能力属性。根据资源基础观，能力也是企业在创造价值和获取竞争优势过程中不可或缺的资源之一，因此，在管理学领域中，社会资本是企业一种重要的异质性战略资源。

（二）社会资本的维度

学者开始从社会资本的单一维度研究（Fukuyama，1995；Paxton，1999；杨瑞龙，2002）转向了多维度研究（Nahapiet 和 Ghoshal，1998；Collins 和 Clark，2003；边燕杰和丘海雄，2000；郑美群等，2005），使社会资本维度划分日益丰富，拓展了社会资本的研究范畴。部分学者尝试采用单一维度视角来研究社会资本。有的学者采用"信任"来表征社会资本。例如，Fukuyama（1995）认为，"信任"就是社会资本的表现形式，基于信任的社会资本能够促进经济的快速发展。杨瑞龙等（2002）指出，可以利用人们相互间的信任来测量社会资本。然而，采用单一维度测量社会资本往往容易遗漏社会资本的重要维度,产生以偏概全的问题,因此,采用单一维度来研究和测量社会资本的方法逐渐被学者所抛弃。

为了更好地理解和深入地研究社会资本,学者分别从不同视角积极探索社会资本的多维度划分方法来展开系统的研究。现有社会资本维度划分主要包括以下几个视角:第一,从企业内部个体层面视角。例如,张其仔(2002)研究国有企业社会资本与企业经营绩效的关系时,将企业社会资本划分为工人之间的社会资本、工人与管理者之间的社会资本、管理者之间的社会资本三个研究维度。第二,从企业内外部联系视角。例如,Westlund(2003)把企业社会资本划分为内部社会资本和外部社会资本,内部社会资本指企业内管理者与员工之间的关系、管理者与管理者之间的关系以及员工与员工之间的关系,外部社会资本则是指企业与外部位于供应链上的企业、竞争企业、政府、第三方服务机构等之间形成的社会资本。第三,从企业社会资本本身视角。例如,Nahapiet和Ghoshal(1998)将社会资本划分为结构维、关系维和认知维三个维度,其中,结构维是指企业与社会关系之间联系的总体模式,包括网络联系、网络配置或用来描述以密度、连通性和层级等衡量联系模式的形式、恰当的组织等;关系维是指能够通过关系创造或利用的资源,包括信任与可信度、规范与制裁、义务与期望、身份与认同等;认知维是指在各关系主体之间提供用于共同表达、解释和意义系统的那些资源[①]。该研究框架成为研究社会资本理论的经典框架,产生了非常重要的影响力,为后期国内和国外学者展开相关研究奠定了基础。

(三) 社会资本的作用

随着社会资本研究的不断深入,在对企业行为及其绩效的解释过程中,企业社会资本所发挥的作用越来越突出(Batjargal,2003;孙凯,2011),得到了国内和国外学者的广泛关注和深入研究。社会资本不仅是一种用于分析社会现象的重要理论工具,而且能够揭示社会网络结构价值以及内嵌于其中的各种关系资源的价值(军伟等,2007),这种一系列潜在价值会对企业的行为及其结果产生重要影响。目前,国内和国外学者针对社会资本的作用的探

[①] Nahapiet J, Ghoshal S. Social Capital, Intellectual Capital, and the Organizational Advantage [J]. Academy of Management Review, 1998, 23 (2): 242-266.

讨主要从以下几点展开：

第一，社会资本对企业创新能够产生重要影响。探究社会资本对创新的影响是企业现实发展的需要，也是企业寻求竞争优势和塑造竞争力的必然要求。其研究的理论价值和实践价值越来越受到学术界和企业界的关注。Powell 等（1996）通过对生物科技行业的实证研究发现，企业社会资本越丰富，网络联系越紧密，彼此间通过交流和学习越能激发企业创新。Landry 等（2002）基于制造业企业的研究发现，社会资本在企业创新（包括渐进式创新和突破式创新）中起着非常关键的作用。Shu 等（2005）基于台湾信息技术企业的实证检验指出，企业社会网络的横向联结对企业产品创新的影响程度要比纵向联结的影响程度更为显著。结合专利申请情况，Kaasa（2009）基于社会资本对区域创新活动的影响研究指出，社会资本能够对区域创新活动产生积极的影响，但社会资本的各个维度的影响程度不尽相同。Phelps（2010）在研究电子信息行业的联盟网络时指出，企业联盟合作伙伴的技术多样性能够促进探索式创新。随着国外研究的不断深入，国内学者也探讨了社会资本对创新的影响机制。陈劲和张方华（2002）认为，社会网络资源已经成为衡量技术创新能否成功的关键因素。李红艳等（2004）指出，社会资本能够积极地促进知识传输扩散、优化资源配置、技术创新数量与扩散速率，进而有利于企业技术创新。戴勇和朱桂龙（2011）实证研究发现，社会资本对技术创新能够产生积极的作用，这一过程受到吸收能力积极的调节作用。学者虽然研究的视角和关注的对象不同，但普遍认为社会资本能够通过不同的方式或途径对企业创新产生积极的影响。

第二，社会资本对企业知识转移的潜在影响。Gilber 等（1996）指出，各个层次的社会资本均有利于企业间的知识转移，从而帮助企业识别并获取知识，以提高企业的核心竞争力。Boschma（2005）认为，作为企业一种重要的战略资产，社会资本有利于降低企业的交易成本，从而促进企业与网络成员间知识的交换。以信任为主要特征的社会资本是企业与网络成员进行社会交换的基础（Konovsky 等，1994），为减少合作方之间的猜忌、芥蒂和促进网络间信息的快速传递提供了重要的情感性信任基础（Aryee 等，2002）。余红剑（2009）指出，企业的很多管理和技术知识具有隐晦的特点，是企业经过一定时期的经历或经验积累而来的，不容易通过契约和交易等市场化的手段获得，但能够借助与成员间的互动、交流和指导等方式实现知识的分享和有效转移。Nahapiet 和 Ghoshal（1998）认为，共同的语言和代码能够影响企业间知识和经验结合与交换的条件。企业与企业之间进行合作、交流以及知识的交换与创新，本质是将合作双方所拥有的不同知识和经验进行交叉和融合，在这一过程中需要参与其中的各个成员间有共同的语言与相似的背景，这样有利于减少双方之间交流障碍，以便进行有效的信息传递。可见，企业社会资本中基于共同语言和表达的认知性嵌入是企业从社会网络中获取、吸收和整合知识的内在力量（周小虎和陈传明，2004）。

第三，社会资本对企业绩效有积极的影响。社会资本对企业绩效的提升或改善的积极作用得到了普遍的支持。Nahapiet 和 Ghoshal（1997）检验了社会资本的不同维度（包括结构维、关系维和认知维）对企业绩效的积极作用。边燕杰和丘海雄（2000）认为，社会资本对企业的经营能力和经济效益有直接的提升作用。Kumar 等（2001）通过对制造商供应商与零售商这两个维度社会资本的研究指出，社会资本对企业绩效在规范和强度都能产生显著的正向影响。Peng 和 Luo（2007）基于中国处于经济转型期这一特殊时代背景指出，公司的联结和与政府的联结能够提高公司绩效。石军伟等（2007）通过对 97 家上市公司的实证研究发现，企业社会资本对销售收入的提升具有促进作用，其中，组织的社会网络资本对销售收入的作用最大，特有关系资本次之，企业家的政府关系资本的作用仅次于特有关系资本。黄林和朱芳阳（2018）在研究民营科技企业社会资本时指出，企业横向社会资本和纵向社会资本对企业绩效具有促进作用。此外，社会资本还可以通过提升智力资本（Nahapiet 和 Ghoshal，1998）、获取各种资源（孙凯，2011）、风险承担行为（王迪等，2015）等途径来提升企业绩效；促进资源交换和产品创新（Adler 和 Kwon，2002）；节省大量时间成本和搜索成本（Hughes 等，2007）；获取或保持企业竞争优势（Hüppi 和 Seemann，2001；Ireland 等，2003）；提升企业核心能力（陈建勋等，2009）；通过提升双方履约程度、促进资源获取与整合和减少交易成本来获取超额利润（隋敏和王竹泉，2013）等。

二、网络结构理论

网络结构理论认为，人与人之间、组织与组织之间以及人与组织之间的联结可以视为一种客观存在的社会结构，而这种客观结构会对行为主体产生潜移默化的影响。网络结构理论的研究最早可以追溯到德国社会学家齐美尔，他认为社会元素之间构成了"网"，将社会结构形象地比喻成网络，强调社会关系形式研究的重要性（林聚任，2008）。

网络结构理论代表人物之一 Wellman（1997）认为，结构分析是一种通过直接研究社会系统中分配资源的关系模式来重点关注社会结构的综合范式，该范式具有五个特征：第一，行为可以用结构对行动的限制而非单位内在因素（如社会规范）来阐释；第二，分析侧重于单位之间的关系，而不是尝试以单位的内在属性来分类；第三，集中思考的问题是多重因素形成的关系如何共同影响网络成员的行为；第四，结构被视为网络的网络，它可以被划分为具体的群体，也可以不划分为具体的群体；第五，其分析方法直接涉及社会结构的关系性质，是为了补充或者有时甚至代替主流统计方法[1]。网络研究者关注的是隐藏在社会系统的复杂表象之下的固定关系模式——社会结构及其对行为（包括分配和占有稀缺性资源）的影响（张文宏，2007）[2]。企业在特定社会网络中所处的网络位置会带来一种具有重要价值的潜在的资源——信息优势（李善民等，2015），这种信息优势在一定程度上能够转化为企业异质性战略资源，从而提升企业竞争优势。

基于弱关系理论，Burt（1992）从结构主义视角提出了结构洞理论，指出拥有较多结构洞的企业能够接触更多互不相连的合作伙伴，有助于获得更多非重复性的、有价值的信息，从而提升企业的获利空间[3]。结构洞理论的提出，发展了企业组织分析的网络结构视角中最为完善的模式（Pfeffer，1998；王旭辉，2007）。结构洞是指"社会网络中某个或某些个体和有些个体发生直接联系，但与其他个体不发生直接联系、无直接或关系间断（Disconnection）的现象，从网络整体看好像网络结构中出现了洞穴"（盛亚和范栋梁，2009）。判断结构洞是否存在主要依赖于两个标准：凝聚性和结构等位。其中，凝聚

---

[1] Wellman B. Structural Analysis: From Method and Metaphor to Theory and Substance [J]. Contemporary Studies in Sociology, 1997, 15: 19-61.

[2] 张文宏. 社会网络分析的范式特征——兼论网络结构观与地位结构观的联系和区别 [J]. 江海学刊, 2007（5）: 100-106.

[3] Burt, R. S. Structural Holes: The Social Structure of Competition [M]. Cambridge, MA: Harvard University Press, 1992.

性是指网络中的每一位参与者之间是否存在强关系或直接联系；结构等位是指网络中的两个参与者同时拥有相同的第三方作为联系人。只要凝聚性和结构等位两者中存在任意一种，就意味着结构洞不存在，只有两者同时缺失时，则意味着可能存在结构洞。结构洞是一种非冗余性关系，能够给具备这种网络结构特征的社会参与者带来特定的竞争优势。第一，信息优势。占据较多结构洞的参与者会有更加广阔的视野，能够从不同的接触群体中获取和整合多种异质性的信息和知识，满足企业从多角度看待问题和解决问题的需求。第二，控制优势。拥有结构洞的参与者往往处于网络中的优势位置或者是中间位置，能够利用网络结构优势对中途的信息和知识流加以控制，而且还可以利用结构优势形成的特定权利对相关联系人施加影响通过控制结构洞两端的联系人与其交流的方式来防止结构洞的填充，以维持结构利益的稳定（孙笑明等，2014）。

三、社会网络理论与本书的内在联系

社会网络理论研究的是企业内嵌于其中的异质性结构和关系对企业经营行为及竞争优势的潜在影响。然而，通过文献梳理，企业网络嵌入性对商业模式创新影响的"暗箱"仍未打开，即结构嵌入性和关系嵌入性对企业商业模式创新的影响机制有待于深入研究。

本书整合社会学和管理学的观点，利用社会网络理论，从结构嵌入性和关系嵌入性出发，探究网络嵌入性对科技中小企业商业模式创新的影响机制。科技中小企业由于规模较小、资源相对匮乏等自身局限性的存在，会更加积极主动地培养外部合作关系和构建外部合作网络，以满足其对创新资源和能力的需求。社会网络理论已经渗透到企业管理领域内，为解释企业在合作过程中的复杂网络结构和关系及其对企业经济行为的影响提供了重要的理论工具。特别是社会网络理论中的"联系方法"（被视为社会资本）和"结构方法"为解释创新资源的获取和创新网络的形成提供一种新的分析思路（张宝建等，2011）。因此，社会网络理论能够为本书分析企业结构性嵌入和关系性嵌入对商业模式创新的影响提供理论指导，是本书重要的理论基础之一。

第三节　动态能力理论

动态能力理论是在资源基础理论和核心能力理论基础上发展起来的，主要探讨企业如何在动态复杂环境下保持竞争优势的问题。Teece等（1997）在《战略管理杂志》上发表《动态能力与战略管理》一文成为动态能力理论的重要里程碑（吴晓波等，2006），促进了动态能力理论的快速发展，为研究企业资源、能力与外部动态复杂环境匹配和保持竞争优势问题奠定了理论基础。

一、动态能力理论的起源

随着信息技术快速发展和大数据时代的到来，市场竞争愈加激烈，企业面临的环境日益动态复杂化，主要表现为企业发展和成长的各种要素数量及种类不断增多、各环境要素变化速度和频率随着时间的推移而不断加快。企业面对的原有相对静止的环境已经不复存在，企业竞争可持续性面临严峻挑战，一些企业的竞争优势甚至是转瞬即逝，沉浸于原有行业领先地位或拥有竞争优势来源的企业往往会被其他更具创新能力的竞争对手所超越或取代。因此，如何在日益动态复杂的竞争环境中塑造和保持企业可持续竞争优势就成为战略管理领域研究的重要课题。

外部环境的变化使原有战略理论具有一定的局限性。资源基础观认为，具备稀缺性、价值性、难以模仿和替代的战略资源能为企业带来竞争优势，而随着时间的推移，这种战略资源在同一市场体系下越来越具有同质性（冯海龙和焦豪，2007），往往难以适应外部环境的快速变化。资源基础观对外部环境的动态变化考虑不充分，无法实现资源和能力的动态调整以提升企业竞争优势。而核心能力观则强调企业核心能力是企业获取竞争优势的源泉，是企业资源和能力在发展过程中不断积累起来的企业所拥有的一种特殊能力。外部环境的快速变化，使企业核心能力观的局限性日益凸显。虽然企业核心能力能够成为解释过去经营的成功，但核心能力的培育和形成具有一定的路径依赖性，这种惯性会随着时间的推移而不断得到强化，难以与快速变化的外部环境相匹配，甚至导致企业陷入"惯性陷阱"或"核心刚性"（Barton，1992）。此外，企业能力的调整很大程度上受到原有互补性资源的限制，而这种互补性资源是企业的一种专用性资产，仅与特定的产品、技能或商业模式相匹配时才能发挥其价值性。企业核心能力的调整可能会损害专用性资产的潜在价值，进而提升沉没成本，进而成为阻碍企业创新的绊脚石。核心能力的这种高沉没成本和强路径依赖性则会导致企业难以保持与外部环境的动态适应，成为企业动态环境中保持竞争优势和实现可持续发展的障碍（Teece，1997；Eisenhardt 和 Martin，2000）。资源基础观和核心能力观已经无法有效地解释动态环境中企业可持续竞争优势的塑造和保持，急需一种新的战略管理理论工具来阐释这一问题和提供有效的解决方案。

在充分借鉴资源基础观和核心能力观等相关理论的基础上，Teece 等基于动态外部环境假设前提下率先提出了"动态能力"这一理论，有效地克服了企业核心能力的刚性问题或路径依赖性问题，为实现企业在动态环境中塑造和维持竞争优势奠定理论基础。

二、动态能力理论的主要观点

Teece 等（1997）认为，动态能力是指组织整合、构建、重组内外部竞争力以适应外部环境快速变化的能力，其中"动态"指的是要与外部环境的动态变化相匹配，及时演化、更新和重构企业能力；能力强调的是在战略管理过程中整合、配置或重构企业内外部资源和技能的能力[①]。动态能力理论认为，在动态复杂环境下，动态能力是改变或保持其作为竞争优势基础能力的能力（Teece 等，1994），使企业的资源和能力能够随着外部环境的变化而不断整合、配置和重构，并利用新的市场机会来创造企业竞争优势的新源泉。

（一）动态能力属性

动态能力理论认为，源自资源基础观和核心能力观的动态能力与异质性

---

① Teece, D., Pisano, G., Shuen, A. Dynamic Capabilities and Strtegic Management [J]. Strategic Mangement Journal, 1997, Vol. 18, pp. 509-533.

战略资源和核心能力有类似之处,例如,稀缺性、价值性、难以替代性、难以模仿性等特点,也有其独特属性。

第一,动态性。从定义看,动态能力最为明显的一个特征是具有动态性,强调与外部变化环境的动态匹配,这是动态能力与企业战略资源、核心能力之间的本质区别。动态能力着眼于企业对外部环境的适应性,强调对企业资源和能力的动态获取、整合和重构,以构建和培育企业动态竞争力体系,有效地克服企业组织惯性或路径依赖性,即随着外部环境的动态变化而不断实现企业的自我调整,从而增强企业环境适应性。

第二,具有高阶属性。Winter(2003)认为,组织能力具有层级结构:零阶能力(满足企业基本生存需求的能力)、一阶能力(应对环境变化的适应能力)和二阶能力(创造新能力的能力),而动态能力应该至少包括后面两种高阶能力[1],是一种能够改变企业基础运营能力的高阶能力(Cepeda 和 Vera,2007)。动态能力具备高阶属性,在动态复杂的环境下,相比于低阶能力,企业投资于高阶能力更有利于企业塑造和保持竞争优势(孟晓斌等,2007)。具备高阶属性的动态能力能够确保企业随着时间和环境的变化而不断改变、更新和重构企业低阶能力,从而实现企业资源和能力与外界环境的匹配性。

第三,具有开拓性和开放性。动态能力是一种能够改变企业能力的能力。动态能力更加关注企业动态效率,克服能力中的惯性,在注重内部整合、配置资源和能力的同时,还强调通过建立外部途径获取资源、能力和机会等(黄江圳和谭力文,2002)[2]。对企业而言,成长和发展过程中需要大量的资源、新颖的知识以及强大的能力支持。为了增强企业外部环境适应性,越拥有强大动态能力的企业越有能力从外部获取所需资源,动态整合企业内外部资源和能力,以此重构企业竞争力体系,从而在动态竞争环境中塑造和保持竞争优势。

动态能力还具有确认明确流程或者常规惯例、可分解性、知识特性等特征(郑刚等,2007)。Zollo 和 Winter(1999)认为,动态能力是三个相关的学习机制的结果,这三个学习机制是隐性经验的积累过程、知识外在化和知

---

[1] Winter S G. Understanding Dynamic Capabilities [J]. Strategic Management Journal, 2003, 24 (10): 991-995.

[2] 黄江圳,谭力文. 从能力到动态能力:企业战略观的转变 [J]. 经济管理,2002 (22): 13-17.

识编码活动。即动态能力的背后隐藏着丰富的知识架构体系,是一种按照一定的学习机制而逐渐形成的高阶能力。这种高阶能力不断促使企业对外部环境中的知识进行获取和吸收,并不断与现有知识架构体系进行融合和碰撞,甚至产生新的知识,从而不断识别外部环境中的机会和威胁,使企业战略管理过程中不失时机,及时调整资源和能力,把握有利的机会或规避不利的威胁,进而增强企业环境适应性。

(二) 动态能力研究框架

Teece 等 (1997) 提出了动态能力研究的一个具有可操作性的战略整合研究框架——"3P"框架:流程(Process)、位势(Position)和路径(Path),即强调企业"如何做"或"做什么",也是企业塑造竞争优势的重要来源。该框架强调了企业动态能力内嵌于企业生产运营的各个组织过程,这一系列过程是由企业的资产位势和过去演化路径所构建的,从而决定着企业的竞争优势。

首先,位势则反映企业内外部资源整合后所处的一种态势。战略整合模型认为企业内外部资源位势是构成动态能力的重要组成部分。其中,内部位势不仅包含企业的财务、设备、厂房等实物资产,而且包含企业声誉、组织结构、知识资产等无形资源,是企业所拥有或控制的各种内部资源按照一定规则或架构体系组合而成的一种模式。这一切资源都是企业在战略管理和组织运营过程中的能力培育和形成所不可或缺的重要基础。而外部位势则与企业外部市场环境相关,包括企业的行业特征、市场地位、竞争地位等方面的情况。企业的位势,包括内部位势和外部位势,二者共同决定了企业未来所能做出的各种决策和企业能否构建竞争力。

其次,企业现有位势是由过去一系列路径所构建的。根据路径依赖理论,企业取得的一切成就和业绩都源于历史路径,即企业发展的历史过程本身是其竞争优势的根本来源。这一切已经成为过去时的"历史路径"并不会随时间的推移而消失,而会深刻影响着企业的现有或未来的各种行为。路径不仅包含长期形成的一系列的企业规则或惯例,而且包含企业重复实践、试错学习、不断试验等在内的组织学习。组织惯例或规则的形成能够让企业按照一定程序有条不紊地持续运营,从而降低企业运营成本,而蕴含在路径中的组织学习则能够让企业不断学习新的知识和接受新的事物,从而提升企业对外部环境的适应性。

最后,组织或管理流程则包括整合、学习和重构三个子过程,是动态能力的核心内容(Teece,1997)。其中,整合过程又可以细分为外部整合和内部整合两种过程。外部整合则强调企业对处于外部环境中的市场、社会关系、资源、知识和技术等各方面的整合,例如,企业通过战略联盟、合作研发、并购等方式实现企业与外部的有效整合,内部整合是指企业对内部资源、能力、部门活动等进行协调和配置以匹配企业发展需要。学习过程不仅包含企业内部成员间、部门间以及团队之间的知识交流和分享机制,而且包含企业与企业、高校以及其他利益相关者之间的知识流动机制。企业通过学习过程能够使组织及时掌握外部环境变化,从而适时实现自我调整以提升环境适应性。重构过程是企业通过资源重组、流程再造以及能力重构等变革形式来不断应对外部环境变化提出的新要求。Zollo 和 Winter(2002)从组织学习视角强调动态能力的过程和规则等方面特性,通过经验积累、知识表达和知识编码三种学习机制来推动资源整合、流程再造、过程研发等动态能力重要构成因素的形成,进而推进企业原有运营惯例不断演进(孟晓斌等,2007)。

战略整合分析框架的主导逻辑强调动态能力是静态和动态要素的聚合,在动态环境下,企业的竞争优势来源于企业内部运行的、由过程和位置决定的高绩效惯例,其演进的方向受路径依赖的影响(郑胜化和芮明杰,2009)。静态战略要素表明动态能力的构建和培育是有一定物质基础的,动态过程则揭示了动态能力的本质特征,即强调企业组织能力要根据外部环境变化做出适当调整。因此,Teece 提出的战略整合模型是一个更具操作性的模型,可以用来指导企业的战略管理实践。江积海(2012)通过对以往文献梳理认为不同的动态能力框架可以解构为"位势组合""流程组合""路径组合"三个模块,各模块及其构成要素之间相互作用,共同影响着企业绩效和竞争优势[①]。可见,多数学者动态能力研究思路和框架是对 Teece 等(1997)提出的战略整合框架的继承、延伸和创新,因此,该战略整合框架为后续学者的研究奠定了重要基础。动态能力理论传承了熊彼特创新精神,顺应市场环境的动态变迁态势,强调通过对战略资源和能力的构建、整合与更新(Teece 等,

---

① 江积海. 动态能力是"皇帝的新装"吗?——构成、功效及理论基础 [J]. 经济管理, 2012 (12): 129-142.

1997）；促进组织惯例的演化（Zott，2003）[1]；对企业运作能力或实质性能力的改变（Zahra等，2006）[2] 等途径或方式来塑造和保持竞争优势。

三、动态能力理论与研究的内在联系

随着外部环境的快速变化，企业必须不断构建、整合和重构资源和能力体系，即构建企业动态能力，不断创造和更新企业资源和能力结构，以便减少创新过程中的潜在风险和不确定性。企业外部网络为塑造和构建动态能力提供了网络基础及有效途径。特别是对科技中小企业而言，外部网络中提供的资金、信息、技术和知识等资源对企业动态能力的构建和提升具有较强的支撑作用，也是企业创新过程中不可或缺的重要资源基础。

Teece（2007）指出，当企业具备一定的外部网络时，整合外部知识、信息、技术和机会等外部资源和能力对于企业的发展和成长显得尤其重要。拥有较强动态能力的企业更具创业精神，能够在与其他企业和机构等外部网络群体展开合作，通过创新重塑企业的商业生态系统（吴先明和苏志文，2014）[3]。在竞争日益激烈的市场竞争环境中，商业模式创新已经成为企业参与市场竞争的重要手段之一。动态能力能够促使企业动态把握外部市场机会和威胁，充分整合企业内外部资源和能力，在注重产品和服务研发的同时，不断探索和创新商业模式以应对行业领域内的竞争。因此，动态能力理论能够较好地应用于对企业商业模式创新的研究和探讨，并且可以作为连接企业网络嵌入与商业模式创新的一个桥梁，用以揭示网络嵌入性对企业商业模式创新的内在机理。

---

[1] Zott C. Dynamic Capabilities and the Emergence of Intraindustry Differential Firm Performance: Insights from a Simulation Study [J]. Strategic Management Journal，2003，24（2）：97-125.
[2] Zahra S A, Sapienza H J, Davidsson P. Entrepreneurship and Dynamic Capabilities: A Review, Model and Research Agenda [J]. Journal of Management Studies，2006，43（4）：917-955.
[3] 吴先明，苏志文. 将跨国并购作为技术追赶的杠杆：动态能力视角 [J]. 管理世界，2014（4）：146-164.

第四节 开放式创新理论

创新成为企业参与市场竞争和实现可持续发展的主要手段，是企业与时俱进所不可或缺的重要途径。开放式创新日益盛行，逐渐取代封闭式创新，成为当下主流的创新模式，并由此引发了创新思维、创新活动和创新价值等一系列的变革。因此，开放式创新引起了国内和国外学者的高度关注，并得出了一系列有价值的理论观点和研究结论，为后期研究创新及相关内容作了较好的铺垫。

一、开放式创新理论的起源

在 20 世纪 80 年代以前，创新思想的产生、研发、制造和营销都是由企业内部控制和实施。市场领先者往往是内部具备雄厚研发能力的企业，依靠外部资源通常被视为是企业的一种劣势，典型代表如施乐、朗讯、杜邦和索尼等，这些企业强调自我依赖型创新，通过在内部进行持续、高强度的研发活动，获得了基于技术垄断的竞争优势（何郁冰，2015）。这些企业注重内部创新，投入大量的创新资源，配置先进的设备，招聘优秀的科研人员，将具有潜力的研发项目控制在企业内部。这种创新模式也被称为封闭式创新。在这种创新模式下，企业基于基础研究的大量投资取得技术或专利等研发成果，然后通过知识产权保护制度获得了绝大部分利润和竞争优势地位，从而形成了一种基于"研发创新—竞争优势—利润—研发投入"的良性循环（闻春，2012）。在当时，封闭式创新模式在企业创新过程中的应用可谓是比较成功。

随着技术复杂程度的提高和信息技术的快速发展，单独企业已经越来越难以满足创新中的资金、技术以及创意需求，企业为争夺主导技术地位，开始寻求具有技术优势的企业、大学和研究机构展开合作。在 20 世纪 80 年代末 90 年代初，随着顾客需求多样化、个性化的发展趋势，以往的创新模式已经不能满足市场需求，企业开始关注用户的意见和观点，即实施以用户为导向的创新模式。此时，用户不再仅仅是产品或服务的消费者，而是产品或服务的共同创造者，消费者也成为构成企业创新网络的重要组成部分。企业的创新网络不再仅仅局限于研发联盟，合作边界也在不断扩大。20世纪末，随着信息技术的发展和广泛应用，在软件领域内出现了开源软件运动，这是一个主要由程序工程师及其他电脑用户参与的旨在促进开放源代码、信息共享和自由使用的运动。该项运动最初完全是非营利性的，是由一些对软件私有化不满的软件爱好者发起的活动。企业利用这种模式进行软件开发，如Linux将程序发布到互联网上，全球对Linux程序感兴趣的程序员都可以参与开发、修改和创新，从而形成了一个全球的Linux技术开发网络，这种新创新模式与以往模式有本质差别，是完全开放式的，没有明确的边界，Chesbrough（2003）称为"开放式创新"（高良谋、马文甲，2014）[①]。

由于信息技术复杂度的提高、风险资本市场的兴起、人才数量的迅速增加、创新要素的快速流动、供应商生产能力的提升以及顾客需求日益呈现多元化，传统的封闭式创新或熊彼特式创新模式已经难以适应日益多变的市场环境，仅仅注重和依靠内部研发和创新的企业在动态复杂的市场竞争中已经越来越难以立足。到20世纪末，创新过程变得日益呈现开放、分散、民主和互动等特征，传统封闭式创新逐渐被开放式创新所取代（闫春，2014）[②]。开放式创新（Open Innovation）的概念最初由Chesbrough（2003）正式提出，后来引起学者的广泛关注，成为创新管理理论研究的重点和热点。Dahlander和Gann（2010）认为，开放式创新得到普遍理解和认可主要是由于以下四个原因：第一，反映了工作模式的社会经济变迁，技术员工的流动性加大，即技术员工不再局限于一份非常稳定的工作，而是不断寻求一种更加适合的工作模式；第二，全球化趋势日益盛行，扩大了市场的范畴，劳动分工日益细化；第三，市场机制日益完善，允许企业开展创意交易；第四，新信息技术快速发展，为企业开展跨越地理距离的合作与协调提供了重要的保障。特别是快速发展的互联网技术使企业与合作伙伴之间的沟通和合作摆脱了时空的限制。可见，快速变化的创新环境使得封闭式创新模式已经过时，迫使企业必须采

[①] 高良谋，马文甲. 开放式创新：内涵、框架与中国情境 [J]. 管理世界，2014（6）：157-169.
[②] 闫春. 近十年国外开放式创新的理论与实践研究述评 [J]. 研究与发展管理，2014，26（4）：92-105.

取相应的措施进行创新模式的变革。特别是对中小企业而言，研发合作和构建创新网络是企业弥补其自身不足，如资本匮乏、技术"短板"、人才缺少等创新资源限制的重要方式之一（Vossen，1996）。以往依靠单打独斗的竞争开始向基于合作的群体竞争演化，封闭式创新模式已经完全不能适应当前快速发展的时代。开放式创新取代封闭式创新的主导地位成为历史发展的必然。

开放式创新充分吸收和借鉴了合作创新、创新网络、战略联盟等相关理论的重要思想和观点。有学者认为，这种新型的创新范式存在"新瓶装旧酒"的嫌疑，这是因为该范式强调创新过程中需要外部联系、获取外部信息和知识等资源以及其他许多问题已经被早期理论所研究或提及（Trott 和 Hartamnn，2009）①。然而，与合作创新和用户创新相比，开放式创新在发生阶段、开放对象和交易逻辑三个方面有其独特之处，即"新酒"之意（高良谋、马文甲，2014）。龚敏卿和肖岳峰（2011）认为，开放式创新具有企业边界可渗透性、开创新网络动态性、开放网络中知识的共享性等特点。开放式创新理论并非单纯的"旧酒"，而是对传统创新理论的继承、发展和创新，得到了国内和国外学者的广泛关注。

二、开放式创新理论主要观点

（一）开放式创新内涵

相对于封闭式创新，Chesbrough（2003）从资源视角对开放式创新的内涵进行了阐述，强调企业应该像利用内部创新资源一样利用外部资源，通过企业内外部两种市场渠道实现研发技术或产品的商业化。该观点被视为从输入和输出视角研究开放式创新的两过程论，即把企业内部和外部的创意和商业化途径放置到同等重要的地位（闫春，2014）。Chesbrough（2006）将外部资源和创意通过与外部组织合作形式引入并加以利用的创新过程称为内向型创新模式，将内部技术或创意通过与外部组织合作形式实现商业化的创新过程称为外向型商业模式创新。与 Chesbrough（2003）观点相似，Hastbacka

---

① Trott P, Hartmann D A P. Why "Open Innovation" is Old Wine in New Bottles [J]. International Journal of Innovation Management, 2009, 13 (4): 715-736.

(2004）认为，开放式创新是企业综合利用内部、外部技术和创新思想，不断融入企业投资、项目运营以及产品生产，同时可能通过向市场进行技术转让和资产分派，再由市场将信息反馈给研发部门的过程。West 等（2006）从认知视角认为，开放式创新不仅是一些受益于创新的实践活动，也是一种创造、转化、研究这些实践的认知模式。Lichtenthaler（2011）基于知识视角认为，开放式创新是企业通过一系列创新过程系统地进行内外部知识的开发、保留和利用的过程。在国外学者研究的基础上，国内学者对开放式创新的内涵作了进一步探讨。黄邦宁和袁建中（2009）指出，开放式创新不仅是企业尽量利用外界生态圈的创新，更是释放内部低利用率资源，供其他厂商做有价值利用的利他行为。王雎和曾涛（2011）基于价值视角认为，开放式创新的本质是基于创新资源流动与交换而嵌入在组织间层面的价值创新，不仅包含着开放式的价值创造，还涉及初期的价值识别与最终的价值获取。作为一种新的创新范式，张永成等（2015）认为，开放式创新不仅是技术探索与应用方式的创新，而且也是商业模式的创新。或者说，它首先是一种商业模式的创新，其次才是具体的活动或流程的创新。

由于开放式创新概念最初的产生是源于技术创新，因此，学者普遍从技术层面对其内涵进行研究和阐释（高良谋、马文甲，2014）。随着开放式创新研究的不断深入以及企业实践和应用的日益普遍，学者对开放式创新内涵的理解和认识已经完全超越了以往技术引进、技术许可、研发外包、技术并购等技术层面的创新形式，而且越来越多地包容了开放源码、开放社群等新的创新形式，它被界定为战略、情境、模式、认知甚至是范式或创新哲学（张永成等，2015）。到目前为止，学者从不同的研究视角对开放式创新的内涵进行了较为详细的阐述，虽然尚未形成统一的观点，但不断拓展和丰富了开放式创新理论，为后期学者开展有关开放式创新的研究提供了更广的视野和更多的路径。

（二）开放式创新与封闭式创新的区别

开放式创新是相对封闭式创新而言的，它的思维逻辑最初建立在拥有广泛的知识技术基础之上。封闭式创新是企业将创新精力主要集中在企业内部，而开放式创新强调企业从事创新活动时，不仅要充分发挥企业内部作用，而且要学会利用外部市场、创意以及环境等，甚至实现企业内外部的有机整合。

可见，开放式创新和封闭式创新的创新来源和商业化路径具有不同的组织原则（高良谋、马文甲，2014），如表4-1所示。

表4-1 封闭式创新与开放式创新比较

项目	封闭式创新	开放式创新
创新来源	本行业里最聪明的员工都为我们工作	并不是所有的聪明人都为我们工作，企业需要和内部、外部的所有聪明的人通力合作
	为了从研发中获利，企业必须自己进行发明创造，开发产品并推向市场	外部研发工作创造巨大的价值，内部研发工作需要或有权利分享其中的部分价值
创新的商业化运用	如果企业自己进行研究就能首先把新产品推向市场	企业并非必须自己进行研究才能获利
	最先把新技术转化为产品的企业必将胜利	建立一个更好的企业模式要比把产品争先推向市场更为重要
	如果企业的创意是行业内最多的，企业一定能在竞争中获胜	如果企业能充分利用内部和外部所有好的创意，那么就一定能成功
	企业应当牢牢控制自身的知识产权，从而使竞争对手无法从其发明中获利	企业应当从别人对其知识产权的使用中获利，同时只要是能提升或改进企业绩效的模式，同样应该购买别人的知识产权

资料来源：高良谋，马文甲. 开放式创新：内涵、框架与中国情境［J］. 管理世界，2014（6）：157-169.

封闭式创新的主要逻辑思想是企业要实现创新就必须进行强有力的控制。封闭式创新模式的基本假设是"行业中最聪明的员工聚集在本企业内部"，因此，企业相应的策略是"成功的创新需要控制"（Chesbrough，2003；张永成等，2015）。企业创新过程中必须要有自己的想法，然后进行研发、设计和创造新产品及服务，最终将其推向市场。在这一系列过程中，企业自己分销，提供服务、资金和技术支持。这种自力更生的创新哲学影响着很多行业中的领导型企业，并让它们取得了巨大的成功。例如，托马斯·爱迪生创建了美国通用电气公司著名的实验室，利用它实现了许多重要的技术突破。而与封闭式创新模式相比，开放式创新则强调企业的边界是开放的，是可以渗透的。

开放式创新的主要逻辑思想是企业能够而且应该利用内部和外部的创新思想、内部和外部的市场途径。Lichtenthaler（2010）认为，开放式创新突破了封闭式创新下的本地发明和本地商业化的局限。企业可以通过开放式创新模式将内部和外部的创意、设想和理念等充分整合，融入企业的经营体系中；企业内部创新思想可以通过外部渠道进入市场，将企业现有的业务外置，以产生额外的价值（Chesbrough，2003）。例如，朗讯科技、IBM 和道氏化学（DowChemical）每年获得超过 1 亿美元的技术许可利润（陈秋英，2009）。开放式创新在企业创新过程中发挥的作用也越来越突出。近年来，越来越多的企业开始注重尝试通过利用开放式创新方式进行技术的研发和创新，意味着企业与外部环境的互动越来越容易，也越来越频繁，这将会给企业带来更多的创意或新想法，从而有助于使企业避免过于封闭而受到自身想法的局限或约束。

(三) 开放式创新过程

Enkel 等（2009）从企业过程视角来讨论开放式创新，并结合具体数据说明开放式创新过程在实际中的应用。根据 Enkel 等（2009）的观点，开放式创新过程具体包括三个核心过程：

第一，由外向内过程（the Outside-in Process）。即通过整合供应商、顾客和外部知识源来拓展企业内部拥有的知识基础。这个过程能够增强企业的创新性（Laursen 和 Salter，2006），反映了企业创新过程中的实践经验：知识创造的场所不一定是创新的场所，而外部知识源可能更有利于企业开展创新活动（徐瑞前和龚丽敏，2011）。Enkel 和 Gassmann（2008）基于对 144 家企业的研究指出，由客户、供应商、竞争对手以及其他利益相关者组成的社会网络成为企业开展创新活动的重要思想源泉。

第二，由内向外过程（the Intside-out Process）。即通过想法市场化、对外出售知识产权（IP）、通过向外部环境转让技术等来实现获利。企业开展由内部向外部延伸或拓展的开放式创新，是为了能够充分利用和挖掘外部潜在市场机会，使创新设计或想法尽可能地通过外部方式实现市场化或商业化。例如，企业可以通过许可知识产权或技术转让等方式，将想法转移到其他公司，不再仅仅局限于企业直接目标市场，而可以利用外部渠道通过许可费、合资、衍生等形式参与更多的细分市场，从而提升企业的获利能力（徐瑞前和龚丽敏，2011）。Enkel 和 Gassmann（2008）在调查中发现，43%的样本企业具有向内许可政策，36%的企业使用向外许可政策在外部使其技术实现商业化。这种由内向外过程往往是知名的大型跨国公司倾向于采取的一种开放式创新过程，因为这种过程更有利于大公司不断开辟和挖掘更多的市场。

第三，耦合过程（the Coupled Process）。即通过联盟、合作和合资企业等形式与主要互补的合作企业共同创造，该过程是对第一个和第二个过程的结合，有助于共同发展和商业化创新①。企业利用耦合过程开展开放式创新，不仅可以通过外部获取知识以不断丰富企业内部创新思想，提升企业创新效率，而且可以将创新想法和技术通过外部实现市场化，迅速抢占更多的市场份额，有利于企业实现联合发展和商业化创新。Enkel 和 Gassmann（2008）在调查中发现，在电子、电气以及其他高科技产业，联合研发项目的数量几乎占了一个公司内部所有研发项目的一半；而在低科技产业中，联合项目的数量占20%或者更低，特别是在皮革业、木材业以及印刷业等科技含量相对较低的产业中。因此，企业开展开放式创新活动并非单纯地局限于一种创新过程，应结合企业具体实际，如产品特点、企业战略、技术需求以及企业生命周期等，采用适合企业特点的创新过程。

开放式创新理论的主要思想是企业以开放的姿态整合和利用内外部知识、信息、创意以及市场渠道等资源，为企业创新及其商业化服务，从而增强企业竞争优势。这是因为开放式创新不仅是技术探索与应用方式的创新，而且也是商业模式的创新，能够使多种类型的企业在创新实践中获益（张永成，2015）②。由于开放式创新是基于有效的创新策略，不仅能够降低企业内部研发成本，而且能够增加企业新利润来源（Chesbrough 和 Appleyard，2007）。开放式创新提升企业绩效主要有两种途径：一是通过利用外部信息和技术资源满足内部创新资源需求来提升创新绩效；二是将企业内技术通过转让、许可等方式实现市场化以提升组织绩效（赵广凤和马志强，2013）。虽然企业内向型和外向型开放式创新模式对企业竞争优势的作用途径不同，但均能存在直

---

① Enkel E, Gassmann O, Chesbrough H. Open R&D and Open Innovation: Exploring the Phenomenon [J]. R&D Management, 2009, 39 (4): 311-316.
② 张永成，郝冬冬，王希. 国外开放式创新理论研究 11 年：回顾、评述与展望 [J]. 科学学与科学技术管理，2015 (3): 13-22.

接积极作用,而且还会产生互补协同效应,共同增强企业竞争优势(张振刚等,2014)[①]。

三、开放式创新理论与本研究的内在联系

虽然开放式创新理论研究主要集中在技术创新领域,但商业模式创新领域也越来越得到学术界和企业界的重点关注(陈秋英,2009)。因为开放式创新包含从研发到商业化的整个过程,并非仅仅是一种单纯的技术创新,而是一种在技术创新基础上实现价值创新的商业化过程(王雎、曾涛,2011)。开放式创新的本质是在整合内外部创新资源和能力的基础上,通过价值发现、价值创造和价值获取等途径,最终实现价值创新的商业化,从而获得竞争优势。

随着产品生命周期的日益缩短和创新速度的快速提升,企业不得不利用开放式创新模式代替传统的封闭式创新模式,以此获取更多的外部资源,满足自身创新资源需求和提升创新能力(田红云等,2017)。中小企业在新领域内更具创新性和灵活性,通过开放式创新模式与外部网络构建合作关系,能够获得互补性资源和能力(Lee等,2010)。企业嵌入网络并构建一定的社会关系或合作关系,有助于创新资源在企业网络间的加速流动,甚至促进溢出效应的产生,迸发新思维、新理念和新创意,进而推动新价值的创造。在开放式创新环境下,企业可以嵌入创新网络进行价值创造,利用网络关系进行商业模式创新,不断为企业带来新价值增长点(张洁等,2013)。商业模式创新能够帮助企业挖掘新市场或以更高的效率在已有市场中运作,便于企业获取或创造更多的价值(Giesen等,2007;闫春,2014)。因此,开放式创新为企业进行商业模式创新提供了一种重要的新范式和新思维,为研究网络嵌入性对企业商业模式创新提供了理论支撑。

---

① 张振刚,李云健,陈志明. 双向开放式创新与企业竞争优势的关系[J]. 管理学报,2014,11(8):1184-1190.

第五节　组织学习理论

随着数据、信息和知识呈现爆炸式增长,新知识、新技术、新理念和新发展思路层出不穷,人们越来越认识到学习的重要性。因为不学习就难以适应时代快速发展的潮流,面临随时被所淘汰的风险。随着市场竞争的日益激烈和外部环境的动态复杂,组织学习成为企业增强环境适应性和获得竞争优势的重要手段。组织学习理论的快速发展和应用,受到学术界的关注并且成为研究的重点内容。

一、组织学习理论的发展

学习原本是涉及人类的个体行为,是指经由个体经验引起的潜在行为发生相对持久变化的过程(Anderson,1995)。借鉴个体学习行为的描述,"组织学习"一词是用来表征组织从事学习这一行为的概念描述(吴青熹,2011),即从组织视角研究学习行为。虽然整体组织也能够进行学习活动,但组织学习并不能等同于个体学习,也绝不是组织成员个人学习的简单叠加(Simon,1991)。虽然组织学习与个人学习的关系仍存在一些有争议的问题,但是,组织学习这种客观存在的现象已经被承认和接受。

在工业化时期,组织学习问题已经得到了管理学家的关注,当时并没有提出"组织学习"这一专业术语来描述组织的学习问题。其中,以 Taylor 和 Fayol 为代表,他们要求收集、记录、归纳、分析以及推广工人长期实践经验积累起来的大量知识、技能和诀窍,并要求找出其中合乎科学的部分,使之系统化。他们的思想已经初步具备了工业化时期组织学习的一些特征(郭咸纲,2004)。在当时,组织理论关注的重点是如何围绕组织职能来构建合理的组织形式,而组织学习问题并未引起人们足够的重视(张鹏,2009)。关于组织学习的重要文献最早可以追溯到 20 世纪 40 年代(Koh,1998),直至 20 世纪中期,一些管理学家开始明确研究和探讨组织学习的问题。1958 年,March

和 Simon 首次正式提出组织学习的概念。1963 年，Cyert 和 March 出版的《企业行为学》，开始讨论有关组织学习的相关问题。1978 年，Argyis 和 Schon 出版的《组织学习》一书对组织学习进行了较为全面的论述。此后，Argyis 又陆续发表了数篇关于组织学习的论文，极大地推动了组织学习理论的发展。从此，学者开始广泛关注组织学习，研究兴趣与日俱增，组织学习思想得到了快速发展。特别是在 1990 年，彼得·圣吉出版的《第五项修炼——学习型组织的艺术与实践》一书，对"学习型组织"进行了详细论述，促进了理论研究与组织实践的深度融合，将组织学习思想推向高潮。目前，组织学习已经发展成为战略管理、组织行为、创新管理、产业管理以及知识管理等多个研究领域的重要理论基础，能够为企业构建学习型组织以不断增强环境适应性提供关键性的理论指导。

二、组织学习理论的主要观点

（一）组织学习的内涵

关于什么是组织学习，学术界尚未形成一致的观点。不同学者基于不同的视角对组织学习的内涵进行了深刻的探讨和分析。对组织学习的阐述可以最早追溯到 March 和 Simon（1958）的《组织》一书。March 和 Simon（1958）指出，在有限理性前提下，组织学习是组织感知环境不确性和风险后，对组织决策规划时的行为与信息处理方式同步的过程（徐浩，2014）。Agryris 和 Schon（1978）则对组织学习的概念进行了明确的界定，认为组织学习是指"发现错误"，并通过重新建构组织的"应用理论"而加以改正。随着组织学习研究的不断深入，不同学者基于不同学科背景或研究视角对组织学习进行了系统的研究和探讨，使组织学习的内涵更加丰富和深刻，形成了丰硕的研究成果。通过对现有学者对组织学习概念界定的整理，主要包括以下几种观点：

第一，过程视角。多数学者在研究组织学习时往往将其视为组织的一种过程，因此，组织学习的过程视角也是当前学术界对组织学习研究的主流观点。过程往往是指事物发展或事情进行所要经过的一系列程序。Levitt 和 March（1988）认为，组织学习是组织基于实践不断从中总结和凝练，进而形成指导未来行动规则的过程。Narver 和 Slater（1995）认为，组织学习是一个发展新的有影响行为潜能的知识和思想的过程。Bontis 等（2002）认为，组织学习是通过与环境互动，进行各种知识生产过程的集合，主要可以分为知识生产、精练、促进和扩散四个阶段。芮明杰和陈晓静（2006）基于对国内和国外组织学习模型的梳理和总结指出，组织学习是一个通过组织中人与人之间的相互交流，不断产生和应用新的知识，以便不断改变组织行为的过程，是一个组织知识不断产生、不断传播、不断应用的螺旋上升过程。陈国权（2009）认为，组织学习是组织成员不断获取知识、改善自身行为、优化组织体系，以在不断变化的内外环境中使组织实现可持续生存和健康和谐发展的过程。综上可见，组织学习的过程观强调组织学习的本质是一系列过程的集合，目的是通过该过程能够改善组织绩效和增强组织环境适应性。

第二，能力视角。部分学者将组织学习视为组织的一种能力。能力往往表现为个人或组织能够顺利完成某项工作、事项或活动的主观条件。Senge（1990）认为，组织学习是指组织内部成员分享共同愿景、培养全新思维和创造集体氛围的能力。Kim（1997）认为，组织学习是一种可提高组织行动有效性的能力。曾萍和蓝海林（2011）认为，组织学习是指组织获取异质性资源、利用已有知识存量创造出新知识的能力。许晖和李文（2013）认为，组织学习是企业获得成功的一种核心能力，拥有比竞争者更快速的学习能力是企业持续竞争优势的重要来源。Nonaka 和 Takeuchi（1995）认为，组织学习是企业对竞争优势的保持和对企业创新能力的促进，是企业促进知识创新或知识获得并使之传播于全组织，体现在产品、服务和体系中的能力。组织学习的能力观主要是从组织是否具备知识获取、传播、应用和创新等的能力视角进行界定。每个组织通过学习产生的效果或绩效不同，主要是因为不同组织的学习能力存在一定的差异性。

第三，系统视角。Nevis 等（1995）认为，组织学习是一个系统层面的问题。Daft 和 Weick（1984）则将组织学习看成一个组织行为的解释系统，认为组织学习包括扫描、解释和学习三个阶段。研究发现，组织学习往往要受到组织的结构、流程、文化和技术等子系统的制约，要更好地推动组织学习的进行，必须从上述各个方面全面变革组织，从而为组织创造一个有利于学习的内部环境。巴纳德是把组织学习看作一个系统的早期倡导者（王伟，

2005)。系统观将组织看作是面对环境压力必须适应的开放系统。系统理论视角的组织学习包含三种研究：第一种是以系统为基础的管理理论研究和系统——环境关系研究，该类研究中，组织学习是处理组织与环境的关系的系统工具。第二种是以自组织过程的假设理论为基础研究。该类研究中的组织学习被认为是从制度学习中获得的社会系统的解决问题的潜能（Klimecki 等，1991）。第三种是系统动力研究。该研究中，组织学习就是理解社会系统及其动力的复杂关系（黄国群，2008）。总之，组织学习系统包含了组织学习的过程因素、能力因素以及促进因素等组成部分。

此外，学者还从其他视角对组织学习的内涵进行了界定：Daft 和 Weick（1984）基于认知视角认为，组织学习是关于组织行为与环境之间互动关系的认知。Crossan 等（1999）基于方法论视角认为，组织学习可以看作企业实现战略更新的重要方法等。通过对国内和国外有关组织学习内涵观点的梳理和总结，学者从不同视角对其内涵进行了较为详细的论述，并非是研究的组织学习的本质的不同，而是对组织学习关注的侧重点存在差异。综合以上观点，组织学习具有以下特点：组织学习的主体是整个组织，而并非个人。虽然组织学习涉及组织中的成员个人学习，但并非是组织成员个人学习的简单相加；组织学习的客体是围绕有关企业目标、规范、运营等组织系统的一系列知识和信息等；组织学习是通过充分发挥组织认知和能力，并采取一系列过程、方法、程序等机制实现。最后，组织学习的目的是改善组织绩效和提升组织环境适应性。

(二) 组织学习类型的划分

组织学习类型划分主要有三种具有代表性的划分方式：第一种是基于学习反馈方式的视角，将其划分为单环学习、双环学习和三环学习；第二种是基于组织边界的视角，将其划分为组织间学习和组织内学习；第三种是基于知识搜索的视角，将其划分为利用式学习和探索式学习。

第一，单环学习、双环学习与三环学习。根据学习循环或反馈方式的不同，学者将组织学习划分为单环学习、双环学习与三环学习（Argyris 和 Schon，1978；Snell 和 Chak，1998）。单环学习是将组织的运营结果与组织的策略和行为联系起来，尝试对不符合既定目标的行为和策略进行改进或修正，从而促使组织绩效保持在既定的组织目标和规范内。这种学习是最基本的学习,旨在解决当前问题,而不是检查组织的规范和要求是否恰当,最终目的是为了适应环境,从而使组织在环境中保持相对的稳定(杨智等,2004)。双环学习是指对组织已形成的规范、目标以及要求等存在质疑(Slater和Narve,1995),以进一步探究组织行为的前提是否合适,以期通过克服"习惯性"造成的认知障碍,对行为的前提假设进行修正,从而增强环境适应性。与单环学习不同,双环学习不仅要发掘组织策略和行为的不足之处,而且还要探究指导组织策略和行为的规范、目标以及要求等方面的问题。双环学习是一种创新性学习和认知性学习,实施双环学习的难度要远大于单环学习,这种学习方式更适合处于动态环境中的组织。杨智等(2004)认为,组织在以下情况下必须进行双环学习:①组织面临严峻的且情况不明朗的竞争环境;②组织成员在某一重大决策问题出现意见分歧;③组织正准备开发新的资源;④组织必须通过学习来提高核心竞争能力和构筑竞争优势。三环学习,亦被称为"再学习",是指组织探索以往组织学习的过程和方法,找到组织学习过程中的有利和不利因素,进而提出相应的解决策略以提升组织学习效率和效果。这种学习方式强调组织要对学习过程的本身和方式提出质疑,指导组织应该如何学习,是一种最深程度的学习(陈国权、马萌,2002)。相对于前两种学习方式,三环学习是导致组织根本性创新的学习类型,有意识地指导组织如何进行有效学习,切实提升单环学习和双环学习的效率。

第二,组织间学习与组织内学习。根据组织边界划分,组织学习可分为组织间学习和组织内学习,即组织学习不仅可以发生在组织内部,而且可以超越组织边界实现组织间的学习(Rosenkopf和Nerkar,2001)。组织内学习是企业从过去经验中学习或利用知识。组织内部学习可以发生在组织成员个体与个体之间、个体与部门之间以及部门与部门之间等。组织间学习是企业寻求其他组织产生的知识,并将其和自身的知识或能力进行有效的整合及利用。相比于组织内部学习,组织间学习能够为组织提供更多新颖的、互补性的知识,有助于企业克服自身的能力刚性(Leonard-Barton,1992),从而更好地应对外部环境的变化。企业网络规模越大,蕴含的新知识和思想越丰富(Laursen和Salter,2006),越能够满足企业创新需求。企业可以通过市场交易、组织间合作以及组织内创造等方式获取新知识。组织间学习和组织内学习并非是孤立的,而是存在一定关联性,组织间学习是知识的跨组织间的交换和转移,而组织内学习是知识在组织内部的散布、解释、存储和利用。在实现组织通过组织间学习以获取外部知识后,企业需要将这些知识实现组织内部学习,实现内外部知识的融合和利用,甚至创造新的知识。在企业发展过程中,组织间学习和组织内学习发挥着同等重要的作用,即企业既离不开组织间学习,也离不开组织内学习。两种学习形式互为补充,共同为企业的成长和发展提供必需的知识。

第三,利用式学习和探索式学习。March(1991)将组织学习划分为探索式学习(Exploratory Learning)和利用式学习(ExploitativeLearning),探索式学习主要包括探究、变化、承担风险、试验、尝试、应变、发现、创新等行为,其特点是为了追求和获取全新的知识;利用式学习主要包括提炼、筛选、生产、效率、选择、实施、执行等行为,其特点是为了利用和开发组织已经拥有的知识(韵江等,2015)[①]。这两种不同学习类型的根本区别在于对组织已有知识的态度,其中,探索式学习更倾向于超越组织当前已有的知识体系,而去努力寻求和探索全新的知识领域,能够帮助企业在变化环境下创造新产品,从而满足新兴市场的需要(Levinthal,1993),利用式学习则在组织当前已有的知识体系的基础上进行学习,目的是充分地利用和挖掘组织已有的知识,将知识更好地服务于企业的组织流程的改进、新产品的研发以及市场需求的匹配。许晖和李文(2013)认为,这两种学习方式的实质是通过探索新的知识和利用现有的知识,实现企业内部资源与外部环境的适应和匹配,从而提升企业的创新能力。然而,探索式和利用式学习会争夺组织稀缺资源,彼此之间可能存在对抗性的矛盾和固有的权衡取舍,二者之间的平衡问题,即如何有效地协调二者之间的关系以便更好地为企业发展服务成为学术界关注的焦点(Lavie等,2010;张振刚等,2014)。

除了以上三种主要的组织学习划分方法之外,部分学者基于自身研究背景采用其他划分方式对组织学习展开了相应的研究。Bennis和Nanus(1985)将组织学习划分为维持学习和创新学习;Lyles(1988)将组织学习划分为低阶学习和高阶学习;Meyers(1990)将组织学习划分为线性学习和非线性学习;Sinkula(1994)将组织学习划分为前期学习和后期学习等。学者从不同

---

① 韵江,卢从超,杨柳. 双元学习与创造力对绩效的影响——一个团队层面的研究[J]. 财经问题研究,2015(5):3-11.

视角对组织学习进行了系统的研究,极大地丰富了组织学习理论研究的内容和范畴,快速地推动了组织理论的发展。

(三) 组织学习模型

自从 March 和 Simon(1958)提出组织学习概念以来,许多学者对组织学习理论进行了深入的探讨和分析,纷纷从各自研究视角提出了不同的组织学习模型。目前,较为经典的组织学习模型主要有 Agyris-Schon 的四阶段模型、陈国权的"6P-1B"模型、Senge 的 5 项修炼模型以及 Nonaka 的 SECI 模型等。

1. Agyris-Schon 的四阶段模型

杨智等(2004)指出,所有的组织都要进行学习,都要为组织学习设计一系列的步骤与程序,从而使组织能够系统地收集、分析、存储、传播和使用与组织绩效以及组织成员的有关信息,这就是组织学习的过程①。对组织学习过程进行阐释和描述的众多模型中,Agyris 和 Schon(1978)提出的组织学习四阶段模型是最具代表性的。如图 4-1 所示,该模型将组织学习过程主要划分为四个阶段:发现(Discovery)、发明(Invention)、执行(Production)和推广(Generalization),这四个阶段的顺序是依次递进的,也是组织学习所必经的四个阶段。

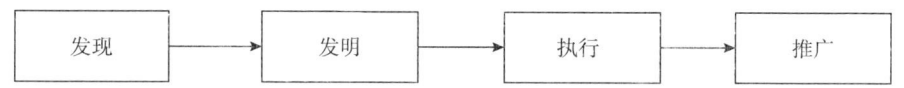

图 4-1 Agyris-Schon 的四阶段模型

资料来源:Agyris, Schon (1978), Organizational Learning: A Theory of Action Perspective [M]. Reading, MA: Addison-Wesley, 58.

在这个模型中,Agyris 和 Schon(1978)认为,作为一个整体的组织要系统地完成一个学习过程,就必须经过以上四个阶段。其中,发现阶段主要包含发现组织内部存在的、可能对组织未来发展产生潜在威胁的问题,以及组织外部环境中蕴含的机会和威胁等。因此,在发现阶段,组织需要认真审视

---

① 杨智,刘新燕,万后芬. 组织学习研究:回顾与展望 [J]. 经济管理,2004(24):20-26.

内部和外部环境，包括内部的优势和劣势以及外部的机会和威胁，从而及时发掘有利于组织发展的机会和避免不利于组织发展的威胁。发明阶段主要涉及解决问题方案和举措的提出。在这一阶段，组织应想方设法寻找和提出能够有效解决发现阶段中存在问题的方案或举措，即形成具体的解决方案。执行阶段则是将发明阶段提出的解决方案落实下去，能够产生新的或者是修改后的操作程序、组织结构或报酬系统等。推广阶段则是对执行阶段中形成的成功经验和具备可行性的做法进行推广，使组织其他部门或领域也能够应用这些经验或做法。在此阶段，组织内部的个人学习水平能够上升到组织学习水平，而且能够贯穿到组织的各个层面，甚至突破组织边界，延伸或推广到其他的组织。

2. 6P-1B 模型

陈国权（2002）认为，Agyris-Schon 的四阶段模型是一种经典的直线型模型，存在一定的缺陷：第一，该模型无法反映组织学习的全过程——缺少反馈环节，难以真实地反映企业情况；第二，缺少选择环节，即组织应该建立选择机制，能够从众多的方案中选择出最优或较优的方案以备组织使用。因此，陈国权（2002）基于 Agyris-Schon 的四阶段模型，提出了组织学习的"6P-1B"模型，也被称为改进的组织学习过程模型，主要包括发现、发明、选择、执行、推广和反馈六个阶段（6Processes，6P）以及一个知识库（1 Knowledge Base，1B）。如图 4-2 所示，组织学习的"6P-1B"模型使组织学习构成了一个封闭的循环过程，充分体现了组织学习永无止境、持续改进的本质特征（芮明杰、陈晓静，2006），即能够反映组织学习的螺旋上升的过程。

"6P-1B"模型指出，组织学习从"发现"组织内外部环境变化和问题开始，进而"发明"相应的解决方案和办法，对其进行有效的"选择"，然后"执行"选定的新方法，并在更广的范围内进行"推广"，最后根据全过程的结果"反馈"做进一步的修改和完善，以上过程产生的知识以及外部环境中的知识要流入组织的知识库，知识库中的知识又会作用于组织学习的每个阶段，并输出到外部环境（陈国权，2002）。该模型的特点是：①组织学习是一个包含六个阶段的闭环过程，体现了组织学习永无止境、持续改进的本质；②模型中心的知识库以及六个阶段之间互动，体现了组织学习不断积累、螺旋上升的本质；③具有一定的适应性，能够用于多种不同的情况。

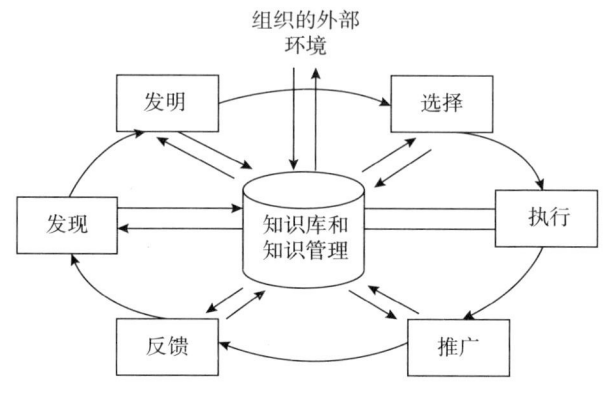

图 4-2 "6P-1B" 模型

资料来源：陈国权. 学习型组织的过程模型、本质特征和设计原则 [J]. 中国管理科学，2002 (04)：87-95.

3. Senge 的 5 项修炼模型

Senge 于 1990 年出版了《第五项修炼——学习型组织的艺术与实践》，推动了人们和组织刻苦修炼、学习和掌握新的系统思维方法，构建了一套完整的、可操作性很强的、从理论到实践配套的管理新技术体系。Senge（1990）认为，传统组织发展为学习型组织，提升组织学习力，并构建和保持长久的竞争优势，必须进行 5 项修炼（见图 4-3），即自我超越、改善心智模式、建立共同愿景、团队学习和系统思考。其中，团队学习和改善心智模式是基础，而自我超越和建立共同愿景是向上张力，系统思考是核心，能够有效地整合其他 4 项修炼。

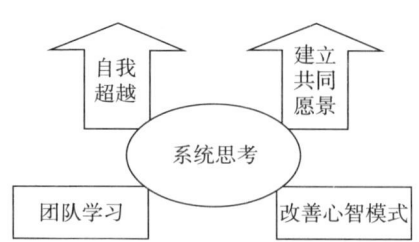

图 4-3 Senge 的 5 项修炼模型

资料来源：赵民杰，王俊杰，任晓峰. 组织学习模型比较研究 [J]. 现代管理科学，2004（10）：36-38.

第一项修炼——自我超越是建立学习型组织的精神基础。它是指突破个体极限的自我实现或技巧的娴熟。自我超越,首先是不断厘清并加深个人的真正愿望,集中精力,培养耐心;其次是在不断学习的过程中,客观地观察现实,了解目前的真实情况。一个组织应该激发组织成员不断创造和超越,进行真正的终身学习。因此,组织整体对于学习的意愿和能力,根植于组织各成员对于学习的意愿和能力。

第二项修炼——改善心智模式。心智模式,通俗地讲,是指一个人的心理素质和思维方式,包括价值观、观念、态度和假设,这些构成了个人基本的世界观。心智模式往往根深蒂固于内心中,影响着人们如何了解世界,以及如何采取行动来改造世界。改善心智模式的具体方式:一是把镜子转向自己,这是心智模式修炼的起步。即个体要学会发掘内心世界的图像,使这些图像浮现出来,并加以严格审视。二是有效地表达自己的想法。三是以开放的心态容纳别人的想法。

第三项修炼——建立共同愿景。它要求组织的全体成员要拥有一个衷心的共同目标、价值观和使命感,从而能够把组织成员凝聚在一起,为了实现大家共同的目标,而主动地认真努力学习追求卓越。共同愿景为组织学习提供了焦点和能量,包括个人愿景、团队愿景和组织愿景三个层次。建立共同愿景的领导艺术就是从建立个人愿景出发而确立组织的共同愿景。

第四项修炼——团队学习。在现代组织中,学习型组织的基本单位是团队学习而不是个人。团队学习往往鼓励沟通和合作,以促进成员间的相互协作和相互尊重,能够基于共同学习实现一起成长。当团队能够真正开展有效的学习时,不仅整体能够产生非常优异的成果,而且团队成员成长的速度也比其他学习方式更快。组织通过团队学习,有利于充分激发组织成员全体的智慧,增强组织思考和行动的能力,进而发挥"1+1>2"的效果。

第五项修炼——系统思考。系统思考是 5 项修炼的核心和基石,引导人们从看局部到综观全局,从看事物的表面到洞察其背后的结构,从静态的分析到认识各个因素的相互作用,进而寻找一种动态的平衡。系统思考能够强化其他每一项修炼,有助于通过融合整体达到大于各个部分总和的功效。

4. Nonaka 的 SECI 模型

Nonaka 和 Takeuchi(1995)在研究日本企业组织学习和知识管理活动的

基础上，提出了隐性知识和显性知识之间的相互转化的 SECI 模型。如图 4-4 所示，该模型指出，知识是通过社会化（Socialization）、外部化（Externalization）、组合化（Combination）以及内部化（Internalization）四个过程的不断转换和融合使知识呈螺旋式上升的加速发展（赵民杰，2004），而且每一个过程都会有一个"场"（Ba）存在。

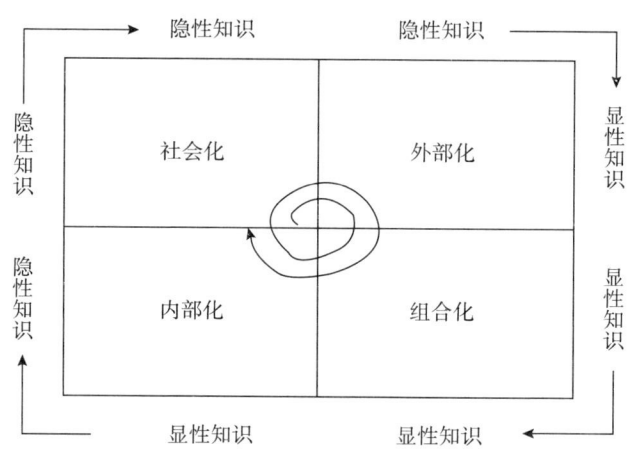

图 4-4 Nonaka 的 SECI 模型

资料来源：芮明杰，陈晓静. 组织学习模型简要评述——基于知识论视角 [J]. 管理学报，2006（6）：745-753.

如图 4-4 所示，社会化是指隐性知识向隐性知识转化的过程，该过程主要是通过经验共享的形式，包括体验、观察和模仿等感性经验，而不是语言实现知识的传递。隐性知识具有时空的专属性以及难以用书面和语言表达，需要通过亲身体验、观察以及模仿等才能得以领悟。例如，传统的师徒传授制、企业文化氛围潜移默化的感染等。外部化是指隐性知识向显性知识转化的过程。该过程是将隐性知识用显性化的概念和语言清晰表达的过程，其应用的手法通常包含隐喻、类比、概念和模型等。这是知识创造过程中至关重要的环节。组合化是指显性知识和显性知识组合的过程。这一过程是通过各种媒体，如计算机网络、电话、会议等对组织收获的知识进行融合、编辑或加工等，从而形成新的知识，然后，新知识可以分散到组织各个成员中。内部化是指显性知识向隐性知识转化的过程，这是一个将显性知识形象化和具体化的过程，通过组织组合化的新显性知识被组织成员吸收和消化，然后，升华为个体的隐性知识。该过程与"干中学"密切相关。以上这四种知识转化模式是一个有机的整体，是组织学习过程中实现知识创造不可或缺的组成部分。

Nonaka 的 SECI 模型对组织学习中的知识转化过程进行了深入的研究，具有较高的理论价值：首先，该模型揭示了知识生产的起点和终点，即始自个人化的隐性知识，通过共享化、概念化和系统化，最终升华成为组织所有成员的隐性知识。其次，清晰地辨识了知识生产模式的常规类别，即"隐性—隐性""隐性—显性""显性—显性"和"显性—隐性"，并相应地描述了每种类别所对应的具体过程和方法。最后，该模型对于组织知识转化和创新提供了新的思路和工具，能够较好地解决组织内部知识的转化问题。

(四) 组织学习的作用

无论是基于过程视角、能力视角，还是基于系统视角等，组织学习普遍被国内和国外学者视为企业获取、塑造和保持竞争优势的重要来源。企业通过组织学习能够有效地认识、协调和处理组织与外部环境之间的关系，增强企业自身抵抗内外部风险的能力和自主创新的能力，进而改善企业绩效。企业通过组织学习能够提升企业应对环境变化的本领，对企业的发展具有积极的影响。

首先，组织学习有助于企业提升绩效。企业经营的最终目的就是实现利润最大化，而组织学习是影响企业盈利的重要因素之一。Lei（1996）经过研究发现，组织学习对企业财务绩效具有正向影响。Francois（2002）通过对高科技企业实证研究发现，组织学习对企业的创新绩效和财务绩效都能产生积极的作用。Luo（1999）认为，利用式组织学习能促进企业短期财务绩效的提高。He（2004）指出，无论是利用式学习还是探索式学习，都能促进企业绩效的提升。蒋春燕（2006）指出，组织学习能够提升新产品的销售收入和市场占有率。综上可见，组织学习与企业绩效有十分密切的关系。组织学习能提升企业的财务绩效（Lei，1996；Farrell，2000）和非财务绩效（Mavondo等，2005）、长期绩效（Keskin，2006；谢洪明等，2007）和短期绩效（Liu等，2002；曾萍，2009）等。此外，部分学者还深入探究了组织学习对企业绩效的作用路径和具体过程，即不断深入探索和挖掘组织学习与绩效之间的中间变量，包括市场导向（Day，1994；Mavondo，2005）、核心能力（谢洪明，2007）、组织创新（Baker 和 Sinkula，1999）等变量。可见，组织学习不仅能够直接作用于企业绩效，而且还可以通过其他方式间接作用于企业绩效。

其次，组织学习能够促进企业创新。Baker（1999）研究发现，组织学习对组织的产品创新能够产生积极的影响。Thomke（2001）认为，组织学习是企业进行创新的基础，能够推动企业不断探索和开发新的产品。除了产品创新之外，谢洪明等（2008）研究发现，组织学习也有助于企业的技术创新和管理创新。朱桂龙（2008）认为，企业能够通过组织间的学习及时掌握、消化和吸收行业领域内的最新技术，进而促进企业技术创新。陈建励（2011）认为，组织学习的二元性对企业协同技术创新能够产生显著的正向影响。孙燕和苏中锋（2015）基于不同的创新类型与企业创新关系研究指出，探索性学习和应用性学习分别能够对管理创新产生正向影响；应用性学习能够对技术创新产生正向影响。McKee（1992）认为，不同的学习形式会对不同的创新类型产生差异化影响，例如，单环学习能够导致增量的创新，而双环学习能够导致不连续的创新。Mabey（1995）指出，组织学习是知识创新过程中重要的影响因素之一。Jennifer（2003）基于国际企业网络的研究发现，企业组织学习的程度越深，信息挖掘量越多，从而更有利于企业新知识的积累和创造。陈万思等（2013）认为，企业能够通过组织学习获得新知识、新理念和新技能，从而提升组织创新能力。综上可见，组织学习能够促进企业的产品创新、技术创新、知识创新以及管理创新等。

组织学习能够积极地引导企业变革，促进企业战略构想升级，提升企业的反应能力（Dess，2004；冯海龙，2008）、动态能力（焦豪等，2008；尹苗苗和蔡莉，2010）以及战略柔性（张翔和丁栋虹，2016），有助于增强企业知识整合能力（谢洪明，2007），使企业能及时洞悉外部环境变化，包括顾客需求变化和生产技术变化等，进而促使企业有效地满足市场需求（周玉泉，2005）和提升企业对外部环境的适应能力（杨智，2005）。总之，组织学习对企业增强环境适应性和促进企业发展能够产生积极的影响。

三、组织学习理论与本研究的内在联系

刁玉柱和白景坤（2012）认为，企业静态异质性资源要素的技术只是企

业动态学习的产物之一,而企业学习能力和由此而获得的知识才是促进企业进行商业模式创新的重要力量①。组织学习根据组织边界,可以划分为组织间学习和组织内部学习。随着企业组织边界日益模糊、与其他组织合作形式多元化和沟通互动频繁化,信息流、知识流以及创新要素在企业网络间加速流动。组织间学习和组织内部学习是实现外部知识与企业内部知识融合、转化以及有效利用的重要方式之一,有利于企业及时更新企业信息、获取新知识以及创造新知识。

科技中小企业是一种知识密集型企业,产品和服务的科技含量往往相对较高。信息、技术、专利等以知识为主的非物质资源在科技中小企业网络和企业内部的流动与一般非科技企业相比,速度更快、频率更高、形式更加多样化。企业的创新源泉一方面来自企业网络,另一方面来自于企业内部。然而,组织学习是企业借助自身的结构,在以往经验的基础上,通过提升相关能力、吸收更多新知识并将这些能力和知识运用到以后行动中的过程(Fiol和Lyles, 1985),是科技中小企业创新的重要源泉,是企业获得外部新知识、融合企业内外部新知识、在发展过程中利用新知识甚至创造新知识的重要途径,能够对科技中小企业开展商业模式创新产生积极的影响。在开放式创新背景下,科技中小企业内部资源已经越来越难以满足企业创新和发展需求,企业网络成为科技中小企业获得创新资源和要素以满足创新需求过程中不可或缺的来源。而组织学习能够为阐释科技中小企业如何通过网络嵌入性获取差异化的知识和能力以影响企业商业模式创新提供一项重要的理论工具。

---

① 刁玉柱,白景坤. 商业模式创新的机理分析: 一个系统思考框架[J]. 管理学报, 2012, 9(1): 71.

第五章
研究假设与理论模型

本章在参考国内和国外学者相关理论研究的基础上，针对动态环境下网络嵌入性对科技中小企业商业模式的影响机理进行理论分析。通过对研究主要变量的内涵及其维度进行清晰的界定，对主要变量之间的内在联系进行理论分析和逻辑推导，提出相应的研究假设，根据分析结果和提出的假设来构建本研究的理论模型。

第一节　网络嵌入性对商业模式创新的影响

企业创新模式逐渐由独自研发的封闭式创新开始转向产学研合作、战略联盟、虚拟网络、跨越组织边界、以合作为主体的开放式创新等创新模式。王水莲（2017）基于战略性新兴产业视角认为，封闭的企业难以随着外部环境变化而适时地进行商业模式创新，需要突破企业边界，构建开放式系统，形成灵活的创新网络，从而为企业提供商业模式创新所需的动力来源、资源基础和创新氛围等[①]。网络嵌入性逐渐成为影响企业创新效率和效果的关键影响因素之一。基于资源基础理论，多数学者认为网络嵌入性是企业一种重要

---

① 王水莲. 战略性新兴产业商业模式创新系统框架 [J]. 中国科技论坛，2017（2）：164-170.

的异质性战略资源,对企业的创新能力和绩效具有重要影响(刘雪锋等,2015)①。企业构建社会网络或合作网络,往往有助于企业以更低价格或更高效地获取开发商业机会所需的关键性资源,如技术、专利、信息、渠道等,而这些资源往往是企业对商业模式进行改进或创新以匹配新商业机会过程中所不可或缺的重要基础,网络嵌入性是企业商业模式创新的重要影响因素之一。

一、结构嵌入性对商业模式创新的影响

结构嵌入性体现的是企业与网络成员之间的交流、互动以及联系的整体结构特征,这种结构特征往往会对企业的创新行为存在一定的影响。Zaheer 和 Bell(2005)认为,企业创新主要取决于拥有的内部能力和嵌入的外部网络,拥有优越的网络结构或占据有利的网络位置的企业能更好地利用其内部能力,从而有助于企业创新能力和绩效的改善②。何建华(2012)通过多案例研究发现,中小企业社会网络的结构特征能够以多种途径或渠道为企业提供异质性的资源和能力,促使企业通过对内外部资源的整合和利用进行价值创造,进而创新企业商业模式。周飞等(2015)认为,社会网络结构优势能够为创新型企业提供关键异质性资源和信息选择,这些异质性资源和信息能够为商业模式创新提供支持③,结构性嵌入性对企业商业模式创新具有潜移默化的影响。对科技中小企业而言,联系更多差异化的网络成员,接近网络中心而占据更加优势的网络位置,有助于企业更高效地获取更多异质性的信息和资源,便于企业进行效率型和新颖型商业模式创新。综上所述,提出以下假设:

假设 1a:结构嵌入性对科技中小企业效率型商业模式创新有正向影响;

假设 1b:结构嵌入性对科技中小企业新颖型商业模式创新有正向影响。

---

① 刘雪锋,徐芳宁,揭上锋.网络嵌入性与知识获取及企业创新能力关系研究[J].经济管理,2015(3):150-159.

② Zaheer A, Bell G G. Benefiting from network position: firm capabilities, structural holes, and performance [J]. Strategic Management Journal, 2005, 26 (9): 809-825.

③ 周飞,郑培娟,王晓玉.关系营销导向对商业模式创新的影响机制[J].财经论丛(浙江财经大学学报),2015,196(7):84-91.

(一) 网络规模对商业模式创新的影响

Inkpen 和 Tsang（2005）认为，企业嵌入网络规模越大，接触网络中的联系就越多，其战略决策及行为更容易受到网络结构的影响[①]。Shan 等（1994）通过对生物技术创业企业研究发现，企业合作伙伴数量越多，越有利于企业的创新[②]。拥有广泛社会关系或交际圈的企业往往更容易识别顾客需求，及时识别潜在商机和快速创造新价值。与越多的网络成员合作与交流，能够提供广泛的知识源，便于企业进行跨界搜寻，从而获取更多异质性的信息和知识，促使企业创新思维和创新能力的提升（Zahra，2012），进而促进商业模式创新；能够通过多种角度、多种渠道、多种方式来相互印证企业对市场判断和机会感知的准确性和可靠性，从而提高商业模式创新的成功率；有利于企业通过丰富的社会关系及时获取和整合商业模式创新过程中所需的各种资源；有助于企业快速搜寻并引入共同参与新价值创造的合作伙伴。可见，企业网络规模越大，越有助于企业商业模式的创新。

科技中小企业属于创新型企业，需要信息、专利、技术等先进的知识资源和资金、人力、物力等丰富的非知识资源来支持研发和创新。科技中小企业与众多的合作伙伴建立广泛的社会联系。首先，拓展了企业可供选择合作伙伴和资源的种类、渠道和范围等，为企业进行商业模式创新提供了合作伙伴支持和资源基础。其次，有机会获得更多互补性和新颖性的信息及知识，接触和捕捉更多的新创意及新理念，突破企业原有思维局限性和惯性，为企业进行新颖型商业模式创新提供思路和启发。最后，能够在广泛的社会联结中借鉴、模仿或学习其他企业商业模式成功的实践经验，对企业现有商业模式进行改进和完善以降低交易成本及提高交易效率等，进而促进效率型商业模式创新。网络规模对企业商业模式创新具有积极的影响，综上分析，提出以下假设：

假设 1a-1：网络规模对科技中小企业效率型商业模式创新有正向影响；

假设 1b-1：网络规模对科技中小企业新颖型商业模式创新有正向影响。

[①] Inkpen A C, Tsang E W K. Social capital, networks, and knowledge transfer [J]. Academy of Management Review, 2005, 30 (1): 146-165.

[②] Shan W, Walker G, Kogut B. Interfirm cooperation and startup innovation in the biotechnology industry [J]. Strategic Management Journal, 1994, 15 (5): 387-394.

（二）网络中心性对商业模式创新的影响

网络中心性不仅能够反映企业在网络结构中所处的位置，而且在某种程度上能够反映企业在网络中的重要性、社会地位以及声望等（谢洪明等，2011），是研究结构嵌入性的重要指标之一。位于网络中心位置的企业凭借其重要地位及声望对网络信息和资源的获取与配置拥有一定的影响力和话语权，甚至是控制权。与处在边缘地带的企业相比，处在核心地位的企业资源共享度较高，信息交换更快，创新效率更高。El-Khatib 等（2015）研究发现，越接近网络中心位置的 CEO 越能够有效地收集和控制有价值的信息，从而做出有利于价值创造的收购决策[①]。Salman 和 Saives（2005）通过对生物技术企业的间接网络互动模式研究发现，位于网络中心位置的企业容易获取知识优势和进行创新[②]。何建华（2012）通过案例研究发现，美特斯·邦威建立以自我为中心的价值链体系和网络协作模式，围绕顾客需求和依托网络资源，主营和强化核心业务（产品设计和品牌经营），不断推进企业商业模式创新[③]。

科技中小企业属于一种知识密集型企业。有价值的新信息和新知识对科技中小企业产品、技术、服务及商业模式创新等创新行为至关重要。网络中心往往是信息和知识的集散地，或起到连接的桥梁作用。Ferriani 等（2009）认为，处于网络中心位置的创业者能够获取更多有价值的信息，有助于快速识别潜在机会，这也是企业进行商业模式创新以捕捉和利用机会的重要前提。越趋近网络中心位置的科技中小企业越具有网络结构优势或位置优势，一般能够接触到较多的网络成员，并与之构建联系，从而较容易地获取有价值的、异质性的、新颖的创新资源和创新要素，并从中挖掘新商机和创造新价值，能够通过其影响力或话语权招致合作伙伴加入，从而进行新价值的共同创造，有助于企业实施新颖型商业模式创新的同时降低其失败风险。此外，趋近网络中心性的企业也会通过其强大的影响力或控制力来想方设法降低资源或信息的交易成本、提高交易效率以满足自身的创新需求或创造更多的价值，以

[①] El-Khatib R, Fogel K, Jandik T. CEO network centrality and merger performance [J]. Journal of Financial Economics, 2015, 116 (2): 349-382.

[②] Salman N, Saives A L. Indirect networks: an intangible resource for biotechnology innovation [J]. R&D Management, 2005, 35 (2): 203-215.

[③] 何建华. 社会网络对中小企业商业模式创新的影响——基于网络结构特征的视角 [J]. 学习与实践, 2012 (12): 30-37.

实现企业价值增值，从而有利于企业进行效率型商业模式创新。综上分析，提出以下假设：

假设1a-2：网络中心性对科技中小企业效率型商业模式创新有正向影响；

假设1b-2：网络中心性对科技中小企业新颖型商业模式创新有正向影响。

（三）网络异质性对商业模式创新的影响

Rodan和Galunic（2004）认为，企业创新的实质是对知识进行重新组合或构建，而异质性网络是多元化或差异性知识的重要来源，为企业进行有效的创新奠定了基础[①]。特别是对创新活动较为频繁、产品生命周期较短的高新技术产业来说，企业通过与异质性的网络成员建立合作关系以获得新想法、互补性的知识和信息，对企业创新显得更为重要（常红锦、仵永恒，2013）[②]。网络异质性越大，表明企业接触更多差异化类型（包括具有不同文化背景、不同地域以及不同行业等属性）的合作伙伴，有利于企业进行跨界搜寻，包括跨地域和跨认知边界的知识搜寻，是企业新商业思想和经营理念的重要来源。例如，与异地企业的合作和交流，能够获得源自不同渠道的差异化知识，有助于企业及时把握外部市场需求变化和采取适当的措施进行战略性调整（吴俊杰、盛亚，2011），提升产品或服务附加值、创造新价值以迎合市场的变化，即通过商业模式创新来满足顾客需求，适应外部环境变化。然而，过度依靠本地的资源和合作伙伴，容易使企业形成路径依赖和产生锁定效应，难以对外部环境的创新变化及时做出反应（Boschma and Wal, 2007）[③]，因此，企业商业模式创新需要与差异化的网络成员合作及交流，避免知识源过度同质。

科技中小企业属于知识密集型的创新型企业，创新过程中可能需要大量创新资源、新思想和合作伙伴的支持，然而规模小、资源和人才缺乏等约束性因素的存在会严重制约企业的创新和发展。科技中小企业通过异质性网络

[①] Rodan S, Galunic C. More than Network Structure: How Knowledge Heterogeneity Influences Managerial Performance and Innovativeness [J]. Strategic Management Journal, 2004, 25 (6): 541-562.

[②] 常红锦，仵永恒. 网络异质性、网络密度与企业创新绩效——基于知识资源视角 [J]. 财经论丛（浙江财经大学学报），2013, 175 (6): 83-88.

[③] Ron A. Boschma, Anne L. J. ter Wal. Knowledge Networks and Innovative Performance in an Industrial District: The Case of a Footwear District in the South of Italy [J]. Industry & Innovation, 2007, 14 (2): 177-199.

跨地理和认知边界搜寻战略合作伙伴（包括政府、高校及科研机构、中介机构及其他第三方服务机构等）、寻求多种创新资源和互补性资产，是弥补企业自身不足的有效手段，也是企业实现快速成长过程中不可或缺的重要途径之一。科技中小企业以此获得的创新资源越多，越有助于开发新的市场，创新产品和服务，打造新的商业模式。较高的网络异质性表明企业网络中合作伙伴在区域、文化、认知以及知识等方面越存在明显的差异，网络中异质性资源和能力越多，企业只有拥有不同的资源和能力，才能促使企业以此发现和挖掘潜在机会，进行创新（董保宝和周晓月，2015）[①]。科技中小企业与差异化的合作伙伴构建联系，有助于企业接触和获得新颖的、异质性的、多元化的资源、知识和信息，促使企业克服以往的思维定式或运营惯例，寻求全新的价值主张和价值创造全新方式等，进而实现企业新颖型商业模式创新；企业与多元化的合作伙伴的沟通和互动，有助于吸取其他企业商业模式的成功经验和失败教训，更容易发现企业商业模式存在的问题和不足，克服和解决自身存在的锁定效应，包括技术锁定、知识锁定以及惯例锁定等，不断对原有的商业模式进行改进和完善，进一步降低企业交易成本和提升运营效率，有利于企业效率型商业模式创新，因此，网络异质性对科技中小企业商业模式创新具有积极影响。综上分析，提出以下假设：

假设 1a-3：网络异质性对科技中小企业效率型商业模式创新有正向影响；
假设 1b-3：网络异质性对科技中小企业新颖型商业模式创新有正向影响。

二、关系嵌入性对商业模式创新的影响

商业模式创新不仅是对企业内部运营体系，包括组织架构、治理机制以及资源配置等的改进或变革，也是对与参与价值共创的外部利益相关者之间"游戏规则"如商业逻辑、价值主张及利益分配的完善或重构（Zott 等，2011）。随着开放式创新模式的盛行，企业与合作伙伴通过跨组织协作模式进行新价值创造，有助于商业模式的改进和创新，而彼此之间的关系强度和质量会对商业模式创新效率和效果产生影响。当前，中国正处于由计划经济向

[①] 董保宝，周晓月. 网络导向、创业能力与新企业竞争优势——一个交互效应模型及其启示[J]. 南方经济，2015，33（1）：37-53.

市场经济转变的关键过渡时期,政策制度、法律法规以及社会服务支持体系等有待于进一步健全和完善。作为一种正式制度的有益补充,企业内嵌于合作网络中的社会关系能够对企业的创新行为提供帮助和支持(Tortoriello and Krackhardt, 2010)[1]。良好的网络关系能够使成员间基于信息共享、利益均沾以及共同解决问题等机制提升彼此间的合作水平和关系品质,从而提升企业创新效率(Presutti 等, 2011;谢洪明等, 2014[2])。对科技中小企业而言,随着创新模式的开放化,企业往往需要大量资源的支持和外部伙伴的协同合作以保证商业模式创新的成功实施,频繁的互动有助于企业发现商业模式过程中的问题和不足,进而不断改进和完善,从而提升交易效率和减少成本,高质量的协作关系能够减少彼此的猜忌和隔阂,促进隐性知识交流和信息对称性提升,从而更有利于新颖型商业模式创新活动的开展。综上分析,提出以下假设:

假设2a:关系嵌入性对科技中小企业效率型商业模式创新有正向影响;

假设2b:关系嵌入性对科技中小企业新颖型商业模式创新有正向影响。

(一) 关系质量对商业模式创新的影响

关系质量是企业对与商业伙伴贸易往来过程中合作与互动关系的效果评价和情感认知(Holmlund, 2001)[3]。企业与网络成员之间良好的关系能够为相互间的合作与交流提供信任、满意和承诺的情感认知基础,有利于企业从关系网络中获取商业模式创新所必需的知识资源和非知识资源。高质量网络关系提供的信任基础,有利于长期稳定合作关系的形成和相互承诺合作文化的构建(Barney 和 Hansen, 1994)[4]。如果合作双方之间缺乏信任感,存在芥蒂,各方很容易陷入"囚徒困境"的博弈中(刘刚和王岚, 2014)[5],即利用彼此间信息的不对称以谋取个体利益最大化,从而导致合作双方的共同利益

---

[1] Tortoriello M, Krackhardt D. Activatingcross-boundaryknowledge: the role of simmellian ties in the generation of innovations [J]. Academy of Management Journal, 2010, 53 (1): 167-181.

[2] 谢洪明,张颖,程聪,等. 网络嵌入对技术创新绩效的影响:学习能力的视角 [J]. 科研管理, 2014, 35 (12): 1-8.

[3] M. Holmlund. The D&D Model - Dimensions and Domains of Relationship Quality Perceptions [J]. Service Industries Journal, 2001, 21 (3): 13-36.

[4] Barney J B, Hansen M H. Trustworthiness as a Source of Competitive Advantage [J]. Strategic Management Journal, 1994, 15 (S1): 175-190.

[5] 刘刚,王岚. 公平感知、关系质量与研发合作关系价值研究 [J]. 科研管理, 2014, 35 (4): 25-33.

遭受损害，并容易产生对彼此的不满，不利于合作双方关系的维系。

商业模式不仅是企业将产品和服务商业化的盈利逻辑及方式，也是企业与合作伙伴基于一定商业规则进行价值共创与表达的系统载体。科技中小企业是产品研发和服务创新的行为主体，其新产品和服务推向市场以实现商业化，则需要对商业模式进行改进和创新与之相配合。基于信任、满意和承诺的高质量的网络关系能够促进科技中小企业商业模式创新，主要通过以下几方面：第一，高质量网络关系能够降低知识保护主义倾向，促进深层次的信息交流和增强知识共享的意愿，特别是隐性知识的交流和分享，从而提升企业创新思维和能力。第二，能够提升企业与网络成员共同合作意愿，降低商业模式创新的失败风险。基于相互间的信任、理解、满意和承诺的情感认知是企业合作稳定、成功和获益的关键，促使企业能够以低成本、高效率的方式获取商业模式改进或创新过程中所需资源，能够降低彼此的机会主义倾向、逆向选择风险、道德风险等（刘刚和王岚，2014），减少合作过程中的冲突和障碍，使合作双方为了创造更多价值而共同努力，进而促进效率型商业模式创新。第三，高质量的网络合作关系还会促使企业合作伙伴推荐或吸引新的合作伙伴加入，逐步扩大企业的社会联系和认知范围。新合作伙伴为企业网络注入新的活力，有利于提供异质性的资源、全新的经营思维和商业理念，甚至能够为企业商业模式创新提供建设性意见，有助于企业进行新颖型商业模式创新。可见，关系质量对商业模式创新能够产生积极的影响。综上分析，提出以下假设：

假设 2a-1：关系质量对科技中小企业效率型商业模式创新有正向影响；

假设 2b-1：关系质量对科技中小企业新颖型商业模式创新有正向影响。

(二) 关系强度对商业模式创新的影响

关系强度反映了企业培养和构建与网络成员之间沟通、互动与合作等关系的频繁和密切程度。而这种基于关系强弱程度的网络嵌入性对企业商业模式创新具有积极的影响。

首先，强关系能够为商业模式创新提供思想源泉。曾萍等（2017）认为，供应商与顾客是构成企业价值网络和体系的关键节点，是企业通过调整或创新组织惯例和业务系统等方式进行商业模式创新的新价值创造理念的思想源泉[①]。因为企业与位于价值链上下游的供应商和顾客之间的频繁联系及互动，能够使企业获得更加丰富而又具有价值的商业信息，促使企业能够更加容易地洞察顾客的实际诉求和需要；通过与高校、科研机构以及第三方中介机构的频繁沟通与交流，有助于企业及时获取一些最新的商业知识和研究成果，甚至经过知识交流和思想碰撞，会迸发出商业灵感。科技中小企业通过这一系列过程能够加强和深化对商业活动或模式的理解及认识，可以逐步发现商业模式运营过程中存在的问题和不足，从而对其进行适当的调整和改善，甚至是进行颠覆式的变革和创新，进而提升企业交易效率，降低交易成本，甚至创造全新的价值，从而促进企业效率型和新颖型商业模式的创新。此外，科技中小企业与合作伙伴频繁互动，有助于挖掘潜在的新商业机会，产生知识溢出效应，能够为产品、服务以及商业模式的创新提供灵感和启发，为创造新价值提供新理念和新思想，从而有助于企业进行新颖型商业模式创新。

其次，强关系有助于企业之间相互了解。科技中小企业进行商业模式创新不仅需要新知识、新思想及新理念的启迪，而且需要众多资源特别是互补性和异质性战略资源的辅助以及合作伙伴的认可和支持。商业模式创新存在一定的失败风险和盈利的不确定性，在某种程度上会损害企业与合作方的利益关系从而影响合作伙伴共同参与商业模式创新的积极性。与大企业相比，科技中小企业规模小、实力较弱，注重创新，与合作伙伴的强互动关系，有助于增进合作伙伴对企业的了解，提升合作伙伴对企业商业模式创新行为的认知、理解和支持，甚至会吸引合作伙伴积极地参与到商业模式创新中，促进企业商业模式创新的成功。此外，企业与网络成员频繁互动，有助于减少相互之间在合作过程中的磨合期，甚至形成一定的合作机制，提升合作双方默契感、沟通与合作效率，从而有效地发挥"1+1>2"的协同效应，通过高效率和低成本的运作方式满足企业创新过程中的资源需求，进而减少交易成本和管理成本，对企业效率型商业模式创新具有积极的影响。综上分析，提出以下假设：

假设2a-2：关系强度对科技中小企业效率型商业模式创新有正向影响；

假设2b-2：关系强度对科技中小企业新颖型商业模式创新有正向影响。

---

① 曾萍，陈书伟，孙奎立. 企业社会资本与商业模式创新：机制与路径研究[J]. 财经论丛（浙江财经大学学报），2017（2）：85-94.

第二节 动态能力对网络嵌入性与商业模式创新关系的影响

外部环境日益动态复杂,对企业快速适应环境的能力提出了更高的要求。对科技中小企业而言,社会网络能够为企业能力塑造和提升奠定重要的资源基础,而企业能力的提升又可以为商业模式创新提供强大的能力支撑。可见,企业能力在网络嵌入性与商业模式创新之间起着至关重要的作用。动态能力是企业动态适应环境和保持竞争优势的一种高阶能力。本节探讨动态能力在网络嵌入性与科技中小企业商业模式创新之间所起的作用。

一、网络嵌入性对动态能力的影响

拥有大量而又丰富的资源是企业开发、培养和增强自身能力的前提和基础(Luo,2000)[①]。然而,企业自身并非能够拥有培养和构建动态能力所需的全部资源,需要通过市场交易、组织内部交换以及其所嵌入的介于市场和组织之间的网络合作等途径获取。企业所嵌入网络不同的结构特性会对资源的获取、整合和重构产生差异化的影响(Soh,2010)[②]。拥有网络结构优势的企业能更容易地获得具备异质性和非冗余特征的信息、知识、技术等资源,进而会促进企业动态能力的构建、培养和提升。田红云等(2016)认为,中小企业开放式创新过程中外部知识的搜索和吸收很大程度上取决于企业与周围创新网络中各个节点企业间的关系。杜健等(2011)通过探索性案例研究发现,企业网络嵌入性对基于知识的动态能力(包括知识获取能力和整合能力)

[①] Luo Y. Dynamic capabilities in international expansion [J]. Journal of World Business,2000,35(4): 355-378.

[②] Soh P H. Network patterns and competitive advantage before the emergence of a dominant design [J]. Strategic Management Journal,2010,31(4): 438-461.

具有显著的正向影响①。企业动态能力不仅受到所处网络结构特征的影响，而且受到内嵌于网络结构中的社会关系的影响。因此，要从结构嵌入性和关系嵌入性分别探讨它们对动态能力的影响。

（一）结构嵌入性对动态能力的影响

Acquaah（2007）认为，企业社会资本的结构维基于社会网络能够为企业提供一个跨越组织边界的获取、整合以及配置信息和资源的结构化平台②。企业占据或拥有具备优势的网络位置和结构，有利于企业以比竞争对手更快捷、更方便、更低廉的方式获取和整合资源和能力，从而为企业动态能力的培育和提升奠定基础。董保宝（2012）认为，网络结构能够通过动态能力的中介作用影响企业竞争优势。科技中小企业由于具有规模小、资源缺乏，使企业快速识别和利用外部机会受到限制，但如果企业拥有更多的网络联系、异质化的合作伙伴以及占据更加优势的网络位置或结构，可以在某种程度上弥补自身的局限性，从而为企业构建和提升动态能力提供帮助。结构嵌入性能够对企业动态能力产生积极影响。综上分析，提出以下假设：

假设3：结构嵌入性对科技中小企业动态能力有正向影响。

1. 网络规模对动态能力的影响

Døving 和 Gooderham（2008）认为，企业跨组织间联系的多样性和范围有助于企业从中获得一系列不同的能力、资源以及源自不同途径的相关信息③。然而，孤立的企业或外部联系相对单一的企业往往难以适应外部动态复杂的环境。曾萍等（2013）认为，企业通过广泛和深入的社会联系，能够获得广泛、及时、相关且高质量的信息资源。网络规模越大，企业所处网络中的社会关系和网络资源越丰富，这往往为企业提供了感知市场需求变化、洞悉行业发展规律、了解和学习新技术以及快速整合资源以应对环境变化过程中所需知识和资源的重要渠道。

---

① 杜健，姜雁斌，郑素丽，等. 网络嵌入性视角下基于知识的动态能力构建机制 [J]. 管理工程学报，2011, 25（4）: 145-151.

② Acquaah M. Managerial social capital, strategic orientation, and organizational performance in an emerging economy [J]. Strategic Management Journal, 2007, 28（12）: 1235-1255.

③ Døving E, Gooderham P N. Dynamic capabilities as antecedents of the scope of related diversification: the case of small firm accountancy practices [J]. Strategic Management Journal, 2008, 29（8）: 841-857.

与大企业相比，科技中小企业由于自身资源和能力的局限性，例如资金缺乏、核心能力和资源不足等，均成为限制企业动态能力培养和提升的障碍。为满足自身能力建设需求，获取和有效配置外部资源已经成为中小企业实现快速成长过程中重要任务之一。科技中小企业的网络规模越大，拥有感知和获取信息的途径或渠道就越多，越有助于提升企业对外部环境的感知能力；越有机会与更多网络进行互动和合作，不仅能够得到其帮助来直接培育和提升企业的动态能力，而且能够在合作过程中获得更多有价值的、异质性的知识和信息，不断丰富企业知识库，提升企业学习和吸收新知识的能力；网络中所蕴含的网络资源越多，企业可供选择的资源渠道也越多，讨价议价的能力越强，从而有助于企业以低成本和高效率的方式获取和配置资源，从而提升企业资源整合能力。总之，网络规模越大，对科技中小企业动态能力的培育和提升影响就越大。综上分析，提出以下假设：

假设 3a：网络规模对科技中小企业动态能力有正向影响；

假设 3a-1：网络规模对科技中小企业感知能力有正向影响；

假设 3a-2：网络规模对科技中小企业整合能力有正向影响；

假设 3a-3：网络规模对科技中小企业学习能力有正向影响。

2. 网络中心性对动态能力的影响

网络中心性反映了某个企业趋近网络中心位置或占据核心地位的程度，这将直接影响企业能否在短时间内接触、获取、整合和应用有价值的信息、知识和资源。与其他处在网络边缘的企业相比，越趋近网络中心位置的企业在知识获取、整合和溢出方面越具有优势（Powell，1996）[1]。Aalbers 等（2013）认为，越趋近网络中心越有利于获取和整合网络中其他成员分享的知识以及新技术，甚至更加有能力支配网络中的资源[2]。阮爱君等（2014）从知识网络视角研究认为，网络中心性较高的企业通常是知识的集散地，对网络中知识的获取和转移拥有较强的主动性，因此，对企业获取和掌握外部新知识

---

[1] Powell W W. Interorganizational Collaboration and the Locus of Innovation：Networks of Learning in Biotechnology [J]. Administrative Science Quarterly，1996，41（1）：116-145.

[2] Aalbers R，Dolfsma W，Koppius O. Individual connectedness in innovation networks：On the role of individual motivation [J]. Research Policy，2013，42（3）：624-634.

的学习能力具有正向影响①。根据资源基础观，网络中心性高的企业较容易获得和支配网络中的战略资源，从而便于企业能力构建和培养。

科技中小企业只有通过不断整合和有效利用外部网络资源，努力培育和提升适应外部环境的动态能力，才能不断成长和实现可持续发展。越趋近网络中心位置的科技中小企业越有助于企业同网络成员进行互动、交流与合作，能够从网络中获取丰富的、有价值的信息，有利于企业洞悉外部环境变化，了解行业发展趋势，发现和挖掘市场机会和威胁，从而提升企业感知能力；在相同情况下，企业的中心度越高，越具有较高的网络权利、社会地位以及声誉等，越能促进知识在成员间的流动和转移（陈莞等，2016）②，能够与网络成员形成更高层次的合作、友谊和信任，进而促进隐性知识的转移（漆文璐和蒋军锋，2015）③，使企业外部新知识与内部知识进行交叉、碰撞和融合，不断拓展企业知识基的深度和广度，从而提升企业对新知识的学习能力；网络中心性高的企业往往起到联结网络成员的桥梁作用，需要处理和协调更加复杂的网络关系，通过不断与众多网络成员的互动和摩擦，便于企业熟悉网络成员特性、协调彼此间的关系以及积累应对和处理突发状况的经验，能够提高企业协调和整合外部网络关系及资源的能力，从而提升企业整合能力。综上分析，提出以下假设：

假设 3b：网络中心性对科技中小企业动态能力有正向影响；

假设 3b-1：网络中心性对科技中小企业感知能力有正向影响；

假设 3b-2：网络中心性对科技中小企业整合能力有正向影响；

假设 3b-3：网络中心性对科技中小企业学习能力有正向影响。

3. 网络异质性对动态能力的影响

网络异质性是用来表征企业网络中成员差异化属性的重要指标。高异质性的网络则体现网络成员在类型、归属地、文化以及认知等方面的属性存在较大的差异，表明企业网络中蕴含着丰富的差异化资源。根据资源基础观，

---

① 阮爱君，卢立伟，方佳音. 知识网络嵌入性对企业创新能力的影响研究——基于组织学习的中介作用 [J]. 财经论丛（浙江财经大学学报），2014，179（3）：77-84.

② 陈莞，郑淑燕，熊娟. 区域社会资本、网络中心性与企业技术创新能力关系的实证研究 [J]. 福建论坛（人文社会科学版），2016（4）：17-24.

③ 漆文璐，蒋军锋. 企业位构与创新类型：网络特征调节下的分析 [J]. 科学学与科学技术管理，2015（5）：115-125.

资源是企业构建和培养能力的基础，对企业成长和发展过程中的能力提升及演化具有非常重要的作用（Eisenhardt 和 Martin，2000），网络异质性对企业能力具有潜在的影响。马鸿佳等（2008）研究发现，外部资源的获取，特别是稀缺的、难以模仿的、有价值的资源，有助于企业动态能力的培养和提升，是企业塑造竞争优势的关键[1]。网络异质性越高，网络内在差异化的资源越丰裕，企业通过外部网络获取满足企业培育和构建动态能力的关键和互补性资源需求的可能性或机会越大，即网络异质性为企业塑造自身动态能力提供一定的资源基础。

科技中小企业网络异质性越高，意味着能与更多差异化或异质性的网络成员进行互动与合作。首先，科技中小企业能够通过互动、沟通、合作等多种途径获取差异化、非冗余的信息，能够有效拓宽企业视野和认知范围，广泛了解和把握市场动向、行业趋势、顾客偏好等情况，提升企业感知能力。其次，异质性网络能够提供差异化或互补性的资源。张旭锐等（2015）认为，网络成员异质性较高时，网络资源间的跨度较大，从而有利于企业通过网络异质性克服资源的限制，增强企业对社会资源的控制能力和接触更多差异化的信息[2]。网络异质性越高，越有利于科技中小企业快速搜寻、获得、整合和配置所需资源以满足企业快速发展和成长需求，从而提升企业整合能力。最后，网络异质性较高，则蕴含着越多的新颖或差异化的知识和信息，增大了企业跨界搜寻知识的范围，甚至可能会超出企业自身的认知范围，这就促使企业在与异质性伙伴接触和合作过程中不断学习、吸收和消化新知识，从而内化为企业自身能力，促使企业学习能力的提升。因此，网络异质性对科技中小企业动态能力具有积极促进作用。综上分析，提出以下假设：

假设3c：网络异质性对科技中小企业动态能力有正向影响；

假设3c-1：网络异质性对科技中小企业感知能力有正向影响；

假设3c-2：网络异质性对科技中小企业整合能力有正向影响；

假设3c-3：网络异质性对科技中小企业学习能力有正向影响。

---

[1] 马鸿佳，葛宝山，汤浩瀚．科技型创业企业资源获取与动态能力关系的实证研究［J］．科学学与科学技术管理，2008，29（11）：139-143．

[2] 张旭锐，张颖颖，李勃．网络异质性、外部知识整合与探索式创新绩效——基于陕西省孵化企业的实证分析［J］．科学决策，2015（11）：51-65．

（二）关系嵌入性对动态能力的影响

李金凯和刘钒（2015）基于交易成本视角认为，小微企业能够通过外部网络关系中的合作伙伴那里以更低的成本对资源和信息收集、整合和协调配置，有助于提升企业动态能力[①]。特别是对中国企业而言，中国是一个非常注重彼此之间人际关系的"人情社会"，其关系型文化能够对企业相互间的资源整合、贸易往来、交流合作等经济行为产生潜移默化的影响。作为一种正式制度的代替，社会网络关系有助于企业及时获取互补性、非冗余和稀缺性的战略资源，从而使企业能够规避或减少由政策、技术以及市场需求变化所引起的外部环境改变而带来的不确性或冲击（Xin and Pearce，1996）[②]，从而增强企业环境适应能力。企业通过网络关系，不断提升企业获取、整合和重构内外部资源的能力，是企业动态能力培育和提升的核心过程。对科技中小企业而言，无论是基于经济还是基于社交形成的网络关系，都是企业发展过程中不可或缺的资源，特别是高质量和高互动的关系嵌入性能够为企业在培育动态能力过程中提供更具隐性和价值性的战略资源，对企业动态能力具有积极的正向影响，综上分析，提出以下假设：

假设4：关系嵌入性对科技中小企业动态能力有正向影响。

1. 关系质量对动态能力的影响

王建军和陈思羽（2016）认为，企业间良好的关系质量能够促使彼此之间相互信任与了解、密切交流、信守承诺、共享利润和承担风险、协同解决冲突等[③]。Luo等（2012）指出，企业家拥有的个人网络关系质量越好，说明彼此相互信任程度越高，越有助于网络成员之间资源的有效整合和合作意向的快速达成，从而提升企业在动态环境中的适应能力。王辉等（2012）基于对供应链间关系质量研究发现，关系质量对潜在吸收能力具有正向影响[④]，即高关系

[①] 李金凯，刘钒. 网络嵌入性对小微企业动态能力的驱动效应研究[J]. 科学决策，2015（10）：82-94.

[②] Xin K K, Pearce J L. Guanxi: Connections as substitutes for formal institutional support [J]. Academy of Management Journal, 1996, 39 (6): 1641-1658.

[③] 王建军，陈思羽. 创新、组织学习能力与IT外包绩效关系研究：关系质量的中介作用[J]. 管理工程学报，2016，30（2）：28-37.

[④] 王辉，张慧颖，吴红翠. 供应链间关系质量对知识吸收能力和企业合作创新绩效的影响研究[J]. 统计与信息论坛，2012，27（11）：99-105.

质量有利于企业对外部网络中新知识的识别、学习、消化与吸收。高质量的网络关系有助于奠定彼此的信任基础，便于进行跨组织的、更深层次的互动和交流，能够丰富企业获取知识、技术和信息等资源的渠道，促进机会、经验、技术、知识等以信息流的形式在网络间的流动和扩散，有助于增强企业外部市场机会感知、资源整合与释放以及知识学习与吸收的能力（谢洪明等，2014）。

根据资源基础观，科技中小企业动态能力的构建和培养源自异质性战略资源的支持。然而，科技中小企业规模小、资本缺乏，自身所拥有的资源难以构建和提升企业动态能力以增强环境适应性，必须通过外部网络关系来获取和整合内外部资源和能力。科技中小企业依靠高质量的网络关系，不仅能够快速寻找到愿意与之合作的网络成员，帮助其培育和提升动态能力，而且能够以较低的成本获取异质性和互补性的资源，为企业培育和提升动态能力奠定资源基础。高质量的网络关系能够使合作成员更愿意与企业分享有价值的市场信息，包括市场机会或风险等，从而提升企业对外部环境变化的感知能力；有利于搭建畅通的交流和互动平台，减少相互猜忌和隔阂，促使成功经验、惯例、技巧以及知识（特别是隐性知识）等深层次的交流（徐可，2015），不断提升企业对新知识的学习能力；有助于减少企业与网络成员合作过程中的矛盾、冲突以及基于机会主义的推诿和懈怠，促使网络成员之间能够积极地展开协调与合作，提升企业在合作过程的运营效率，快速获取、整合和利用内外部资源和能力，有利于企业整合能力的提升。综上分析，高质量网络关系对科技中小企业动态能力的培育和提升有正向影响。提出以下假设：

假设4a：关系质量对科技中小企业动态能力有正向影响；

假设4a-1：关系质量性对科技中小企业感知能力有正向影响；

假设4a-2：关系质量对科技中小企业整合能力有正向影响；

假设4a-3：关系质量对科技中小企业学习能力有正向影响。

2. 关系强度对动态能力的影响

关系强度反映了企业与网络合作群体之间沟通、交往与互动的频率与密切程度（Levin 和 Cross，2004）[①]。尹苗苗和蔡莉（2010）通过对创业网络研

---

① Levin D Z, Cross R. The Strength of Weak Ties You Can Trust: The Mediating Role of Trust in Effective Knowledge Transfer [J]. Management Science, 2004, 50 (11): 1477-1490.

究发现，无论是个体还是组织的网络强度，都有利于新创企业通过低成本和高效率方式获取各种资源来增强动态环境适应性，进而提升企业动态能力。企业网络关系越强，则处于网络中的合作群体之间沟通与交流的机会越多，一方面能够加快信息和知识在网络间的流动和扩散，有助于减少相互间信息不对称情况的发生，从而提升企业对潜在机会的识别和把握能力；另一方面能够产生知识溢出效应，促使企业从中学习和吸收有价值的新知识，进而增强企业对新知识的学习能力。频繁的互动和交流能够让企业与网络成员之间相互熟悉彼此的行为模式和运营惯例，提升沟通和交流的效率和水平，减少彼此间合作过程中的摩擦或障碍，有助于加快企业对内外资源的协调和整合，从而能够提升企业的整合能力。特别是对经常开展互动和合作的网络成员而言，彼此基于共同目的、愿景或利益往往会形成一个利益共同体。当外部存在商业机会时，彼此间能够基于以往成功的合作经验快速达成合作意向，并以高效率的方式整合资源和能力展开合作，当外部存在潜在威胁或危机时，彼此之间倾向于通过合作或相互扶持的方式以共同规避潜在风险和摆脱现有危机，从而提升对环境适应的动态能力。

对科技中小企业而言，保持定期或加强与合作伙伴的沟通与互动以提升关系强度，既是企业构建和保持与合作伙伴良好关系的重要途径，也是构建和培育企业动态能力的重要方式。科技中小企业往往具有以创新性、敢于承担风险和先动性为主要特点的创业精神，而这种精神能够促使企业密切的网络关系转化为企业的动态能力（尤成德等，2016）[1]，网络关系强度对科技中小企业的动态能力培育和提升具有重要作用。与弱关系相比，强关系往往更有利于企业从网络中识别潜在机会和威胁，从而能够及时采取相应的行动以应对环境变化（Uzzi，1997）[2]。科技中小企业与顾客积极的沟通，能够及时和准确地把握顾客偏好、产品或服务的不足以及市场需求变化，从而提升企业感知能力，进而研发、改进和提供相应的新产品和服务，成为企业成长过程中捕捉机会的重要来源；与上下游企业、同行业企业之间频繁交流与合作，

---

[1] 尤成德，刘衡，张建琦. 关系网络、创业精神与动态能力构建 [J]. 科学学与科学技术管理，2016，37（7）：135-147.

[2] Uzzi B. Social Structure and Competition in Interfirm Networks: The Paradox of Embeddedness [J]. Administrative Science Quarterly，1997，42（1）：35-67.

能够快速了解行业动态和预测未来发展趋势，增强企业学习能力和整合能力，及时获取和吸收最新知识，迅速整合和配置资源，从而提升企业战略柔性和反应能力，以快速应对环境变化。综上分析，网络关系强度对科技中小企业动态能力具有积极的影响。提出以下假设：

假设4b：关系强度对科技中小企业动态能力有正向影响；

假设4b-1：关系强度对科技中小企业感知能力有正向影响；

假设4b-2：关系强度对科技中小企业整合能力有正向影响；

假设4b-3：关系强度对科技中小企业学习能力有正向影响。

二、动态能力对商业模式创新的影响

Najmaei（2011）认为，商业模式创新是一个基于高阶能力应对商业环境变化影响的战略过程[①]。动态能力是企业根据外部环境变化动态整合、构建和重构内外部资源和能力的胜任力（Teece，2007），是一种能够改变和重置企业实质能力的高阶能力，能够以最佳的方式促进组织具体目标的完成。而在这一过程中所形成的位势组合以及"创造性破坏"是企业商业模式创新的主要来源（周飞、孙锐，2016）。具备较强动态能力的企业能够通过整合外部资源和能力以发现创新机会，同时通过内部资源整合和组织结构重构来解决企业创新难题（吴航，2015）。动态能力有助于企业克服组织运营过程中的惯例和能力刚性，通过对内外部资源和能力的动态协调、整合和配置，创造出难以被竞争对手所模仿的新组合方式，形成一种随环境变化而改变的自适应系统（Bowman 和 Ambrosini，2003）[②]。

综上所述，动态能力对科技中小企业商业模式创新的促进作用主要体现在以下几方面：首先，拥有较强动态能力企业能够更好地协调、整合和重构企业资源和能力，进而突破企业原有运营流程、惯例和架构体系，诱发企业原有商业模式某个或部分构成要素改变，并推进其他构成要素协同演进，促

---

① Najmaei A. Dynamic business model innovation：an analytical archetype [C] //International Conference on Information and Financial Engineering（págs. 165–171）. Singapore：IACSIT Press. 2011.

② Bowman C，Ambrosini V. How the Resource - based and the Dynamic Capability Views of the Firm Inform Corporate - level Strategy [J]. British Journal of Management，2003，14（4）：289–303.

使效率型商业模式创新。其次，拥有较强动态能力的企业能够更快速、更敏锐地识别市场需求和机遇，整合和重构资源和能力以设计、生产和销售新产品和服务，随之需要变革和更新的商业模式与之相匹配，从而更好地把握市场机遇和迎合市场需求，促进新颖型商业模式创新。最后，企业主动进行商业模式创新需要动态能力的支持。商业模式创新是企业参与市场竞争的重要手段，拥有较强动态能力的企业能够通过资源和能力的优化配置、流程和惯例的改进和重构等方式对企业商业模式进行再设计和创新，通过提升其运营效率和效果来更好地应对外部竞争。总之，企业动态能力能够对商业模式创新具有积极的作用。综上分析，提出以下假设：

假设5-1：动态能力对科技中小企业效率型商业模式创新有正向影响；

假设5-2：动态能力对科技中小企业新颖型商业模式创新有正向影响。

（一）感知能力对商业模式创新的影响

George 和 Bock（2011）认为，商业模式是企业将已识别的机会转化为实际绩效的重要手段。新商业机会的识别是企业进行商业模式创新以实现企业价值增值或提高经营绩效的重要前提和基础，也是反映企业感知能力强弱的直接表现。而感知能力是企业识别、挖掘和开发新的商业机会的潜在能力，是企业获取先机和主动实施创新行为的源泉。拥有较强感知能力的企业在变化无常的环境中能够快速、准确地发现、识别和把握潜在的机会和威胁。张越和赵树宽（2014）认为，外部环境变化引发的潜在机会和满足潜在的市场需求以提升企业价值是商业模式创新的最终目的[①]。商业模式是将潜在商业机会变为实际利润的重要手段和途径之一。Johnson 等（2008）认为，企业需要对原有的商业模式进行动态调整或重新设计以匹配或捕获新的商业机会[②]。张红和葛宝山（2016）通过探索性案例研究发现，机会识别会促进商业模式创新，并强化以效率为核心的商业模式设计。

科技中小企业往往具有较强的创业精神，不断寻求和探索市场的潜在机会。其成长是在不断识别机会、挖掘机会和利用机会的过程中实现动态发展。

---

① 张越，赵树宽. 基于要素视角的商业模式创新机理及路径 [J]. 财贸经济，2014，35（6）：90-99.

② Johnson M W, Christensen C M, Kagermann H. Reinventing your business model [J]. Harvard business Review，2008，86（12）：57-68.

科技中小企业对外部环境的感知能力越强，越容易搜寻、捕捉和获取有价值的信息（包括新技术、新创意、新理念、新商机等能够引发企业进行商业模式改进与变革的创新因素），能够更容易地从中敏锐地察觉到隐藏在市场环境中的新商业机会。然而，商业机会本身并不能够为企业直接带来价值，而是通过一系列的价值创造活动——商业模式设计、改进和创新等将潜在的商业机会外显化，并转化企业的盈利方式。企业为了开发利用已识别的新商业机会和增强竞争优势，一方面，可以通过优化和更新商业活动系统内容、治理和结构，以此实现高效、便捷、低成本的方式获利（Amit 和 Zott，2001）；另一方面，可以建立新的交易关系、引入新合作伙伴和构建新的交易规则等途径打造全新的盈利模式。总之，对科技中小企业而言，企业就是在不断挖掘潜在的商业机会，研发和创新高科技产品和服务，并动态调整、设计或创新商业模式与已识别的新商业机会相匹配，从而不断实现营利和茁壮成长。综上分析，科技中小企业感知能力对商业模式创新具有积极的促进作用。

假设 5a-1：感知能力对科技中小企业效率型商业模式创新有正向影响；

假设 5b-1：感知能力对科技中小企业新颖型商业模式创新有正向影响。

（二）学习能力对商业模式创新的影响

刁玉柱和白景坤（2012）认为，作为企业静态异质性资源要素的技术只是企业动态学习的产物之一，而企业学习能力和由此而获得的知识才是促进企业进行商业模式创新的重要力量[①]。Bessan 等（1996）指出，组织学习是企业进行组织改进、变革和创新的过程中重要组成部分，能够使企业在不断学习过程中掌握新知识、获取灵感或启发以及改变经营理念，最终成为企业实施创新行为的原动力。在动态复杂的环境下，企业需要根据市场变化、技术变革和行业发展趋势及时调整已有认知模式或心智模式。这就需要组织提升学习能力，使企业能够快速积累新知识和学习经验，不断推进组织创新，并适时地为商业模式创新提供策略性的方向（易加斌等，2015）。

科技中小企业属于知识密集型企业，技术、专利、产品以及服务等科技含量较高，信息和知识在企业内部的流动性的频率和速度要远远高于非知识

---

① 刁玉柱，白景坤. 商业模式创新的机理分析：一个系统思考框架[J]. 管理学学报，2012，9（1）：71.

密集型企业，对新知识、新技术以及新创意等新鲜事物的理解能力、学习能力和接受能力相对较强。Zahra 等（2006）研究认为，任何企业（包括新创企业和成熟企业）都要积极地采取恰当的组织学习方式（如试验、干中学、试错等）来快速应对外部环境的变化[①]。科技中小企业的学习能力越强，越容易学习、掌握、吸收并消化新知识，并能够由此而产生新想法或创意、新产品或服务、新过程等，从而提升商业模式创新活动的效率和效能，促使企业商业模式更好地适应外部环境（谢洪明和韩子天，2005）[②]。一方面，可以进行开发式学习，即在旧知识体系和规则中不断深入探索和挖掘新东西，并以此对原有商业模式各组成要素进行动态调整和改进，从而进行开发式创新。另一方面，可以进行探索式学习，特别是当原有知识体系和规则已无法满足竞争需求时（如外部环境发生突变或市场处于完全竞争状态等），企业需要进行突破传统的探索性学习（March，1991）[③]，重新构建知识架构和体系，以此对原有商业模式进行彻底变革或颠覆性的创新，从而打造全新的商业模式以提升企业竞争力，而这一过程也需要企业不断地学习，通过干中学、探索、试错等方式，以确保新构建的商业模式顺利地实施和运行。总之，企业的学习能力对商业模式创新具有积极的促进作用，综上分析，提出以下假设：

假设 5a-2：学习能力对科技中小企业效率型商业模式创新有正向影响；

假设 5b-2：学习能力对科技中小企业新颖型商业模式创新有正向影响。

（三）整合能力对商业模式创新的影响

虽然处于同一行业内的创新型企业可能对外部环境的感知能力存在相似性，但是在内外部资源整合和重构能力方面存在明显的差异性（Jantunen 等，2012）。这就决定了企业动态适应外部竞争环境能力的不同。由于资源有限性假设，企业在发展和创新过程中不可能拥有所需的一切资源，包括资金、知识、人力、物力等。刘广等（2005）认为，整合能力是各种能力要素按照一定逻辑关系建构而形成的能力系统，对企业进行有效率、效益的协调以及整

[①] Zahra S A, Sapienza H J, Davidsson P. Entrepreneurship and dynamic capabilities: A review, model and research agenda [J]. Journal of Management Studies, 2006, 43 (4): 917-955.

[②] 谢洪明，韩子天. 组织学习与绩效的关系：创新是中介变量吗？——珠三角地区企业的实证研究及其启示 [J]. 科研管理, 2005, 26 (5): 1-10.

[③] March J G. Exploration and exploitation in organizational learning [J]. Organization Science, 1991, 2 (1): 71-87.

合资源和能力发挥着重要作用①。当同一行业领域内的企业同时感知到外部的潜在商业机会时，拥有较强整合能力的企业往往能够以优于竞争对手的速度和效率对内外部资源和能力进行有效整合和重构，以此抢先捕获和利用商机，并能够快速地完成创新和实现自身发展，切实增强企业竞争力。因此，企业必须培养和具备能够而且善于整合及重构内外部资源的能力，只有这样才能更好地满足自身发展、创新过程中的资源和能力需求。

商业模式创新是需要对企业内外部资源和能力进行积累、协调、整合和匹配的一项系统性价值创造活动，甚至需要企业整个运营流程的变革和创新与之相配合（Zott等，2011）。Gambardella和McGahan（2010）认为，企业内部异质性战略资源和能力的积累、整合、协调、匹配对商业模式的成功实施具有关键作用②。李敏和李涛（2007）通过案例研究发现，中国制造企业基于整合能力实现价值增值主要包括高技术、营销创意以及品牌三种途径，这需要依赖于网络成员集体行为、全球信息和关键资源的沟通与共享，以及全球区位资源和能力的有效组合。李随成和武梦超（2016）通过实证研究发现，基于供应商的纵向整合能力对制造业企业的渐进式和突破式创新都有正向影响。整合能力作为动态能力核心维度之一，能够通过对资源和能力的获取、整合，优化配置来改进企业商业运营流程，突破企业原有运营惯例，优化组织结构和改善过程控制机制，从而有利于企业运营效率的提升和创新活动的实施（庞长伟等，2015）③。

科技中小企业对信息、专利和技术等具有高知识含量资源的整合能力，主要反映在企业对关键性高知识含量资源的识别、搜索、整合与应用的能力，能够有效地增强这种资源的价值转化效率（Pisano，2010）④。企业的知识流、信息流、价值流等只有经过互动匹配，才能提升对外部环境的适应，进而推

---

① 刘广，吴贵生，王毅. 基于事件驱动法的组织整合能力与技术整合能力演化关系研究：以海尔为例［J］. 软科学，2005，19（6）：1-3.

② Gambardella A, McGahan A M. Business-model innovation: General purpose technologies and their implications for industry structure［J］. Long Range Planning, 2010, 43（2）: 262-271.

③ 庞长伟，李垣，段光. 整合能力与企业绩效：商业模式创新的中介作用［J］. 管理科学，2015（5）：31-41.

④ Pisano G P. Knowledge, Integration, and the Locus of Learning: An Empirical Analysis of Process Development［J］. Strategic Management Journal, 2010, 15（S1）: 85-100.

动商业模式的创新（李长云，2012）①，而这一匹配过程的效率和效果往往取决于企业整合能力的强弱。科技中小企业由于规模较小、资本实力较弱，受到资源有限性的约束较强，因此企业实施创新和快速成长过程中会遇到巨大障碍。然而，拥有较强整合能力的企业会积极地以更有效、更加快捷的方式整合和配置企业内外部资源，通过改进商业系统运营流程以提升企业运营效率，优化交易渠道以降低交易成本，或通过引入新的战略合作伙伴、构建全新的交易机制来探寻适合企业成长的新方式。企业整合能力能够对商业模式创新具有积极的影响。综上分析，提出如下假设：

假设5a-3：整合能力对科技中小企业效率型商业模式创新有正向影响；
假设5b-3：整合能力对科技中小企业新颖型商业模式创新有正向影响。

三、动态能力对网络嵌入性与商业模式创新关系的中介作用

企业资源的获得主要通过企业内部和外部网络两种途径。对科技中小企业而言，规模小、资源匮乏等不利因素严重限制了企业通过内部获取必要资源来塑造企业能力，而嵌入外部网络成为科技中小企业获取互补性、异质性资源以培养自身能力至关重要的途径。不同的网络嵌入性会对企业在网络中获取资源的种类、数量、质量等产生不同程度的影响，进而对企业动态能力的形成和提升产生差异化影响。动态能力是企业动态感知外部环境变化，适时构建、整合、改变企业资源和实质能力基础，促使企业惯例不断演化以适应环境的能力。商业模式创新需要企业及时调整和配置资源，克服企业原有运营惯例，改善交易方式，提升交易效率和降低交易成本，以实现价值增值或者是创造新价值，动态能力在这一过程中发挥着重要作用。企业通过感知和识别外部机会、整合内外部资源和一定学习机制，将外部新知识内化为企业能力，进而对原有商业模式构成要素改善或者是重构，推进商业模式创新。可见，动态能力在网络嵌入性和商业模式创新之间起着桥梁作用，即企业网络嵌入性通过作用于动态能力，进而影响企业商业模式创新。

---

① 李长云. 创新商业模式的机理与实现路径 [J]. 中国软科学，2012（4）：167-176.

(一) 动态能力对结构嵌入性与商业模式创新关系的中介作用

企业创新思想和灵感既可以源自企业内部,也可以来自企业外部。特别是在开放式创新背景下,科技中小企业更注重的是从外部网络获取所需的创新设想和创新资源,这也是弥补企业内部资源匮乏的有效途径之一(Caloghirou 等,2004)[①]。企业网络结构嵌入性不同,对企业获取关键资源以培养和构建动态能力的作用也不同,进而影响到企业商业模式创新。网络规模越大,意味着企业建立的正式组织和非正式组织的联系越多,企业获取资源的渠道越多,其中蕴含的网络资源也就越丰富,包含冗余和非冗余的资源和信息;网络异质性越高,企业网络成员类型越呈现多元化,有利于企业从客户、供应商、政府、高校及科研机构及其他第三方机构等多元主体那里获得差异化、互补性的资源和信息;网络中心性越高,占据的结构洞越多,网络位置更具优势,甚至拥有更多的网络权利(Zaheer 和 Bell,2005)[②],获得高质量、有价值的信息和资源的机会越大。因此,企业网络规模越大,异质性越高,越趋近网络中心,越有利于企业及时了解外部环境变化和获取所需知识和资源,有助于企业培养和提升动态能力。

科技中小企业通过结构嵌入性提升动态能力,进而能够快速感知外部机会、有效整合和配置基础资源和能力,以动态调整或突破企业运营惯例,将新知识和新理念融入企业商业模式中,对原有商业模式进行改进和完善实现价值增值,动态能力在企业结构嵌入性与商业模式创新之间起着一定的衔接作用。综上分析,提出以下假设:

假设 6a:动态能力在科技中小企业结构嵌入性与效率型商业模式创新之间起中介作用;

假设 6b:动态能力在科技中小企业结构嵌入性与新颖型商业模式创新之间起中介作用;

假设 6a-1:动态能力在科技中小企业网络规模与效率型商业模式创新之间起中介作用;

---

① Caloghirou Y, Kastelli I, Tsakanikas A. Internal capabilities and external knowledge sources: complements or substitutes for innovative performance? [J]. Technovation, 2004, 24 (1): 29-39.

② Zaheer A, Bell G G. Benefiting from network position: firm capabilities, structural holes, and performance [J]. Strategic Management Journal, 2005, 26 (9): 809-825.

假设 6b-1：动态能力在科技中小企业网络规模与新颖型商业模式创新之间起中介作用；

假设 6a-2：动态能力在科技中小企业网络中心性与效率型商业模式创新之间起中介作用；

假设 6b-2：动态能力在科技中小企业网络中心性与新颖型商业模式创新之间起中介作用；

假设 6a-3：动态能力在科技中小企业网络异质性与效率型商业模式创新之间起中介作用；

假设 6b-3：动态能力在科技中小企业网络异质性与新颖型商业模式创新之间起中介作用。

（二）动态能力对关系嵌入性与商业模式创新关系的中介作用

企业经营行为嵌入社会网络之中，蕴含其中的社会关系是企业重要的社会资本。关系嵌入性的两个维度——关系强度和关系质量，反映了企业与网络成员之间的关系属性，例如互动程度、信任、承诺以及共同解决问题等。强关系表明企业与网络成员之间互动频繁和密切。中国文化背景下的网络强关系是有用信息的主要来源（边燕杰，1999；辛晴、杨蕙馨，2012[①]）。Dyer 和 Nobeoka（2000）通过对丰田公司的案例研究发现，合作成员间强关系能够提升合作水平，便于企业关键技术和市场信息的获取[②]。可见，强关系是企业通过网络成员获取资源的重要属性。对于科技中小企业而言，强关系是企业获得新技术、专利、信息等知识密集型战略资源及其他互补性资源以构建动态能力的基础。强关系有助于提升知识和资源在网络成员间交流和传递的频率、效率和可靠性，进而提升企业对外部环境变化的感知能力、新知识和技术的消化吸收能力以及各种价值资源的整合与配置能力。良好的关系质量反映了企业与网络成员之间信任和遵守承诺的程度，有利于共同解决问题，愿意分享拥有的信息、技术、知识等有价值的资源，促进企业形成和完善自身能力，有助于企业对外部机会的识别与利用、资源有效整合配置以及组织学

[①] 辛晴，杨蕙馨. 知识网络如何影响企业创新——动态能力视角的实证研究 [J]. 研究与发展管理，2012，24（6）：12-22.

[②] Dyer J H, Nobeoka K. Creating and Managing a High-Performance Knowledge-Sharing Network: The Toyota Case [J]. Strategic Management Journal, 2000, 21（3）: 345-367.

习等动态能力的提升。

动态能力的提升，意味着企业能够更高效地感知外部环境机会与威胁，快速地整合和有效配置资源以及学习和掌握最新的知识和技术等，从而使企业突破原有的思维惯性，改善或重构企业运营惯例。企业商业模式的创新是对价值主张要素、运营模式要素以及盈利模式要素等进行演化与创新（郭蕊、吴贵生，2017）[①]。动态能力在关系嵌入性与企业商业模式创新之间起着中介作用。综上分析，提出以下假设：

假设6c：动态能力在科技中小企业关系嵌入性与效率型商业模式创新之间起中介作用；

假设6d：动态能力在科技中小企业关系嵌入性与新颖型商业模式创新之间起中介作用；

假设6c-1：动态能力在科技中小企业关系质量与效率型商业模式创新之间起中介作用；

假设6d-1：动态能力在科技中小企业关系质量与新颖型商业模式创新之间起中介作用；

假设6c-2：动态能力在科技中小企业关系强度与效率型商业模式创新之间起中介作用；

假设6d-2：动态能力在科技中小企业关系强度与新颖型商业模式创新之间起中介作用。

第三节 环境动态性对网络嵌入性与商业模式创新关系的影响

环境动态性是反映企业外部环境特征的重要指标之一，常用环境中某些因素的变化频率和变化幅度来衡量。高动态性往往表现为技术更新较快、产品生命周期缩短、顾客需求难以预测、行业政策和标准变化快等特征。刘刚

[①] 郭蕊，吴贵生. 基于商业模式轨道的创新路径研究——以中国百货零售产业为例[J]. 科研管理，2017，38（5）：121-129.

等（2017）认为，当前市场环境处于快速变化中，各种新技术、新业态层出不穷，任何一家企业都必须在考察组织所处环境、企业自身资源与能力的基础上进行商业模式创新①。随着外部环境的动态变化，企业以往积累的知识、技术和资源等可能随时会被淘汰，无法适应创新发展或难以满足创新需求。中小企业行为很容易受外部环境变化的影响，会对外部网络产生一定的依赖性，即在高动态环境下，企业会更加依靠外部网络或与网络成员共同合作来获取必要的创新资源和实施创新，以降低创新风险和提高环境适应性。因此，环境动态性对网络嵌入性和企业商业模式创新之间的关系具有重要影响。

一、环境动态性对结构嵌入性与商业模式创新关系的调节作用

由于科技中小企业资源和能力有限，日益动态复杂的外部环境要求企业提升环境适应力，需要不断调整、改进和创新企业商业思路和模式（何建华，2012）②，与外部市场环境变化相匹配，才能更好地促进企业实现成长或可持续发展。在外部环境动态性较强的情况下，环境变化的频率加大、复杂度提升、不确定性增强，从而导致外部机会增多的同时也加剧了潜在的市场风险，增加了企业对外部环境识别和把控的难度。

在相对稳定的环境下，环境变化频率和幅度相对较小或者有条不紊地朝着某个方向逐步演进，顾客需求、行业变化、技术变革等缓慢进行，能够基本吻合企业对市场环境动态变化和发展的预期。即在可预知的范围内，科技中小企业会更倾向于保持现有的成功商业模式，将主要的精力集中于企业内部运营，从而实现市场份额的提升和企业的快速发展，即在低动态环境下，企业不太会注重利用或发挥合作网络的作用以进行商业模式创新。而在高动态环境下，环境变化幅度和频率较大或者并非按照一定的模式进行演进，顾客需求、行业变化、技术变革等快速变化，从而使企业对市场变化难以预测，大大增加了企业的创新风险和企业适应外部环境的难度。为了提升环境适应

---

① 刘刚，王丹，李佳. 高管团队异质性、商业模式创新与企业绩效 [J]. 经济与管理研究，2017（4）：105-114.

② 何建华. 社会网络对中小企业商业模式创新的影响——基于网络结构特征的视角 [J]. 学习与实践，2012（12）：30-37.

性，科技中小企业需要动态调整企业运营模式或业务范围，提升交易效率和降低成本，甚至创造全新的商业模式。在高动态环境下，由于商业模式创新存在较高风险，企业会主动寻求外部网络成员的帮助，利用广泛的社会联系，努力靠近网络中心，寻找差异化的合作伙伴，以及时获得市场最新动态、有价值的商业信息以及创新资源，或通过更广泛的合作共同进行商业模式创新。高动态环境下，科技中小企业会更加注重利用和充分发挥结构嵌入性的积极作用，在快速和准确地识别和捕捉潜在商业机会的同时以最大限度降低和分散潜在的创新风险，从而提升商业模式创新的成功率。因此，环境动态性对结构嵌入性与商业模式创新之间关系起积极的调节作用。综上分析，提出以下假设：

假设7a：环境动态性在科技中小企业结构嵌入性与效率型商业模式创新之间起正向调节作用；

假设7b：环境动态性在科技中小企业结构嵌入性与新颖型商业模式创新之间起正向调节作用；

假设7a-1：环境动态性在科技中小企业网络规模与效率型商业模式创新之间起正向调节作用；

假设7b-1：环境动态性在科技中小企业网络规模与新颖型商业模式创新之间起正向调节作用；

假设7a-2：环境动态性在科技中小企业网络中心性与效率型商业模式创新之间起正向调节作用；

假设7b-2：环境动态性在科技中小企业网络中心性与新颖型商业模式创新之间起正向调节作用；

假设7a-3：环境动态性在科技中小企业网络异质性与效率型商业模式创新之间起正向调节作用；

假设7b-3：环境动态性在科技中小企业网络异质性与新颖型商业模式创新之间起正向调节作用。

二、环境动态性对关系嵌入性与商业模式创新关系的调节作用

环境动态性对嵌入在网络中的企业获取、整合和利用资源等活动的作用

效果不同（孟迪云等，2016）[①]。低动态环境下，技术更新较为缓慢、顾客需求变化小且容易被预测、行业政策和标准较为稳定，企业依靠自身的核心技术和产品便能够抢占足够的市场份额（王永健等，2016）[②]。商业模式创新实质上是企业为了适应环境与网络成员合作而共同演进的过程（Casadesus-Masanell 和 Ricart，2010）[③]。低动态环境下，企业更容易把握当前市场的运行规律，与现有合作伙伴频繁的贸易往来、互动，并构建高质量关系，有助于隐性知识的传递、关键资源的共享以及相互间协调性的提高，便于相互间交易模式和成本的优化、改善及创新，有利于合作双方在创新过程中共同受益。

高动态环境下，技术更新速度快、顾客需求呈现个性化且难以预测、行业政策和标准变化频率大，蕴藏的潜在机会和威胁也就越多。然而，高质量、高强度的网络关系在某种程度上导致企业网络成员之间知识趋同性增强，相互间依赖性程度加大。高动态环境促使企业与网络成员之间所拥有的关键知识和资源的价值下降，进一步削弱了企业良好关系对商业模式创新的积极作用。企业则会通过跨界搜寻方式寻找新的合作伙伴实施创新。此外，外部环境动态性程度越高，企业所面临的创新风险越大，这将大大削弱合作双方进行商业模式创新的积极性。基于合作双方的共同利益和避免造成不必要的损失，企业也不会贸然采取商业模式创新。因此，环境动态性对关系嵌入性与商业模式创新之间的关系起负向调节作用。综上分析，提出以下假设：

假设 7c：环境动态性在科技中小企业关系嵌入性与效率型商业模式创新之间起负向调节作用；

假设 7d：环境动态性在科技中小企业关系嵌入性与新颖型商业模式创新之间起负向调节作用；

假设 7c-1：环境动态性在科技中小企业关系质量与效率型商业模式创新之间起负向调节作用；

假设 7d-1：环境动态性在科技中小企业关系质量与新颖型商业模式创新

[①] 孟迪云，王耀中，徐莎. 网络嵌入性对商业模式创新的影响机制研究 [J]. 科学学与科学技术管理，2016，37（11）：152-165.

[②] 王永健，谢卫红，王田绘，等. 强弱关系与突破式创新关系研究——吸收能力的中介作用和环境动态性的调节效应 [J]. 管理评论，2016，28（10）：111-122.

[③] Casadesus-Masanell R, Ricart J E. From Strategy to Business Models and onto Tactics [J]. Long Range Planning, 2010, 43（2-3）：195-215.

之间起负向调节作用；

假设7c-2：环境动态性在科技中小企业关系强度与效率型商业模式创新之间起负向调节作用；

假设7d-2：环境动态性在科技中小企业关系强度与新颖型商业模式创新之间起负向调节作用。

第四节 理论模型构建

通过对网络嵌入性、动态能力、商业模式创新以及环境动态性四个主要的内涵及其相关维度划分进行界定，从理论上分析了网络嵌入性、商业模式创新以及动态能力之间的关系，探究了动态能力视角下网络嵌入性对科技中小企业商业模式创新的影响。通过分析提出，网络嵌入性对企业动态能力能够产生正向影响，动态能力能够对企业商业模式创新产生正向影响，网络嵌入性对企业商业模式创新产生正向影响，动态能力在网络嵌入性与商业模式创新之间起中介作用，环境动态性在网络嵌入性与商业模式创新之间起着调节作用。综上分析，为了体现网络嵌入性、动态能力、商业模式创新以及环境动态性之间关系，设计了总体理论模型（如图5-1所示）。

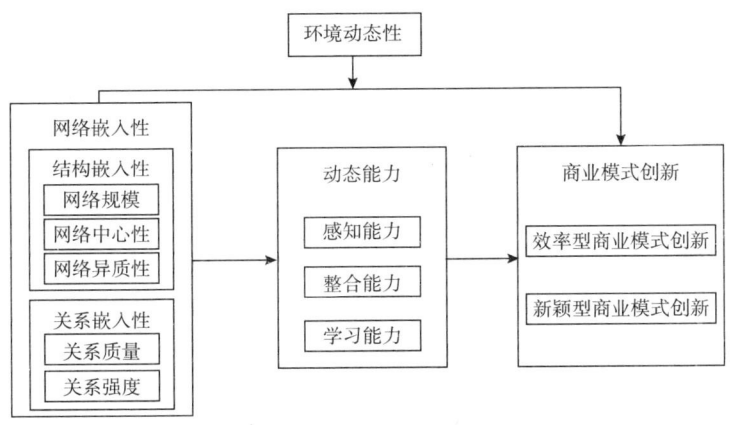

图5-1 理论模型

第六章

研究设计与方法

为了进一步检验前面提出的研究假设，需要对后续的实证检验过程进行研究设计。研究设计是调查的计划和结构，基于提出的假设可采用演绎研究，则其对应的研究设计可以是问卷调查或实验等，是研究过程中不可或缺的一个环节。由于本书涉及的研究变量的测量资料难以从公开的企业数据中获得，而问卷调查具有高效、低成本、样本量较大等优势，对无法获得公开数据情况能够起到较好的替代作用。本章主要从问卷设计、变量测量及数据分析方法等方面进行详细论述。

第一节 问卷设计

问卷法由于其独特的优势，在社会学和管理学定量研究过程中普遍被国内和国外学者接受及采纳。由于网络嵌入性、动态能力、商业模式创新以及环境动态性等变量难以从现有的公开数据中获得，所以选择问卷调查方法进行衡量和测度。然而，如何能够从被调查者那里获取真实、可靠、有价值的有关企业情况的第一手资料，是问卷设计重点思考的问题，问卷设计是否科学和合理，将会直接影响最终研究结果的可靠性、真实性和准确性。

一、问卷设计原则与过程

问卷设计过程中要遵循一定的原则。李怀祖（2004）认为，问卷设计总的原则应尽可能简明，便于回答和有吸引力，此外，还要注意问题中涉及概念要明确；问卷不能带有倾向性，用词要保持中性的原则；不提有可能让被调研者难以真实回答的问题；封闭式问卷的答案设计要具备完备性和互斥性等。李俊（2009）在研究社会学如何解读社会过程中指出，问卷设计应该遵循系统性、方便性、科学性、严谨性以及趣味性等原则[1]。只有对问卷进行合理的构思和科学的设计才能提升问卷研究的信度和效度，保证研究的可靠性。

在遵循问卷设计原则和参考 Churchill（1979）[2]、李怀祖（2004）等学者观点的基础上，本书进行问卷设计的主要过程如下：

第一，搜索和查阅国内和国外重点文献。文献研究是问卷中概念界定和变量测量的前提及基础。在问卷的初步设计过程中，根据研究主题和研究内容，通过对网络嵌入性、动态能力、商业模式创新以及环境动态性等变量的相关国内和国外文献进行梳理及回顾，明确研究问题中的概念内涵，各变量的测量指标尽可能地采用现有文献中较为成熟的量表，以保证各个测量变量的内容效度，以此形成研究设计的初始问卷。

第二，咨询和参考专家及学术团队的意见。为了提高初始问卷设计结构的合理性、与研究主题与目的相关性以及变量测量与概念表述的准确性等，首先在学术团队内部与进行试答问卷，然后分析和探讨，对初设问卷进行首次修改，最后向本领域的专家和学者咨询和征求意见，针对问卷是否简洁明了，内容是否完备，表达是否清楚、准确等问题进行再次修改，从而提升问卷设计的可靠性和准确性。

第三，与企业中高层管理者进行沟通与交流。调研内容主要是科技中小企业商业模式创新问题。由于中高层管理者对企业具体情况相对熟悉，因此，问卷设计的被调研对象主要是科技中小企业的中高层管理者。问卷的设计内

---

[1] 李俊. 如何更好地解读社会？——论问卷设计的原则与程序 [J]. 调研世界，2009（3）：46-48.
[2] Churchill G. A paradigm for developing better measures of marketing constructs [J]. Journal of Marketing Research, 1979, 16 (1): 64-73.

容需要与企业中高层管理者进行交流，咨询相关负责人对本问卷的看法和意见，检查该问卷内容是否与企业具体实际相符合，语言描述是否通俗易懂，问题设置是否容易被回答等。在此基础上，对个别题项进行适当修改和完善，做到尽量消除歧义，用简洁清晰的语言来表述，从而形成进行预测式的调研问卷。

第四，进行小样本预测试。为了提高最终调研问卷的有效性和可靠性，需要进行小样本预测式。将预测式的问卷发放给科技中小企业的中高层管理者，根据收集的小样本数据进行相关变量的信度和效度分析，以检验问卷的题项设置是否合理，并适当修改个别题项，从而形成最终的问卷。

二、问卷的基本内容

根据研究主题和目的，问卷在设计过程中主要针对科技中小企业网络嵌入性、动态能力、商业模式创新和环境动态性进行设计。问卷的基本内容除问卷标题、卷首语以外，还包括企业的基本情况以及问卷填写人员的基本信息、企业网络嵌入性的实际情况、动态能力的实际水平、商业模式创新情况以及企业对外部环境动态性的感知情况。

三、问卷的防偏措施

被调研者在回答调查问卷时，由于被试者是基于自身的主观理解、判断以及态度等认知能力来填写问卷，因此，问卷结果的可靠性和真实性会受到被试者主观评价的影响，这在某种程度上会导致一定的误差。樊耘等（2011）通过对问卷调查结果分析过程中指出，被调查者回答和填写问卷的主观偏差是来自组织和个体多种原因造成的，与问卷题目的设计也有关联[①]。虽然这种偏差可能无法避免，但是，通过采取一定措施，能够减少或降低偏差的可能性，从而提升和保证问卷调研结果的可靠性。

为了减少偏差问题对问卷结果的影响，采取以下措施：首先，通过广泛

---

① 樊耘，张旭，颜静. 引起问卷调查结果失真的受试者主观原因分析［J］. 人力资源管理，2011（1）：156-159.

收集和阅读国内和国外重点文献，采用目前较为成熟的量表，在征求专家和企业管理人员反馈意见的基础上，对问卷内容进行反复修改和完善，使语言表述通俗易懂，减少歧义；其次，在发放问卷时，主要针对企业中高层管理人员，以减少存在被试者对企业生产经营和商业模式不熟悉情况的发生；最后，在问卷内容中，强调问卷调研只是为了学术研究，而非商业用途，并采用匿名的形式以保护被调研对象的个人和企业隐私，降低作答人员的潜在顾虑，从而提高其回答真实想法的主观意愿。

第二节　变量测量

结合研究目的和假设，需要测量变量主要包括被解释变量、解释变量、中介变量、调节变量以及控制变量等。其中，解释变量为网络嵌入性，被解释变量为商业模式创新，中介变量为动态能力，调节变量为环境动态性，控制变量则包括可能影响企业动态能力及商业模式创新的潜在因素，例如企业规模、研发投入等。问卷中的量表主要采用李克特量表，这也是问卷设计过程中使用最多的一种量表（李怀祖，2004），在主要变量的测度上采用 Likert-5 点评分法，其中，数字 1~5 分别表示由观点"完全不同意"逐渐向观点"完全同意"演变。

一、解释变量

网络嵌入性为解释变量，主要从结构嵌入性和关系嵌入性两个维度进行衡量和测度。其中，结构嵌入性包括网络规模、异质性以及中心性。针对网络规模的测量，Batjargal 和 Liu（2003）通过与企业家有联系的网络成员数量来衡量新创企业的网络规模。Capaldo（2007）在研究领先企业网络规模时采用企业构建的关系成员数量衡量。吴旭云等（2013）在参考 Batjargal（2001）和张君立（2008）等观点基础上指出，用绝对指标测度不同类型企业之间的网络规模将会失去比较意义，利用"与同行业领域内竞争对手相比"的相对指标测量较为合适。韩炜和杨婉（2015）也认为，可以通过对企业网络成员数量的多寡来衡量网络规模。毓张慧和周丹（2013）基于 Capaldo（2007）和林春培（2012）的观点，从参与企业技术创新过程中的客户、供应商、同行企业以及提供创新支持的其他科技企业和机构四个方面衡量；叶峥和郑健壮（2014）利用与企业有联系的本地企业、本地辅助机构更多两个题项；周中胜等（2015）认为，网络范围越大，企业网络成员和网络节点数量就越多，并利用四个题项进行衡量。综上所述，参考 Batjargal（2001）、吴旭云等（2013）、周中胜等（2015）等观点，本书利用 4 个题项测量网络规模。

  针对网络异质性的测量，陈学光（2007）在参考 Greve（1995）对网络异质性研究基础上，利用伙伴类型（例如供应商、客户、中介机构等）、联系背景（包括商业、朋友、同学等）和分布区域（跨市、省、国等）3 个维度测量；李正卫等（2013）从主营业务差距、企业规模差距、区域分布差距和合作伙伴类型 4 个题项测度[①]；常红锦和仵永恒（2013）参考 Giuliani 和 Bell、郭京京的研究设计，利用企业与网络其他成员间在产品、生产设备、流程与工艺等方面的差异性 3 个题项来测度。综上所述，在参考 Greve（1995）；陈学光（2007）；李正卫等（2013）等研究基础上，研究过程中采用 4 个题项衡量网络异质性。

  针对网络中心性的测量，董保宝（2013）在 Chung 等（2000）、Podolny 和 Joel（1993）研究基础上利用企业在网络中的中心地位明显、较竞争对手更容易从网络联系中获取关键资源等 5 个题项来测度网络中心性。周中胜等（2015）在 Wellman（1982，1983）、Batjargal（2001）等研究基础上，利用很容易找到理想的合作伙伴等 4 个题项来测量网络中心度。在参考 Wellman（1982，1983）、Batjargal（2001）、周中胜等（2015）等观点的基础上，研究过程中采用 4 个题项衡量网络中心性。综上所述，在借鉴和参考国内和国外较为成熟量表的基础上，结构嵌入性各个维度的具体的测量题项及文献参考依据如表 6-1 所示。

[①] 李正卫，高蔡联，张祥富. 创始人前摄性个性对企业创新绩效的影响——社会网络的中介作用 [J]. 科学学研究，2013，31（11）：1752-1759.

表 6-1 结构嵌入性维度及测量

变量	维度	题项描述	测度依据
结构嵌入性	网络规模	相对于同行业竞争对手，贵企业与供应商、客户等上下游企业联系的数量较多	Batjargal（2001）、吴旭云等（2013）、周中胜等（2015）
		相对于同行业竞争对手，贵企业与同行企业联系的数量较多	
		相对于同行业竞争对手，贵企业与政府部门、行业协会等公共部门联系的数量较多	
		相对于同行业竞争对手，贵企业与中介机构、咨询机构等其他组织联系的数量较多	
	网络异质性	贵企业与合作伙伴在主营业务上的差距较大	Greve（1995）、陈学光（2007）、李正卫等（2013）
		贵企业与合作伙伴在企业规模上的差距较大	
		贵企业合作伙伴分布的区域较广	
		贵企业建立的合作伙伴关系种类较多	
	网络中心性	贵企业很容易找到理想的合作伙伴	Wellman（1982，1983）、Batjargal（2001）、周中胜等（2015）
		其他企业经常希望贵企业提供一些帮助	
		多数企业都愿意同贵企业合作	
		贵企业经常介绍其他企业相互认识	

关系嵌入性包括关系强度和关系质量。关系强度的测量，Levin 和 Cross（2004）通过联系密切程度、互动频率和交往频率 3 个题项测度关系强度[①]；董保宝（2012）在 Zhang（2005）研究基础上用关系持续时间、关系密切程度以及接触频次 3 个题项测量网络强度；解学梅和左蕾蕾（2013）参考 Eisingerich 等（2010）、罗志恒等（2009）、邬爱其（2006）等观点，利用长期合作关系、资源共享与信息交流频繁 3 个题项来测量网络强度；漆文璐和蒋军锋（2015）在 Burt（2000）、Marsden 和 Campbell（2012）等研究基础上利用联系非常密切、沟通频率非常高以及互动内容非常深入 3 个题项来测度联结强度。综上所述，研究过程在参考了 Levin 等（2004）、Zhang（2005）、解

---

① Levin D Z, Cross R. The strength of weak ties you can trust: The mediating role of trust in effective knowledge transfer [J]. Management Science, 2004, 50 (11): 1477-1490.

学梅等（2013）等研究成果基础上，采用了3个题项测度关系强度。

针对关系质量的测度。王辉等（2012）在 Rauyruen 和 Miller（2007）、贾生华等（2007）研究基础上，从信任、有效沟通以及互惠等3个题项测度关系质量；刘刚和王岚（2014）基于 Rusbult（1998）、John（1982）以及 Duffy（2008）等量表，从满意、信任和承诺等3个方面衡量关系质量；辛晴和杨蕙馨（2012）参考 Yli-Renko 等（2001）、Uzzi（1996）的研究，利用信守承诺、避免提出严重损害对方利用的要求等4个题项衡量关系质量。综上，在参考 Rusbult（1998）、John（1982）、王辉等（2012）、刘刚等（2014）等研究基础上，在研究过程中采用了3个题项来测度关系质量。综上分析，参考国内和国外学者的观点，关系嵌入性的测量题项及依据如表6-2所示。

表6-2 关系嵌入性维度及测量

变量	维度	题项描述	测度依据
关系嵌入性	关系强度	贵企业与合作伙伴保持长期合作关系	Levin 等（2004）、Zhang（2005）、解学梅等（2013）
		贵企业与合作伙伴信息交流频繁	
		贵企业与合作伙伴资源共享频繁	
	关系质量	贵企业与合作伙伴之间能够相互信任	Rusbult（1998）、John（1982）、王辉等（2012）、刘刚等（2014）
		贵企业与合作伙伴之间能够进行有效地沟通	
		贵企业与合作伙伴之间能够秉承互惠互利的原则	

二、中介变量

动态能力作为研究的中介变量。国内和国外学者对动态能力的测量尚未形成一个统一的衡量标准（杜丹丽等，2015）。本书将动态能力的维度划分为感知能力、整合能力以及学习能力。

首先，感知能力的测量。Zahra 和 George（2002）通过对外部环境扫描能否挖掘潜在的机会以及能否利用机会创新产品或服务来衡量机会识别能力[①]；Teece

---

[①] Zahra S A, George G. Absorptive Capacity: A Review, Reconceptualization, and Extension [J]. Academy of Management Review, 2002, 27 (2): 185-203.

(2007)认为,扫描和监控外部环境变化,有助于企业快速感知和识别外部市场机会和威胁;魏江和焦豪(2008)结合 Lawson 和 Samson(2001)、Jantunen 等(2005)、Zahra 等(2006)等的相关研究指出,可以从产业规律认知、提前应对环境变化以及与利益相关者互动来衡量环境洞察能力,并得到进一步实证检验(焦豪,2008)[①];林萍(2012)利用能够迅速获得顾客需求变化、快速辨别知识的有用性等 6 个题项来测度机遇识别动态能力;苏敬勤和刘静(2013)采用及时发现各种潜在问题、发现政策新动向 3 个题项来衡量市场感知能力。综上所述,在参考 Zahra 和 George(2002)、Teece(2007)、魏江和焦豪(2008)、焦豪(2008)等观点基础上,本书选择了 3 个题项来测度感知能力。

其次,整合能力的测量,许多学者尝试从知识视角来衡量或者测度整合能力,例如,谢洪明等(2008)、潘文安(2012)、李艳飞(2016)等。本书研究的整合能力并非单纯地强调对企业知识的有效整合,而是指对包括资本、人员、技术等在内的各种对企业发展有实际价值的有形和无形资源的协调整合。Teece 等(1997)、Jantunen 等(2005)、Pavlou 和 Sawy(2006)、Wu(2010)等对企业动态能力内涵、维度划分以及测量为后续学者的研究奠定了基础。曾萍(2009)在 Jantunen 等(2005)和 Wu(2006)研究基础上,采用企业不同工作任务之间整体配合非常好、各部门具有良好的协调能力等 6 个题项来测度协调整合能力[②];陈勇(2011)在 Jantunen 等(2005)、Pavlou 和 Sawy(2006)等研究基础上利用 4 个题项测度整合能力;马鸿佳等(2014)利用企业不断完善资源禀赋、通过整合资源提升工作效能和效率等 6 个题项来测度资源整合能力。本书在参考 Teece 等(1997)、Jantunen 等(2005)以及马鸿佳等(2014)的观点基础上,采用 6 个题项测度整合能力。

最后,学习能力的测量。Zahra 和 George(2002)对吸收能力的测度则通过知识的获取、消化、转换以及利用 4 个方面;Woiceshyn 和 Daellenbach(2005)认为,可以通过学习不同合作伙伴的知识和经验、识别新技术并在团队之间共享、开发和利用知识和技术 4 个题项测量吸收能力;苏敬勤和刘静(2013)利用企业善于从外部获取知识和经验、从外部获得咨询意见和指导等

[①] 焦豪. 企业动态能力、环境动态性与绩效关系的实证研究[J]. 软科学, 2008, 22(4):112-117.
[②] 曾萍. 组织学习与绩效的关系:基于动态能力的中介效应[J]. 图书情报工作, 2009, 53(20):102-105.

4个题项来测度学习吸收能力；郝晓明和郝生跃（2014）在 Zahra 等（2002）研究基础上，利用鼓动员工获取知识、鼓励企业内部知识共享等4个指标来测度学习吸收能力。学习能力体现了企业对知识的获取、消化吸收和应用的水平。综上所述，参考 Zahra 和 George（2002）、苏敬勤和刘静（2013）、郝晓明和郝生跃（2014）等观点，本书采用4个题项来测度企业的学习能力。动态能力各维度具体的测量题项如表6-3所示。

表6-3 动态能力维度及其测度

变量	维度	题项描述	测度依据
动态能力	感知能力	贵企业对所在产业发展运行规律非常了解	Zahra 和 George（2002）、Teece（2007）、魏江和焦豪（2008）、焦豪（2008）
		贵企业能充分认识到所处环境变化与发展趋势并制订计划以使企业提前做好应对	
		贵企业能够通过与同行、顾客、供应商等利益相关者频繁交流，及时获得对企业有用的信息	
	整合能力	贵企业不断完善其自身的资源禀赋	Teece（1997）、Jantunen 等（2005）、马鸿佳等（2014）
		贵企业能够通过整合资源来提升工作效率和效能	
		贵企业对资源的开发和拓展很满意	
		贵企业利用资源完成了跨部门之间的任务	
		贵企业对部门之间的资源共享很满意	
		经过整合资源提升了企业的整体效率和效能	
	学习能力	贵企业鼓励员工通过各种渠道获取知识	Zahra 和 George（2002）、苏敬勤和刘静（2013）、郝晓明和郝生跃（2014）
		贵企业鼓励员工和各部门之间知识、信息的交流和共享	
		贵企业能够有效地将新知识和信息应用到重要工作上	
		贵企业能够快速有效地将新知识应用到相关的产品或服务上	

三、被解释变量

被解释变量为商业模式创新。Zott 和 Amit（2007）基于设计主题的不同将商业模式创新划为效率型和新颖型两种,并分别用 13 个题项来说明这两种类型。Zott 和 Amit（2008）对测量指标进一步优化,利用 13 个题项测度新颖型,11 个题项测度效率型[①]。国内学者在研究过程中多以 Zott 和 Amit 的研究为基础,并结合中国情境,对其量表进行修改和完善。郭海和沈睿（2012）利用为客户提供价值不断提高的产品或服务,引入大量多样化的新客户等 9 个指标来度量商业模式创新。庞长伟等（2015）采用创新的交易方式、新的盈利方式、新的盈利点等 5 个题项来测度商业模式创新。蔡俊亚和党兴华（2015）在 Zott 和 Amit（2007）量表基础上,用降低交易成本、简化交易流程、减少交易差错等 10 个题项来衡量效率型,用引入新的合作者、采用新的方式激励合作伙伴以及新的交易方式等 11 个题项来测度新颖型。刘建国（2016）参考 Zott 和 Amit（2007）、郭海和沈睿（2014）等研究分别利用 7 个和 9 个题项来衡量效率型和新颖型；李巍和丁超（2017）利用降低存货成本、让交易变得简单、减少交易中的错误等 9 个题项测度效率型,用提供新产品、服务与信息组合、新的业务伙伴、引入新想法和行为等 8 个题项来衡量新颖型。在参考 Zott 和 Amit（2007,2008）、郭海和沈睿（2012）、刘建国（2016）等观点基础上,并结合中国情境,确定商业模式创新测量的题项内容,如 6-4 表所示。

表 6-4　商业模式创新维度及其测度

变量	维度	题项描述	测度依据
商业模式创新	效率型商业模式创新	降低了交易成本	Zott 等（2007,2008）、郭海和沈睿（2012）、刘建国（2016）
		简化了交易流程	
		交易过程中减少了交易差错	
		降低了交易过程中信息的不对称性	
		有利于合作伙伴之间的共享信息	
		有利于聚集分散的需求	
		提高了交易效率	

[①] Zott C, Amit R. The fit between product market strategy and business model: implications for firm performance [J]. Strategic Management Journal, 2008, 29 (1): 1-26.

续表

变量	维度	题项描述	测度依据
商业模式创新	新颖型商业模式创新	提供新的产品、服务和信息组合	Zott 等（2007，2008）、郭海和沈睿（2012）、刘建国（2016）
		不断引入新的合作伙伴	
		引入了大量的、多样化的新客户	
		采用新的方式将各种合伙伙伴紧密联系在一起	
		采用了新的交易方式	
		引入新的运营流程、惯例和规范	
		创造了新的盈利方式	
		不断引入新的商业思想、方法或商品	
		总体来说，商业模式是新颖的	

四、调节变量

环境动态性在以往研究过程中多作为调节变量，已经形成较为成熟的量表。Miller（1987）从环境中机会增长、产品或服务技术变化、行业领域内产品、服务以及流程的创新效率以及行业研发活动变化4个方面来界定和衡量环境动态性[①]。Jaworski 和 Kohli（1993）基于市场动态性和技术动态性两方面，设置了10个题项进行测度。焦豪等（2007）在参考 Miller 和 Friesen（1983）、Miller（1987）、谢洪明（2006）等研究基础上，利用顾客需求变化、产品技术变化、政府政策变化和市场竞争3个题项来测度；陈国权和王晓辉（2012）在 Miller 研究基础上从企业的竞争对手行为、市场和客户需求、合作伙伴行为、政府部门政策、产品或服务类型等7个方面测度[②]。刘刚和刘静（2013）从市场动态性、技术动态性以及政策法律社会动态性3个方面进行测度。蒋峦等（2015）利用市场变化速度很快且市场需求难以预测、行业技术标准变化频率很高等4个题项衡量。王永健等（2016）在 Gaur 等（2011）研

---

① Miller D. The Structural and Environmental Correlates of Business Strategy [J]. Strategic Management Journal, 1987, 8 (1): 55-76.

② 陈国权, 王晓辉. 组织学习与组织绩效：环境动态性的调节作用 [J]. 研究与发展管理, 2012, 24 (1): 52-59.

究基础上，结合中国具体实际引入政策环境，利用5个题项来测度环境动态性[①]。国内和国外学者通过企业管理者对外部环境变化的主观感知来衡量环境动态性。在参考 Miller（1987）、Jaworski 和 Kohli（1993）、焦豪等（2007）、蒋峦等（2015）等观点的基础上，选择从市场、技术、政策等角度来测量环境动态性，具体的测量题项及测度依据，如表6-5所示。

表6-5 环境动态性的测度

变量	题项描述	测度依据
环境动态性	企业所处行业的客户需求变化速度很快	Miller（1987）、Jaworski 和 Kohli（1993）、焦豪等（2007）、蒋峦等（2015）
	企业所处行业推出新产品或新服务的速度很快	
	企业所处行业的技术变化速度很快	
	企业所处行业的政策环境变化速度很快	

五、控制变量

选择企业规模、成立时间长短以及研发强度等作为控制变量。由于企业规模越大，成立的时间越长，企业所拥有的创新资源可能就越多，从而更便于企业在发展过程中进行商业模式创新（曾萍等，2017）[②]。因此，研究过程中，将企业成立时间长短和销售收入分别按照分级排序的方式来控制企业的成立时间和企业规模。此外，Zott 和 Amit（2011）、Calia（2007）等认为，技术创新能够对商业模式创新产生积极的影响。本书用研发强度衡量企业技术创新水平，并将其作为商业模式创新的一个控制变量。

[①] 王永健，谢卫红，王田绘，等. 强弱关系与突破式创新关系研究——吸收能力的中介作用和环境动态性的调节效应[J]. 管理评论，2016，28（11）：111-122.

[②] 曾萍，陈书伟，孙奎立. 企业社会资本与商业模式创新：机制与路径研究[J]. 财经论丛（浙江财经大学学报），2017（2）：85-94.

第三节　数据分析方法

为了提升研究结果的科学性、准确性及可靠性，在研究过程中综合采用多种研究方法进行假设检验和论证，包括描述性统计分析（Descriptive Analysis）、信度分析（Reliability Analysis）、效度分析（Validity Analysis）等方法。在这一系列研究过程中所使用的软件分析工具主要是 SPSS22.0 和 Amos21.0 软件。具体的分析方法如下：

一、描述性统计分析

描述性统计分析是对问卷收集的数据实证分析的首要任务，能够使研究人员对获得的企业数据资料的基本情况有初步了解，主要的测量指标包括均值、最大最小值、标准差等。本书对企业的人数、成立年限、研发投入占比、行业领域以及所有制形式等基本信息进行统计分析，对问卷填写人员的性别、学历、任职时间、职务等相关信息进行统计分析，对调研问卷的各个变量的均值、最大最小值、标准差等进行统计分析等，便于对收集的企业资料进行整体的把握。

二、信度与效度分析

设计的问卷能否清楚和明确地体现研究思想和内容，通过抽样统计得到数据是否合理、可靠、有效，需要经过统计分析软件进行信度和效度分析，以此筛选和调整问卷内容及结构，有助于保证问卷的合理性和有效性以及结果的一致性（柴辉，2010）[①]。本书采用问卷法，需要进行信度分析和效度分析。

信度是指问卷的可信程度。信度越高，往往表明用同样工具对同一事物

[①] 柴辉. 调查问卷设计中信度及效度检验方法研究 [J]. 世界科技研究与发展, 2010, 32（4）: 548-550.

进行测量的结果一致性程度越高。目前，信度分析主要包括 Cronbach's α 系数、折半信度、复本信度等方法，其中，Cronbach's α 系数是检验量表内在信度最常用的方法。因此，本书采用 Cronbach's α 系数进行信度分析。该系数的范围在 0~1，越接近 1，说明信度越高，越接近 0，信度越低。当其数值介于 0.7~0.8 时，说明问卷内在信度较好；当介于 0.8~0.9 时，说明信度好；当数值在 0.9 以上，说明信度非常好。

效度分析研究的是问卷是否能够准确地测量或反映出事物属性的有效性程度，包括内容效度和构念效度等。其中，内容效度又称逻辑效度，研究问卷题项设计是否符合研究内容和研究目的，体现了问卷内容的适切性，是进行效度分析的首要任务。目前，内容效度主要是采用专家判断法和统计分析法。本书量表的题项设计时，主要参考国内和国外现有的、较为成熟的量表，通过与专家反复沟通及修改，从而确保问卷题项的内容效度。构念效度研究的是构念的理论定义与实际测量结果的一致性，常用因子分析来判别构念效度。

三、因子分析

因子分析是将由众多变量构成的集合中提取共性因子的重要分析方法，可以用于描述一些重要的，但又无法直接测量的隐性变量，能够起到减少维度的作用。目前，主要包括探索性因子分析（Exploratory Factor Analysis，EFA）和验证性因子分析（Confirmatory Factor Analysis，CFA）。这两种方法都是管理学实证研究过程中非常重要的多变量统计分析工具，往往在研究过程中综合应用，其中，EFA 是基于发现影响观测变量的因子个数以及彼此之间的关联程度，将众多复杂关系的变量归类为若干个关键因子，从而实现降维，往往缺乏先验信息；CFA 则是检验事前确定的因子模型是否拟合实际数据，即探究理论与实际是否统一，往往是基于一定的先验信息来进行统计分析。结合实际数据与理论分析，本书综合应用这两种方法提取公共因子，探究各变量的因子结构是否与理论预期相吻合。

四、相关分析

相关分析是探究各变量之间是否存在关联性以及相关程度和方向。根据变量间的相关程度，可以分为完全相关、不相关和不完全相关，根据相关方向可以分为正相关和负相关，其相关系数往往介于-1和+1之间。相关分析是探究变量之间因果分析的必要条件，也是进行回归分析的重要前提和基础。在研究变量之间相关性时，通常采用Pearson相关系数来进行衡量。其数值越趋向+1或-1时，则表明变量的相关性越强，越趋向0时，则表明彼此之间的相关性越弱。因此，本书利用Pearson相关系数衡量网络嵌入性、动态能力以及商业模式创新等变量之间的关联程度。

五、回归分析

回归分析方法是实证研究中应用最为普遍的一种统计方法，是为了确定两个及两个以上变量之间相互依存的定量关系。根据自变量的数量，回归分析可以分为一元和多元分析两种。回归分析往往基于一定的理论假设和收集的数据，建立相应的回归模型，以此来检验是否满足理论假设，即通过实际数据来检验和揭示各变量相互之间的逻辑关系。结合SPSS22.0软件，本书在使用层次回归分析方法的基础上，对网络嵌入性对企业商业模式创新影响的内在逻辑关系进行检验，包括网络嵌入性对商业模式创新、网络嵌入性对动态能力以及动态能力对商业模式创新的直接作用，环境动态性的调节作用、动态能力的中介作用等。

第四节 小样本测试

一、样本收集与选择

为了增强问卷中变量设计的可靠性和有效性，在正式发放问卷之前，首先进行了小范围的预调研，主要是针对科技中小企业的中高层管理者发放问卷。采用简单随机抽样的方式进行发放,主要集中在辽宁、山东、北京等地区,总共发放调研问卷70份,回收65份。在问卷筛选过程中,按照问卷剔除的一般原则:①问卷中存在许多缺失值,即有多处未填选项;②问卷填写者的回答存在前后矛盾的现象;③问卷答案存在大面积或全部一样的选项。存在以上问题的问卷往往被视为无效问卷,因此,在问卷筛选过程中应这些问卷予以删除。根据要求,一共删除了11份不合格问卷,最终得到有效问卷54份,然后对小样本进行相应的统计分析。

二、描述性统计分析

描述性统计主要是针对收集的小样本数据情况进行简单统计分析,包括企业和填写人员的基本情况,其中,企业基本情况包括成立年限、员工人数、行业领域、科研人员占比等(见表6-6),填写人员包括学历、职位级别以及工作年限等(见表6-7)。

表6-6 小样本企业基本情况统计

变量	分类	样本数量	占比(%)
成立年限	3年以下	3	5.55
	3~5年	16	29.63
	6~10年	22	40.74
	11~15年	9	16.67
	15年以上	4	7.41
员工人数	50人以下	8	14.82
	50~100人	18	33.33
	101~200人	13	24.07
	201~300人	8	14.82
	301~500人	7	12.96

续表

变量	分类	样本数量	占比（%）
行业领域	电子信息	12	22.22
	生物医药	5	9.26
	新材料	10	18.52
	光机电一体化	9	16.67
	新能源与高效节能	5	9.26
	高技术服务	10	18.52
	资源与环境	3	5.55
科研人员占比	8%~25%	9	16.67
	26%~45%	19	35.18
	46%~70%	21	38.89
	70%以上	5	9.26
研发投入占比	3%~5%	12	22.22
	6%~8%	19	35.18
	8%~10%	14	25.93
	10%以上	9	16.67
科技成果转化占比	30%~45%	5	9.26
	46%~60%	10	18.52
	61%~75%	21	38.89
	75%以上	18	33.33

在小样本调研中，如表6-6所示，科技中小企业成立年限多数在3年以上，主要集中在3~10年，超过70%，3年以下和15年以上的企业数量相对较少；本书用员工人数来衡量企业规模，人数越多，则表明企业规模越大，主要集中在50~200人，超过50%；行业领域涉及电子信息、生物医药、新材料、光机电一体化、新能源与高效节能、高技术服务等多个细分行业；作为衡量科技企业的重要指标之一，科研人员占员工人数总和的比例多集中在26%~70%；研发投入强度利用研发投入占销售总额的比例来衡量，主要集中在3%~10%，而10%以上的样本量占少数；科技成果转化主要是指企业研发的产品或服务能够最终转化为企业的经济效益或营业收入，而此项收入占企

业总营业收入的比重主要集中在46%以上,较好地反映了科技企业的本质属性。

针对被调研对象的基本情况,如表6-7所示,被调研对象的学历主要是本科(48.15%)和硕士(33.33%),能够较好地理解本问卷的调研内容;而他们的工作年限大部分在3年以上,职务为中高层管理者,对所处企业的基本情况能够有更深刻的了解和认识,从而有助于保证本问卷预调研的可靠性。

表6-7 小样本填表人基本情况统计

变量	分类	样本数量	占比(%)
学历	博士	4	7.41
	硕士	18	33.33
	本科	26	48.15
	大专及以下	6	11.11
工作年限	3年以下	7	12.96
	3~5年	28	51.85
	6~8年	13	24.07
	9~11年	4	7.41
	11年以上	2	3.71
职务	高层管理者	16	29.63
	中层管理者	38	70.37

三、信度与效度分析

通过对小样本数据的信度和效度分析,有助于检验问卷题项设计的可靠性和有效性,发现其中的问题和不足。只有小样本中问卷量表的信度和效度满足一定要求,才能进行下一步的大样本数据收集,确保问卷设计科学、合理和有意义。

(一)信度分析

信度分析是检验问卷设计可靠性的重要工具之一。目前,多数学者采用克朗巴哈系数（Cronbach's α）和 CITC 来检验问卷的信度。其中，Cronbach's α 介于 0 和 1 之间，越接近 1，则说明问卷的信度越高。在现有文献中，多数学者认为 Cronbach's α>0.7，说明问卷具有相当的信度，各个题项之间的一致性在可接受的范围内，因此，本书将 0.7 作为信度衡量的临界值之一；如果某题项的 CITC<0.3 则表明可信度低，删除该题项后，有助于提升 Cronbach's α，CITC>0.3 则表明信度尚可，因此，CITC 提供了检验个别题项是否合适的重要工具。一般情况下，在 CITC>0.3 且 Cronbach's α>0.7 的条件下，问卷量表具有较理想的信度。

1. 结构嵌入性信度分析

如表 6-8 所示，结构嵌入性的三个维度，总共 12 个题项。每个题项的 CICT 均大于 0.3，而且各个测量维度以及整体量表的 Cronbach's α 均大于 0.7，说明该量表具有较高的可靠性，满足量表的信度要求。

表 6-8 结构嵌入性的信度分析

维度	题项	CICT	各维度的 Cronbach's Alpha 值	整体的 Cronbach's Alpha 值
网络规模	A1	0.803	0.875	0.872
	A2	0.720		
	A3	0.703		
	A4	0.719		
网络异质性	B1	0.595	0.760	
	B2	0.558		
	B3	0.582		
	B4	0.505		
网络中心性	C1	0.782	0.861	
	C2	0.650		
	C3	0.607		
	C4	0.822		

2. 关系嵌入性信度分析

如表 6-9 所示，关系嵌入性的两个维度，总共 6 个题项。每个题项的

CICT 值均大于 0.3，而且各个测量维度以及整体量表的 Cronbach's α 均大于 0.7，说明该量表具有较高的可靠性，满足量表的信度要求。

表 6-9 关系嵌入性的信度分析

维度	题项	CICT	各维度的 Cronbach's Alpha 值	整体的 Cronbach's Alpha 值
关系强度	D1	0.915	0.935	0.905
	D2	0.843		
	D3	0.853		
关系质量	E1	0.788	0.901	
	E2	0.749		
	E3	0.882		

3. 动态能力信度分析

表 6-10 动态能力的信度分析

维度	题项	CICT	各维度的 Cronbach's Alpha 值	整体的 Cronbach's Alpha 值
感知能力	F1	0.713	0.814	初始值：0.845 最终值：0.871
	F2	0.597		
	F3	0.711		
整合能力	G1	0.574	初始值：0.719 最终值：0.839	
	G2	0.539		
	G3	0.626		
	G4	0.583		
	G5	0.125		
	G6	0.606		
学习能力	H1	0.782	0.825	
	H2	0.650		
	H3	0.607		
	H4	0.822		

如表 6-10 所示，动态能力的 3 个维度，总共 13 个题项。其中 G5 "企业对部门之间的资源共享很满意"这一题项的 CICT 值（0.125）小于 0.3，应予以删除，使整合能力的 Cronbach's α 由初始值 0.719 上升到了 0.839，整体量表的 Cronbach's α 由初始值 0.845 上升到了 0.871。从最终的结果来看，删除 G5 题项后，整合能力共有 5 个题项，动态能力 3 个维度共有 12 个题项。整合能力量表和动态能力量表的信度得到了提升，且大于 0.7，各题项的 CICT 值均大于 0.3，说明该量表具有较高的可靠性，满足量表的信度要求。

4. 效率型商业模式创新信度分析

如表 6-11 所示，效率型商业模式创新共有 7 个题项，每个题项的 CICT 值均大于 0.3，而且整体量表的 Cronbach's α 大于 0.7，说明该量表具有较高的可靠性，满足量表的信度要求。

表 6-11 效率型商业模式创新的信度分析

维度	题项	CICT	各维度的 Cronbach's Alpha 值	整体的 Cronbach's Alpha 值
效率型商业模式创新	I1	0.847	0.937	0.937
	I2	0.839		
	I3	0.788		
	I4	0.797		
	I5	0.800		
	I6	0.702		
	I7	0.792		

5. 新颖型商业模式创新信度分析

如表 6-12 所示，新颖型商业模式创新共有 9 个题项，其中，J3 "引入了大量的、多样化的新客户"和 J6 "引入新的运营流程、惯例和规范"的 CICT 值分别为 -0.018 和 0.241，均小于 0.3，应予以删除。删除 J3 和 J6 后，新颖型商业模式创新共有 7 个量表，其 Cronbach's α 由初始值 0.867 上升到了 0.932，且大于 0.7，各题项的 CICT 值均大于 0.3，说明该量表具有较高的可靠性，满足量表的信度要求。

第六章_研究设计与方法

表 6-12 新颖型商业模式创新的信度分析

维度	题项	CICT	各维度的 Cronbach's Alpha 值	整体的 Cronbach's Alpha 值
新颖型商业模式创新	J1	0.843	初始值为 0.867 最终值为 0.932	初始值为 0.867 最终值为 0.932
	J2	0.792		
	J3	-0.018		
	J4	0.838		
	J5	0.658		
	J6	0.241		
	J7	0.770		
	J8	0.666		
	J9	0.775		

6. 环境动态性信度分析

如表 6-13 所示，环境动态性共有 4 个题项，每个题项的 CICT 值均大于 0.3，而且整体量表的 Cronbach's α 大于 0.7，说明该量表具有较高的可靠性，满足量表的信度要求。

表 6-13 环境动态性的信度分析

变量	题项	CICT	各维度的 Cronbach's Alpha 值	整体的 Cronbach's Alpha 值
环境动态性	K1	0.790	0.897	0.897
	K2	0.736		
	K3	0.764		
	K4	0.800		

（二）效度分析

效度分析是检验问卷有效性程度的重要工具之一。结构效度的衡量主要是采用因子分析法，指标主要包括 KMO 值、Bartlett 球形检验、因子载荷、方差解释比例以及特征根等。其中，KMO 值和 Bartlett 球形检验主要判断某变量是否适合进行因子分析，当 KMO 值越接近 1 时，且 Bartlett 球形检验中的 p 值达到显著性水平，则越适合做因子分析。KMO 值的范围在 0~1，学者们普遍认为 KMO 值>0.7 时适合做因子分析，因此，将 0.7 作为了探索性因子分析的临界值。在做探索性因子分析时，利用主成分分析提取特征根大于 1 的公因子，且公因子所解释的方差变异累计要至少达到 60%，且每个题项的因子载荷要达到 0.5 以上，小于 0.5 的要予以删除。

1. 结构嵌入性效度分析

对结构嵌入性进行 KMO 和 Bartlett 球形检验。如表 6-14 所示，结构嵌入性的 KMO 值为 0.764，大于 0.7，而且 Bartlett 球形检验中，近似卡方值为 324.706，显著性水平为 0.000（$p<0.001$），综上可见，结构嵌入性适合做因子分析。

表 6-14 结构嵌入性的 KMO 与 Bartlett 的检验

Kaiser-Meyer-Olkin 测量取样适当性		0.764
Bartlett 的球形检验	近似卡方	324.706
	df	66
	显著性	0.000

对结构嵌入性的 12 个题项进行因子分析。如表 6-15 所示，结构嵌入性各个测量题项所对应的因子载荷均大于 0.5，并且根据特征根大于 1 的要求，提取了 3 个因子，其特征根分别为 5.066、1.895、1.308，累计方差解释比例为 68.913%，大于 60%。综上可见，分析结果显示，该量表具有较好的结构效度，因此，需要保留结构嵌入性的全部测量题项。

表 6-15 结构嵌入性因子分析

因子项	题项	因子载荷	特征根	方差解释比例
因子 1	A1	0.836	5.066	68.913%
	A2	0.785		
	A3	0.760		
	A4	0.838		

续表

因子项	题项	因子载荷	特征根	方差解释比例
因子2	B1	0.792	1.895	68.913%
	B2	0.566		
	B3	0.683		
	B4	0.803		
因子3	C1	0.843	1.308	
	C2	0.787		
	C3	0.748		
	C4	0.884		

2. 关系嵌入性效度分析

对关系嵌入性进行 KMO 和 Bartlett 球形检验。如表6-16所示，关系嵌入性的 KMO 值为 0.8，大于 0.7，而且 Bartlett 球形检验中，近似卡方值为 272.18，显著性水平为 0.000（$p<0.001$），综上可见，关系嵌入性适合做因子分析。

表6-16 关系嵌入性的 KMO 与 Bartlett 的检验

Kaiser-Meyer-Olkin 测量取样适当性		0.800
Bartlett 的球形检验	近似卡方	272.180
	df	15
	显著性	0.000

对关系嵌入性的6个题项进行因子分析。如表6-17所示，关系嵌入性各个测量题项所对应的因子载荷均大于0.5，并且根据特征根大于1的要求，提取了两个因子，其特征根分别为4.116、1.094，累计方差解释比例为86.837%，大于60%，综上可见，分析结果显示，该量表具有较好的结构效度，因此，需要保留关系嵌入性的全部测量题项。

表 6-17 关系嵌入性因子分析

因子项	题项	因子载荷	特征根	方差解释比例
因子 1	D1	0.912	4.116	86.837%
	D2	0.918		
	D3	0.860		
因子 2	E1	0.836	1.094	
	E2	0.885		
	E3	0.888		

3. 动态能力效度分析

删除 G5 题项后，对动态能力进行 KMO 和 Bartlett 球形检验。如表 6-18 所示，动态能力的 KMO 值为 0.813，大于 0.7，而且 Bartlett 球形检验中，近似卡方值为 292.977，显著性水平为 0.000（$p<0.001$），综上可见，动态能力适合做因子分析。

表 6-18 动态能力的 KMO 与 Bartlett 的检验

Kaiser-Meyer-Olkin 测量取样适当性		0.813
Bartlett 的球形检验	近似卡方	292.977
	df	66
	显著性	0.000

删除 G5 题项后，动态能力剩余 12 个题项，对其进行因子分析。如表 6-19 所示，动态能力各个测量题项所对应的因子载荷均大于 0.5，并且根据特征根大于 1 的要求，提取了 3 个因子，其特征根分别为 5.088、1.609 和 1.415，累计方差解释比例为 67.594%，大于 60%，综上可见，分析结果显示，该量表具有较好的结构效度，因此，需要保留除 G5 题项以外的全部测量题项。

表6-19 动态能力因子分析

因子项	题项	因子载荷	特征根	方差解释比例
因子1	F1	0.845	5.088	67.594%
	F2	0.668		
	F3	0.716		
因子2	G1	0.718	1.609	
	G2	0.712		
	G3	0.759		
	G4	0.788		
	G6	0.759		
因子3	H1	0.824	1.415	
	H2	0.734		
	H3	0.724		
	H4	0.827		

4. 效率型商业模式创新效度分析

对效率型商业模式创新进行KMO和Bartlett球形检验。如表6-20所示，效率型商业模式创新的KMO值为0.934，大于0.7，而且Bartlett球形检验中，近似卡方值为275.274，显著性水平为0.000（p<0.001），综上可见，效率型商业模式创新适合做因子分析。

表6-20 效率型商业模式创新的KMO与Bartlett的检验

Kaiser-Meyer-Olkin测量取样适当性		0.934
Bartlett的球形检验	近似卡方	275.274
	df	21
	显著性	0.000

对效率型商业模式创新的7个题项进行因子分析。如表6-21所示，效率型商业模式创新各个测量题项所对应的因子载荷均大于0.5，并且根据特征根大于1的要求，提取了一个因子，其特征根分别为5.094，累计方差解释比例

为72.774%，大于60%，综上可见，分析结果显示，该量表具有较好的结构效度，因此，需要保留其全部测量题项。

表6-21 效率型商业模式创新因子分析

因子项	题项	因子载荷	特征根	方差解释比例
因子1	I1	0.894	5.094	72.774%
	I2	0.887		
	I3	0.849		
	I4	0.854		
	I5	0.857		
	I6	0.775		
	I7	0.850		

5. 新颖型商业模式创新效度分析

删除J3和J6两个题项后，对新颖型商业模式创新进行KMO和Bartlett球形检验。如表6-22所示，效率型商业模式创新的KMO值为0.929，大于0.7，而且Bartlett球形检验中，近似卡方值为275.119，显著性水平为0.000（$p<0.001$），综上可见，适合做因子分析。

表6-22 新颖型商业模式创新的KMO与Bartlett的检验

Kaiser-Meyer-Olkin 测量取样适当性		0.929
Bartlett 的球形检验	近似卡方	275.119
	df	21
	显著性	0.000

删除J3和J6两个题项后，效率型商业模式创新剩下7个题项，对其进行因子分析。如表6-23所示，效率型商业模式创新各个测量题项所对应的因子载荷均大于0.5，并且根据特征根大于1的要求，提取了一个因子，其特征根分别为5.005，累计方差解释比例为71.497%，大于60%，综上可见，分析结果显示，该量表具有较好的结构效度，因此，需要保留除J3和J6两个题项以

外的全部测量题项。

表6-23 新颖型商业模式创新因子分析

因子项	题项	因子载荷	特征根	方差解释比例
因子1	J1	0.913	5.005	71.497%
	J2	0.872		
	J4	0.908		
	J5	0.769		
	J7	0.850		
	J8	0.784		
	J9	0.811		

6. 环境动态性效度分析

对环境动态性进行KMO和Bartlett球形检验。如表6-24所示，环境动态性的KMO值为0.822，大于0.7，而且Bartlett球形检验中，近似卡方值为125.566，显著性水平为0.000（p<0.001），综上可见，适合做因子分析。

表6-24 环境动态性的KMO与Bartlett的检验

Kaiser-Meyer-Olkin测量取样适当性		0.822
Bartlett的球形检验	近似卡方	125.566
	df	6
	显著性	0.000

对环境动态性的4个题项进行因子分析。如表6-25所示，环境动态性各个测量题项所对应的因子载荷均大于0.5，并且根据特征根大于1的要求，提取了一个因子，其特征根分别为3.063，累计方差解释比例为76.587%，大于60%，综上可见，分析结果显示，该量表具有较好的结构效度，因此，需要保留其全部测量题项。

表 6-25 环境动态性因子分析

因子项	题项	因子载荷	特征根	方差解释比例
因子1	K1	0.887	3.063	76.587%
	K2	0.851		
	K3	0.870		
	K4	0.892		

研究过程中，在参考国内和国外研究成果的基础上，通过采取一系列科学的方法和过程对调研问卷进行设计、修改和完善，论述了被解释变量——商业模式创新、解释变量——网络嵌入性、中介变量——动态能力以及调节变量——环境动态性以及控制变量等的测量，介绍了实证研究过程中所采用的主要方法，并在此基础上对设计的问卷进行了小样本测试，从而最终确定正式发放的问卷，为后面的数据收集和实证检验奠定了基础。

第七章

大样本实证分析

第一节　大样本数据收集与描述

一、数据收集与选择

本书研究的是动态能力视角下企业网络嵌入性对商业模式创新的影响，以科技中小企业为主要研究对象，因此，在选择具体的调研对象时，首先，发放问卷针对的是科技中小企业。参考国内和国外对科技中小企业的规定，以企业员工人数来界定企业规模，500人以下的科技企业（其中，科研人员占比≥8%，研发费用占比≥3%，科技成果占比≥30%等同时满足）为科技中小企业。其次，考虑到多个行业领域的调查研究能够提升结论的广泛性和稳定性（Alegre 和 Chiva，2008），样本涉及多个行业，包括电子信息、生物医药和高技术服务等多个行业。最后，由于中高层管理者对企业的基本情况相对熟悉，因此，问卷的填写者主要是企业中高层管理者，从而提升了结果的可靠性。

问卷数据的收集。部分学者尝试利用数据库或企业黄页的方式直接向企业邮寄或者是通过 E-mail 的方式发放问卷，这种方式往往导致问卷的回收情况不理想，效率偏低。为了提升问卷的回收率，在调研过程中主要通过以下两种途径发放问卷：第一，通过拥有的社会关系资源委托发放和回收相关问卷；第二，委托专业的调研机构发放问卷。通过以上途径，一共发放了520份调研问卷，最终回收了362份，问卷的回收率达到69.6%。针对初步回收的问卷，按照以下标准进行剔除：大面积选同一选项的问卷；问卷中有多处未填或漏填之处；前后回答有明显矛盾之处；不符合科技中小企业标准等。通过仔细筛查，共剔除了57份问卷，最终得到305份有效问卷，问卷的有效回收率达到58.7%。从收集到的样本企业看，科技中小企业主要来自辽宁、山东、北京、上海等地区，涵盖电子信息、高技术服务、新材料等多个领域。

由于问卷中的所有题项都是由同一个人填写和回答的，这容易造成同源偏差问题。除了采取多时点发放问卷、阐明回答无对错之分和隐匿答卷者信息以减少其对测量目的的猜测度等事前预防举措（Podsakoff 等，2003；周浩、龙立荣，2004）外，还利用 Harman 单因子检验的方法来检验同源偏差（白景坤和丁军霞，2016；王永健等，2016）。Harman 单因子法即将问卷中变量测量的所有题项全部放入 SPSS 中做探索性因子分析。如果在未旋转时只能析出一个因子或者一个公因子解释了大部分变量变异（大于50%），则表明存在严重的同源方法偏差（彭台光等，2006；尹苗苗、蔡莉，2010）。综上可见，本书将问卷中所有题项一起做因子分析，从未旋转的结果分析来看，并未析出一个共同因子，而且第一主成分的方差解释率为32.29%（小于50%），可见，单一因子并未解释绝大多数的变异量，因此，调研数据不存在严重的同源方法偏差问题，即不会影响研究结果的可靠性，可以用于后续的分析和研究。

二、样本描述

（一）企业基本情况描述统计

如表7-1所示，企业的基本情况主要包括成立年限、员工人数、行业领域等情况。其中，从企业成立年限来看，在305份有效样本数据中，科技中小企业成立时间集中在3~5年，占总样本量的51.8%；其次是6~10年，占29.84%，然而3年以下的企业较少，仅占5.57%，可见，企业成立年限超过3年的占大多数，便于本书更好地分析网络嵌入性对企业商业模式的影响；从员工人数来看，科技中小企业的员工人数主要集中在50~100人，占总样本量的44.92%，其次是101~200人和50人以下，分别占21.31%和19.02%，而301~500人的样本数最少，仅占4.59%；从行业领域来看，样本企业涵盖了电子信息、生物医药、新材料等多个领域，主要集中在电子信息领域，占总样本量的31.48%，除此之外，超过10%以上的是新材料、高技术服务和光机电一体化，分别占15.74%、12.78%和12.46%，样本量最少的是农业与农村领域，仅占2.95%。

科技中小企业研发情况主要包括科研人员占比、研发投入占比和科技成果转化占比，这些指标是衡量科技中小企业最为重要的指标。如表6-1所示，在样本企业中，科研人员占比在各个分类标准中相差不大，科研人员占比在26%~45%的最多，样本量为97，占样本总量的31.80%，其次是8%~25%，样本量为94，占30.82%，最少的是70%以上，样本量为42，占13.77%；从研发投入占比来看，样本企业主要集中在8%~10%和6%~8%这两个区间内，样本量分别为119和105，分别占样本总量的39.02%和34.43%，最少的是10%以上，样本量为39，占12.79%；从科技成果转化占比来看，样本企业主要集中在61%~75%，样本量为150，占样本总量的49.18%，其次是75%以上，样本量为87，占28.52%，最少的是30%~45%，样本量仅为10，占3.28%。综上可见，样本企业整体上符合科技中小企业的特征。

表7-1 大样本企业基本信息情况

变量	分类	样本数量	占比（%）
成立年限	3年以下	17	5.57
	3~5年	158	51.80
	6~10年	91	29.84
	11~15年	29	9.51
	15年以上	10	3.28
员工人数	50人以下	58	19.02
	50~100人	137	44.92
	101~200人	65	21.31
	201~300人	31	10.16
	301~500人	14	4.59

续表

变量	分类	样本数量	占比（%）
行业领域	电子信息	96	31.48
	生物医药	20	6.56
	新材料	48	15.74
	光机电一体化	38	12.46
	新能源与高效节能	29	9.51
	高技术服务	39	12.78
	资源与环境	26	8.52
	农业与农村	9	2.95
科研人员占比	8%~25%	94	30.82
	26%~45%	97	31.80
	46%~70%	72	23.61
	70%以上	42	13.77
研发投入占比	3%~5%	42	13.77
	6%~8%	105	34.43
	8%~10%	119	39.02
	10%以上	39	12.79
科技成果转化占比	30%~45%	10	3.28
	46%~60%	58	19.02
	61%~75%	150	49.18
	75%以上	87	28.52

（二）问卷填写人员基本情况描述统计

本问卷针对问卷填写人员的基本信息包括答卷者的学历、工作年限和职务等。如表7-2所示，在305份调查问卷中，从问卷填写人员的学历来看，主要集中在本科和硕士，样本量分别为152和93，分别占49.84%和30.49%，样本量最少的为大专及以下，占14.10%，可见，本科以上学历的样本超过80%，说明问卷填写人员的受教育程度较高，能够较好地理解本问卷的内容，有助于保证问卷的质量；从工作年限来看，主要集中在3~5年，样本量为181，占样本总量的59.34%，而低于3年的只有33，占10.82%，可见，超过

80%的人工作年限在 3 年以上;从职务来看,本问卷中高层管理者分别占 68.2%和 31.8%。综上可见,问卷填写人员对企业基本情况,包括商业模式、网络嵌入性以及企业动态能力等会有比较深刻的认知,对本书提升研究结果的可靠性提供了一定保证。

表 7-2 大样本填表人基本信息情况

变量	分类	样本数量	占比(%)
学历	博士	17	5.57
	硕士	93	30.49
	本科	152	49.84
	大专及以下	43	14.10
工作年限	3 年以下	33	10.82
	3~5 年	181	59.34
	6~8 年	72	23.61
	9~11 年	14	4.59
	11 年以上	5	1.64
职务	高层管理者	97	31.80
	中层管理者	208	68.20

(三) 大样本数据描述性统计

除对企业情况和问卷填写人员的基本信息进行描述性统计分析外,还要对调研样本中网络嵌入性、动态能力、商业模式创新以及环境动态性各维度变量的测量题项进行描述性统计分析。测量题项的描述性统计指标主要包括最大值、最小值、均值、标准差、偏度和峰度等,具体如表 7-3 所示。Kline(1998)指出,当样本的偏度绝对值小于 3,峰度绝对值小于 10 时,样本基本上服从正态分布。如表 7-3 所示,各个题项的偏度绝对值均小于 2,峰度绝对值均小于 3,都在 Kline(1998)建议的取值范围内,因此,本书的调研数据基本服从正态分布,可以做下一步实证分析和检验。

表 7-3 大样本变量题项的描述性统计

因素	题项	N	最小值	最大值	均值	标准差	偏度	峰度
网络规模	A1	305	1.0	5.0	3.620	0.8189	-0.823	1.005
	A2	305	1.0	5.0	3.780	0.8157	-0.747	0.987
	A3	305	1.0	5.0	3.557	0.8797	-0.468	0.222
	A4	305	1.0	5.0	3.525	0.8153	-0.538	0.661
网络异质性	B1	305	2.0	5.0	3.705	0.5945	-0.836	0.863
	B2	305	2.0	5.0	3.741	0.6452	-0.584	0.642
	B3	305	1.0	5.0	3.748	0.7335	-0.472	0.476
	B4	305	2.0	5.0	3.718	0.6877	-0.423	0.250
网络中心性	C1	305	1.0	5.0	3.630	0.7719	-0.548	0.629
	C2	305	1.0	5.0	3.652	0.8644	-0.617	0.573
	C3	305	1.0	5.0	3.679	0.8321	-0.339	-0.031
	C4	305	1.0	5.0	3.675	0.7713	-0.580	0.750
关系强度	D1	305	1.0	5.0	4.066	0.6994	-1.020	2.437
	D2	305	1.0	5.0	3.970	0.7795	-0.703	0.715
	D3	305	1.0	5.0	3.862	0.7483	-0.529	0.819
关系质量	E1	305	2.0	5.0	3.872	0.6835	-0.517	0.652
	E2	305	2.0	5.0	3.869	0.7362	-0.535	0.386
	E3	305	2.0	5.0	3.770	0.6929	-0.436	0.330
感知能力	F1	305	2.0	5.0	3.882	0.7112	-0.654	0.794
	F2	305	2.0	5.0	3.810	0.8131	-0.340	-0.312
	F3	305	2.0	5.0	3.803	0.7656	-0.225	-0.294
整合能力	G1	305	2.0	5.0	3.902	0.6205	-0.765	1.756
	G2	305	2.0	5.0	3.846	0.6533	-0.260	0.227
	G3	305	2.0	5.0	3.797	0.6963	-0.290	0.094
	G4	305	2.0	5.0	3.882	0.6731	-0.507	0.702
	G5	305	2.0	5.0	3.836	0.5730	-0.626	1.339
学习能力	H1	305	2.0	5.0	3.967	0.6875	-0.569	0.812
	H2	305	1.0	5.0	4.059	0.7139	-0.578	0.842
	H3	305	2.0	5.0	3.951	0.7261	-0.548	0.474
	H4	305	1.0	5.0	3.977	0.6807	-0.539	1.157

续表

因素	题项	N	最小值	最大值	均值	标准差	偏度	峰度
效率型商业模式创新	I1	305	2.0	5.0	3.964	0.7085	-1.177	2.263
	I2	305	2.0	5.0	3.977	0.7183	-1.092	1.978
	I3	305	2.0	5.0	3.957	0.7532	-0.860	1.060
	I4	305	2.0	5.0	4.020	0.7820	-0.907	0.989
	I5	305	2.0	5.0	3.948	0.7591	-0.911	1.132
	I6	305	2.0	5.0	3.957	0.7662	-0.944	1.169
	I7	305	2.0	5.0	3.934	0.7270	-0.985	1.532
新颖型商业模式创新	J1	305	2.0	5.0	4.013	0.7070	-0.918	1.657
	J2	305	2.0	5.0	4.026	0.7733	-0.733	0.573
	J3	305	1.0	5.0	4.007	0.7737	-0.826	1.286
	J4	305	1.0	5.0	3.967	0.7857	-0.679	0.612
	J5	305	1.0	5.0	4.069	0.8020	-1.011	1.306
	J6	305	2.0	5.0	4.016	0.7321	-0.684	0.756
	J7	305	1.0	5.0	3.915	0.7159	-1.065	2.067
环境动态性	K1	305	1.0	5.0	3.423	0.8477	-0.735	-0.576
	K2	305	2.0	5.0	3.548	0.8303	-0.412	-0.454
	K3	305	1.0	5.0	3.505	0.9393	-0.398	-0.664
	K4	305	1.0	5.0	3.525	0.9106	-0.547	-0.500

第二节 大样本信度与效度分析

一、信度分析

利用 SPSS22.0 对各个变量进行信度分析，结合克朗巴哈系数（Cronbach's α）和 CITC 系数检验量表的信度。

(一) 结构嵌入性信度分析

首先对结构嵌入性的量表进行信度分析,网络规模、网络异质性和网络中心性共 12 个题项。如表 7-4 所示,结构嵌入性量表 12 个题项的 CITC 值均大于 0.3 的理论临界值,满足信度要求。此外,3 个维度的 Cronbach's Alpha 值分别为 0.880、0.766 和 0.874,而结构嵌入性量表的 Cronbach's Alpha 值为 0.901,均大于 0.7 的理论临界值,满足信度要求,说明结构嵌入性的量表具有较好的信度,可靠性较高。

表 7-4 结构嵌入性的信度分析

维度	题项	CICT	各维度的 Cronbach's Alpha 值	整体的 Cronbach's Alpha 值
网络规模	A1	0.802	0.880	0.901
	A2	0.706		
	A3	0.718		
	A4	0.740		
网络异质性	B1	0.631	0.766	
	B2	0.549		
	B3	0.516		
	B4	0.585		
网络中心性	C1	0.798	0.874	
	C2	0.686		
	C3	0.684		
	C4	0.761		

(二) 关系嵌入性信度分析

对关系嵌入性的量表进行信度检验。关系嵌入性包括关系强度和关系质量两个维度,一共 6 个题项。如表 7-5 所示,关系嵌入性的 6 个题项的 CITC 值均大于 0.3 的理论临界值,满足信度要求;此外,两个维度的 Cronbach's Alpha 值分别为 0.816 和 0.853,而关系嵌入性量表的 Cronbach's Alpha 值为 0.835,均大于 0.8,大于 0.7 的理论临界值,满足信度要求,说明关系嵌入性的量表具有很好的信度,可靠性较高。

表 7-5 关系嵌入性的信度分析

维度	题项	CICT	各维度的 Cronbach's Alpha 值	整体的 Cronbach's Alpha 值
关系强度	D1	0.698	0.816	0.835
	D2	0.684		
	D3	0.626		
关系质量	E1	0.781	0.853	
	E2	0.691		
	E3	0.706		

(三) 动态能力信度分析

对动态能力的量表进行信度检验。动态能力包括感知能力、整合能力和学习能力三个维度，一共 12 个题项。如表 7-6 所示，动态能力的 12 个题项的 CITC 值均大于 0.3 的理论临界值，满足信度要求；此外，三个维度的 Cronbach's Alpha 值分别为 0.841、0.812 和 0.826，而关系嵌入性量表的 Cronbach's Alpha 值为 0.895，均大于 0.8，大于 0.7 的理论临界值，满足信度要求，说明动态能力的量表具有很好的信度，可靠性较高。

表 7-6 动态能力的信度分析

维度	题项	CICT	各维度的 Cronbach's Alpha 值	整体的 Cronbach's Alpha 值
感知能力	F1	0.745	0.841	0.895
	F2	0.694		
	F3	0.683		
整合能力	G1	0.699	0.812	
	G2	0.551		
	G3	0.541		
	G4	0.578		
	G5	0.657		
学习能力	H1	0.697	0.826	
	H2	0.638		
	H3	0.594		
	H4	0.678		

(四) 效率型商业模式创新信度分析

对效率型商业模式创新的量表进行信度检验。如表7-7所示，效率型商业模式创新7个题项的CITC值均大于0.3的理论临界值，满足信度要求；此外，量表的Cronbach's Alpha值为0.946，大于0.9，说明该量表具有很好的信度，可靠性高。

表7-7 效率型商业模式创新的信度分析

维度	题项	CICT	各维度的Cronbach's Alpha值	整体的Cronbach's Alpha值
效率型商业模式创新	I1	0.873	0.946	0.946
	I2	0.857		
	I3	0.786		
	I4	0.772		
	I5	0.818		
	I6	0.819		
	I7	0.819		

(五) 新颖型商业模式创新信度分析

对新颖型商业模式创新的量表进行信度检验。如表7-8所示，效率型商业模式创新7个题项的CITC值均大于0.3的理论临界值，满足信度要求；此外，量表的Cronbach's Alpha值为0.919，大于0.9，说明该量表具有很好的信度，可靠性高。

表7-8 新颖型商业模式创新的信度分析

维度	题项	CICT	各维度的Cronbach's Alpha值	整体的Cronbach's Alpha值
新颖型商业模式创新	J1	0.770	0.919	0.919
	J2	0.743		
	J3	0.716		

续表

维度	题项	CICT	各维度的 Cronbach's Alpha 值	整体的 Cronbach's Alpha 值
新颖型商业模式创新	J4	0.720	0.919	0.919
	J5	0.762		
	J6	0.751		
	J7	0.796		

(六)环境动态性信度分析

对环境动态性的量表进行信度检验。如表7-9所示，环境动态性4个题项的CITC值均大于0.3的理论临界值，满足信度要求；此外，该量表的Cronbach's Alpha值为0.921，大于0.9，说明该量表具有很好的信度，可靠性高。

表7-9 环境动态性的信度分析

变量	题项	CICT	各维度的 Cronbach's Alpha 值	整体的 Cronbach's Alpha 值
环境动态性	K1	0.873	0.921	0.921
	K2	0.747		
	K3	0.839		
	K4	0.817		

二、效度分析

(一)探索性因子分析

因子分析是目前检验量表效度过程中普遍采用的工具，包括探索性和验证性两种。而进行因子分析时，首先要衡量该量表是否满足做因子分析的条件，主要包括两个指标：KMO值和Bartlett球形检验值。其中，KMO值要大于0.7，并且Bartlett球形检验值达到显著水平时，说明该量表适合做因子分析。

1. 结构嵌入性的探索性因子分析

检验结构嵌入性量表做因子分析的适用性。如表7-10所示，结构嵌入性的 KMO 值为 0.903，大于 0.7；Bartlett 球形检验中的近似卡方值为 1878.029，显著性水平为 0.000（p<0.001），说明结构嵌入性的 12 个题项适合做因子分析。

表 7-10 结构嵌入性的 KMO 与 Bartlett 的检验

Kaiser-Meyer-Olkin 测量取样适当性		0.903
Bartlett 的球形检验	近似卡方	1878.029
	df	66
	显著性	0.000

在进行探索性因子分析时，采用主成分分析法，提取特征根大于 1 的因子。如表 7-11 所示，结构嵌入性共有三个特征根大于 1，分别为 5.789、1.321、1.171，因此，能够提取 3 个公因子。这 3 个公因子共同解释了 69.007% 的总体变异量，大于 60% 的临界值，因此，结构嵌入性量表具有良好的效度。

表 7-11 结构嵌入性因子分析的总方差解释

成分	初始特征值			提取平方和载入			旋转平方和载入		
	合计	方差的%	累计%	合计	方差的%	累计%	合计	方差的%	累计%
1	5.789	48.245	48.245	5.789	48.245	48.245	2.922	24.354	24.354
2	1.321	11.008	59.252	1.321	11.008	59.252	2.911	24.259	48.613
3	1.171	9.755	69.007	1.171	9.755	69.007	2.447	20.395	69.007

表 7-12 为结构嵌入性各个题项旋转后的因子载荷矩阵。结构嵌入性的 4 个题项 A1~A4 旋转后的因子载荷值分别为 0.819、0.776、0.766 和 0.801，均大于 0.5 的理论临界值，落在了公因子 2 上，提取的该公因子命名为"网络规模"；B1~B4 题项旋转后的因子载荷值分别为 0.780、0.725、0.663 和 0.698，均大于 0.5，落在了公因子 3 上，提取的该公因子命名为"网络异质性"；C1~C4 的 4 个题项旋转后的因子载荷值分别为 0.837、0.769、0.757 和 0.826，均大于 0.5，落在了公因子 1 上，提取的该公因子命名为"网络中心性"。

表 7-12 结构嵌入性旋转后的因子载荷矩阵

编号	题项	因子 1	因子 2	因子 3
A1	相对于同行业竞争对手，贵企业与供应商、客户等上下游企业联系的数量较多	0.242	0.819	0.269
A2	相对于同行业竞争对手，贵企业与同行企业联系的数量较多	0.201	0.776	0.233
A3	相对于同行业竞争对手，贵企业与政府部门、行业协会等公共部门联系的数量较多	0.223	0.766	0.269
A4	相对于同行业竞争对手，贵企业与中介机构、咨询机构等其他组织联系的数量较多	0.297	0.801	0.139
B1	贵企业与合作伙伴在主营业务上的差距较大	0.221	0.134	0.780
B2	贵企业与合作伙伴在企业规模上的差距较大	0.201	0.132	0.725
B3	贵企业合作伙伴分布的区域较广	0.121	0.266	0.663
B4	贵企业建立的合作伙伴关系种类较多	0.186	0.303	0.698
C1	贵企业很容易找到理想的合作伙伴	0.837	0.251	0.200
C2	其他企业经常希望贵企业提供一些帮助	0.769	0.244	0.164
C3	多数企业都愿意同贵企业合作	0.757	0.203	0.237
C4	贵企业经常介绍其他企业相互认识	0.826	0.219	0.201

2. 关系嵌入性的探索性因子分析

检验关系嵌入性量表做因子分析的适用性。如表 7-13 所示，关系嵌入性的 KMO 值为 0.792，大于 0.7；Bartlett 球形检验中的近似卡方值为 816.934，显著性水平为 0.000（p<0.001），说明关系嵌入性的 6 个题项适合做因子分析。

表 7-13 关系嵌入性的 KMO 与 Bartlett 的检验

Kaiser-Meyer-Olkin 测量取样适当性		0.792
Bartlett 的球形检验	近似卡方	816.934
	df	15
	显著性	0.000

采用主成分分析法对关系嵌入性进行探索性因子分析,提取特征根大于1的因子。如表7-14所示,关系嵌入性共有两个特征根大于1,分别为3.306和1.226,因此,能够提取两个公因子。这两个公因子共同解释了75.529%的总体变异量,大于60%的临界值,因此,关系嵌入性的量表具有良好的效度。

表7-14 关系嵌入性因子分析的总方差解释

成分	初始特征值			提取平方和载入			旋转平方和载入		
	合计	方差的%	累计%	合计	方差的%	累计%	合计	方差的%	累计%
1	3.306	55.097	55.097	3.306	55.097	55.097	2.329	38.809	38.809
2	1.226	20.432	75.529	1.226	20.432	75.529	2.203	36.720	75.529

表7-15 关系嵌入性旋转后的因子载荷矩阵

编号	题项	因子1	因子2
D1	贵企业与合作伙伴保持长期合作关系	0.219	0.842
D2	贵企业与合作伙伴信息交流频繁	0.256	0.821
D3	贵企业与合作伙伴资源共享频繁	0.138	0.829
E1	贵企业与合作伙伴之间能够相互信任	0.900	0.167
E2	贵企业与合作伙伴之间能够进行有效的沟通	0.837	0.200
E3	贵企业与合作伙伴之间能够秉承互惠互利的原则	0.827	0.255

表7-15为关系嵌入性各个题项旋转后的因子载荷矩阵。关系嵌入性的3个题项D1~D3旋转后的因子载荷值分别为0.842、0.821和0.829,均大于0.5的理论临界值,落在了公因子2上,提取的该公因子命名为"关系强度";E1~E3 3个题项旋转后的因子载荷值分别为0.9、0.837和0.827,均大于0.5,落在了公因子1上,提取的该公因子命名为"关系质量"。

3. 动态能力的探索性因子分析

检验动态能力量表做因子分析的适用性。如表7-16所示,动态能力的KMO值为0.904,大于0.7;Bartlett球形检验中的近似卡方值为1637.521,显著性水平为0.000($p<0.001$),说明动态能力的12个题项适合做因子分析。

表 7-16 动态能力的 KMO 与 Bartlett 的检验

Kaiser-Meyer-Olkin 测量取样适当性		0.904
Bartlett 的球形检验	近似卡方	1637.521
	df	66
	显著性	0.000

采用主成分分析法对动态能力进行探索性因子分析，提取特征根大于 1 的因子。如表 7-17 所示，动态能力共有三个特征根大于 1，分别为 5.629、1.184 和 1.043，因此，能够提取 3 个公因子。这 3 个公因子共同解释了 65.466% 的总体变异量，大于 60% 的临界值，因此，动态能力的量表具有良好的效度。

表 7-17 动态能力因子分析的总方差解释

成分	初始特征值			提取平方和载入			旋转平方和载入		
	合计	方差的%	累计%	合计	方差的%	累计%	合计	方差的%	累计%
1	5.629	46.910	46.910	5.629	46.910	46.910	2.911	24.256	24.256
2	1.184	9.864	56.774	1.184	9.864	56.774	2.629	21.906	46.161
3	1.043	8.692	65.466	1.043	8.692	65.466	2.317	19.305	65.466

表 7-18 为动态能力各个题项旋转后的因子载荷矩阵。其中，动态能力的 3 个题项 F1~F3 旋转后的因子载荷值分别为 0.799、0.807 和 0.798，均大于 0.5 的理论临界值，落在了公因子 3 上，提取的该公因子命名为"感知能力"；G1~G5 题项旋转后的因子载荷值分别为 0.772、0.720、0.617、0.688 和 0.719，均大于 0.5，落在了公因子 1 上，提取的该公因子命名为"整合能力"；H1~H4 题项旋转后的因子载荷值分别为 0.780、0.757、0.620 和 0.802，均大于 0.5，落在了公因子 2 上，提取的该公因子命名为"学习能力"。

表 7-18 动态能力旋转后的因子载荷矩阵

编号	题项	因子 1	因子 2	因子 3
F1	贵企业对所在产业发展运行规律非常了解	0.279	0.267	0.799

续表

编号	题项	因子1	因子2	因子3
F2	贵企业能充分认识到所处环境变化与发展趋势并制订计划以使企业提前做好应对	0.278	0.184	0.807
F3	贵企业能够通过与同行、顾客、供应商等利益相关者频繁交流，及时获得对企业有用的信息	0.156	0.282	0.798
G1	贵企业不断完善其自身的资源禀赋	0.772	0.250	0.163
G2	贵企业能够通过整合资源来提升工作效率和效能	0.720	0.131	0.136
G3	贵企业对资源的开发和拓展很满意	0.617	0.276	0.161
G4	贵企业利用资源完成了跨部门之间的任务	0.688	0.196	0.184
G5	贵企业对部门之间的资源共享很满意	0.719	0.201	0.300
H1	经过整合的资源提升了企业的整体效率和效能	0.224	0.780	0.239
H2	贵企业鼓励员工通过各种渠道获取知识	0.180	0.757	0.231
H3	贵企业鼓励员工和各部门之间知识、信息的交流和共享	0.325	0.620	0.250
H4	贵企业能够有效地将新知识和信息应用到重要工作上	0.240	0.802	0.149

4. 效率型商业模式创新的探索性因子分析

检验效率型商业模式创新做因子分析的适用性。如表7-19所示，效率型商业模式创新的 KMO 值为 0.944，大于 0.7；Bartlett 球形检验中的近似卡方值为 1844.519，显著性水平为 0.000（$p<0.001$），说明该量表的 7 个题项适合做因子分析。

表7-19 效率型商业模式创新的 KMO 与 Bartlett 的检验

Kaiser-Meyer-Olkin 测量取样适当性		0.944
Bartlett 的球形检验	近似卡方	1844.519
	df	21
	显著性	0.000

采用主成分分析法对效率型商业模式创新进行探索性因子分析，提取特

征根大于 1 的因子。如表 7-20 所示，效率型商业模式创新共有一个特征根大于 1，为 5.309，因此，能够提取一个公因子。这个公因子解释了 75.849% 的总体变异量，大于 60% 的临界值，因此，该量表具有良好的效度。

表 7-20　效率型商业模式创新因子分析的总方差解释

成分	初始特征值			提取平方和载入			旋转平方和载入		
	合计	方差的%	累计%	合计	方差的%	累计%	合计	方差的%	累计%
1	5.309	75.849	75.849	5.309	75.849	75.849	5.309	75.849	75.849

表 7-21 为效率型商业模式创新各个题项旋转后的因子载荷矩阵。效率型商业模式创新的 7 个题项 I1~I7 旋转后的因子载荷值分别为 0.911、0.899、0.844、0.832、0.869、0.870 和 0.869，均大于 0.5 的理论临界值，落在了公因子 1 上，提取的该公因子命名为"效率型商业模式创新"。

表 7-21　效率型商业模式创新旋转后的因子载荷矩阵

编号	题项	因子1
I1	降低了交易成本	0.911
I2	简化了交易流程	0.899
I3	交易过程中减少了交易差错	0.844
I4	降低了交易过程中信息的不对称性	0.832
I5	有利于合作伙伴之间的共享信息	0.869
I6	有利于聚集分散的需求	0.870
I7	提高了交易效率	0.869

5. 新颖型商业模式创新的探索性因子分析

检验新颖型商业模式创新做因子分析的适用性。如表 7-22 所示，新颖型商业模式创新的 KMO 值为 0.930，大于 0.7；Bartlett 球形检验中的近似卡方值为 1325.651，显著性水平为 0.000（$p<0.001$），说明该量表的 7 个题项适合做因子分析。

表 7-22　新颖型商业模式创新的 KMO 与 Bartlett 的检验

Kaiser-Meyer-Olkin 测量取样适当性		0.930
Bartlett 的球形检验	近似卡方	1325.651
	df	21
	显著性	0.000

采用主成分分析法对新颖型商业模式创新进行探索性因子分析，提取特征根大于 1 的因子。如表 7-23 所示，新颖型商业模式创新共有一个特征根大于 1，为 4.734，因此，能够提取一个公因子。这个公因子解释了 67.623% 的总体变异量，大于 60% 的临界值，因此，该量表具有良好的效度。

表 7-23　新颖型商业模式创新因子分析的总方差解释

成分	初始特征值			提取平方和载入			旋转平方和载入		
	合计	方差的%	累计%	合计	方差的%	累计%	合计	方差的%	累计%
1	4.734	67.623	67.623	4.734	67.623	67.623	4.734	67.623	67.623

表 7-24 为新颖型商业模式创新各个题项旋转后的因子载荷矩阵。新颖型商业模式创新的 7 个题项 J1~J7 旋转后的因子载荷值分别为 0.837、0.815、0.794、0.798、0.831、0.822 和 0.858，均大于 0.5 的理论临界值，落在了公因子 1 上，提取的该公因子命名为"新颖型商业模式创新"。

表 7-24　新颖型商业模式创新旋转后的因子载荷矩阵

编号	题项	因子 1
J1	提供新的产品、服务和信息组合	0.837
J2	不断引入新的合作伙伴	0.815
J3	引入了大量的、多样化的新客户	0.794
J4	采用新的方式将各种合作伙伴紧密联系在一起	0.798
J5	采用了新的交易方式	0.831
J6	引入新的运营流程、惯例和规范	0.822
J7	创造了新的盈利方式	0.858

6. 环境动态性的探索性因子分析

检验环境动态性做因子分析的适用性。如表7-25所示,环境动态性的KMO值为0.844,大于0.7;Bartlett球形检验中的近似卡方值为937.6,显著性水平为0.000（p<0.001）,说明该量表的4个题项适合做因子分析。

表7-25 环境动态性的KMO与Bartlett的检验

Kaiser-Meyer-Olkin 测量取样适当性		0.844
Bartlett 的球形检验	近似卡方	937.600
	df	6
	显著性	0.000

采用主成分分析法对环境动态性进行探索性因子分析,提取特征根大于1的因子。如表7-26所示,环境动态性共有一个特征根大于1,为3.238,因此,能够提取一个公因子。这个公因子解释了80.952%的总体变异量,大于60%的临界值,因此,该量表具有良好的效度。

表7-26 环境动态性因子分析的总方差解释

成分	初始特征值			提取平方和载入			旋转平方和载入		
	合计	方差的%	累计%	合计	方差的%	累计%	合计	方差的%	累计%
1	3.238	80.952	80.952	3.238	80.952	80.952	3.238	80.952	80.952

表7-27为环境动态性各个题项旋转后的因子载荷矩阵。环境动态性的4个题项K1~K4旋转后的因子载荷值分别为0.932、0.852、0.914和0.9,均大于0.5的理论临界值,落在了公因子1上,提取的该公因子命名为"环境动态性"。

表7-27 环境动态性旋转后的因子载荷矩阵

编号	题项	因子1
K1	企业所处行业的客户需求变化速度很快	0.932
K2	企业所处行业推出新产品或新服务的速度很快	0.852

续表

编号	题项	因子1
K3	企业所处行业的技术变化速度很快	0.914
K4	企业所处行业的政策环境变化速度很快	0.900

（二）验证性因子分析

验证性因子分析则需要利用结构方程建模的方式来检验量表建构效度的适切性和真实性。在这一分析过程中，需要参考一系列拟合指标，包括绝对拟合指标和相对拟合指标等。对于模型检验拟合指标的选择，本书参考荣泰生（2010）、邱皓政和林碧芳（2012）、Hu 和 Bentler（1999）以及 McDonald 和 Ho（2002）等国内和国外学者的观点，选择 C^2/df、GFI 和 AGFI 等一系列指标判断模型拟合程度，具体判别标准如表 7-28 所示。

表 7-28 拟合度指标判别标准

指标名称	判别标准
C^2/df	C^2/df 越小，表示模型拟合度越高；一般，$C^2/df<2$ 时，表示模型拟合较为理想，如果样本量较大，C^2/df 小于 5 时，模型也可以接受
GFI	GFI 值介于 0~1，越接近 1，表示模型拟合度越高，反之则越差；一般，GFI 值>0.9 时，表示模型拟合较为理想
AGFI	AGFI 值介于 0~1，越接近 1，表示模型拟合度越高，反之则越差；一般，GFI 值>0.9 时，表示模型拟合较为理想
NFI	NFI 值介于 0~1，越接近 1，表示模型拟合度越高，反之则越差；一般，NFI 值>0.9 时，表示模型拟合较为理想
RMSEA	RMSEA 值介于 0~1，越接近 0，表示模型拟合度越高，反之则越差；一般，RMSEA 小于 0.05 时，模型拟合良好；RMSEA 以 0.08 为可接受的模型拟合门槛
TLI	TLI 值介于 0~1，越接近 1，表示模型拟合度越高，反之则越差；一般，TLI 值>0.9 时，表示模型拟合较为理想
CFI	CFI 值介于 0~1，越接近 1，表示模型拟合度越高，反之则越差；一般，CFI 值>0.9 时，表示模型拟合较为理想
IFI	IFI 值介于 0~1，越接近 1，表示模型拟合度越高，反之则越差；一般，IFI 值>0.9 时，表示模型拟合较为理想

1. 结构嵌入性的验证性因子分析

本书通过 AMOS21.0 软件，对结构嵌入性进行验证性因子分析。结构嵌入性模型的具体检验结果如表 7-29 所示，其中，结构嵌入性量表的 12 个题项所对应的标准化系数均大于 0.5，C.R 值均大于 2，并且在 $p<0.001$ 的水平上通过了显著性检验。从结构嵌入性的各个拟合指标来看，绝对拟合指数 c^2/df 为 1.440，小于 2；GFI、AGFI 分别为 0.963 和 0.943，均大于 0.9；RMSEA 为 0.038，小于 0.05。相对拟合指数 NFI、TLI、CFI 和 IFI 均大于 0.9。综上可见，结构嵌入性验证因子分析各个指标均在可接受的范围内，因此，该模型具有良好的拟合效果，说明结构嵌入性量表具有良好的效度。

表 7-29 结构嵌入性的参数估计值与拟合优度

变量	题项	标准化系数	标准差	C.R 值	显著性
网络规模	A1	0.88	0.038	18.726	***
	A2	0.75	0.041	14.913	***
	A3	0.79	0.044	15.907	***
	A4	0.80	0.040	16.336	***
网络异质性	B1	0.73	0.033	13.238	***
	B2	0.64	0.036	11.318	***
	B3	0.62	0.042	10.852	***
	B4	0.73	0.038	13.283	***
网络中心性	C1	0.88	0.036	18.645	***
	C2	0.74	0.044	14.564	***
	C3	0.75	0.042	14.758	***
	C4	0.84	0.037	17.289	***
拟合指标	$c^2=73.440$, df=51, $c^2/df=1.440$, GFI=0.963, AGFI=0.943, NFI=0.962, TLI=0.984, CFI=0.988, IFI=0.988, RMSEA=0.038				

注：$*p<0.05$，$**p<0.01$，$***p<0.001$。

2. 关系嵌入性的验证性因子分析

对关系嵌入性进行验证性因子分析。关系嵌入性模型的具体检验结果如

表 7-30 所示,其中,关系嵌入性量表的 6 个题项所对应的标准化系数均大于 0.5,C.R 值均大于 2,并且在 p<0.001 的水平上通过了显著性检验。从关系嵌入性的各个拟合指标来看,绝对拟合指数 c^2/df 为 1.835,小于 2;GFI、AGFI 分别为 0.985 和 0.959,均大于 0.9;RMSEA 为 0.052,略大于 0.05。Hu 和 Bentler(1999)建议 RMSEA 指数小于 0.06 可以视为是一个好模型,此外,McDonald 和 Ho(2002)则建议以 0.08 为可接受模型的拟合门槛(邱皓政和林碧芳,2012),因此,RMSEA 为 0.052 在可接受范围内。相对拟合指数 NFI、TLI、CFI 和 IFI 均大于 0.9。综上可见,关系嵌入性验证因子分析的各个指标均在可接受范围之内,因此,该模型具有良好的拟合效果,说明关系嵌入性量表具有良好的效度。

表 7-30 关系嵌入性的参数估计值与拟合优度

变量	题项	标准化系数	标准差	C.R 值	显著性
关系强度	D1	0.81	0.037	15.410	***
	D2	0.81	0.041	15.378	***
	D3	0.70	0.041	12.806	***
关系质量	E1	0.88	0.033	17.989	***
	E2	0.77	0.038	14.939	***
	E3	0.80	0.035	15.760	***
拟合指标	\multicolumn{5}{l}{c^2=14.678,df=8,c^2/df=1.835,GFI=0.985,AGFI=0.959,NFI=0.982,TLI=0.985,CFI=0.992,IFI=0.992,RMSEA=0.052}

注:* p<0.05,** p<0.01,*** p<0.001。

3. 动态能力的验证性因子分析

对动态能力进行验证性因子分析。动态能力模型的具体检验结果如表 7-31 所示,其中,动态能力量表的 12 个题项所对应的标准化系数均大于 0.5,C.R 值均大于 2,并且在 p<0.001 的水平上通过了显著性检验。从动态能力的各个拟合指标来看,绝对拟合指数 c^2/df 为 1.777,小于 2;GFI、AGFI 分别为 0.952 和 0.926,均大于 0.9;RMSEA 为 0.051,略大于 0.05,小于 0.06,在可接受范围内。而相对拟合指数 NFI、TLI、CFI 和 IFI 均大于 0.9。综上可见,

动态能力验证因子分析的各个指标均在可接受范围之内，因此，该模型具有良好的拟合效果，说明动态能力量表具有良好的效度。

表7-31 动态能力的参数估计值与拟合优度

变量	题项	标准化系数	标准差	C.R值	显著性
感知能力	F1	0.86	0.035	17.500	***
	F2	0.78	0.041	15.326	***
	F3	0.76	0.039	14.807	***
整合能力	G1	0.78	0.032	15.161	***
	G2	0.62	0.036	11.239	***
	G3	0.63	0.038	11.407	***
	G4	0.66	0.036	12.190	***
	G5	0.75	0.030	14.325	***
学习能力	H1	0.79	0.035	15.418	***
	H2	0.72	0.038	13.566	***
	H3	0.69	0.039	12.908	***
	H4	0.76	0.035	14.611	***
拟合指标	\multicolumn{5}{l}{$C^2=90.651$, df=51, $C^2/df=1.777$, GFI=0.952, AGFI=0.926, NFI=0.946, TLI=0.968, CFI=0.975, IFI=0.975, RMSEA=0.051}

注：* $p<0.05$，** $p<0.01$，*** $p<0.001$。

4. 效率型商业模式创新的验证性因子分析

对效率型商业模式创新进行验证性因子分析。具体检验结果如表7-32所示，其中，效率型商业模式创新量表的7个题项所对应的标准化系数均大于0.5，C.R值均大于2，并且在$p<0.001$的水平上通过了显著性检验。从效率型商业模式创新的各个拟合指标来看，绝对拟合指数C^2/df为1.929，小于2；GFI、AGFI分别为0.976和0.952，均大于0.9；RMSEA为0.055，略大于0.05，小于0.06，在可接受范围内。相对拟合指数NFI、TLI、CFI和IFI均大于0.9。综上可见，验证因子分析的各个指标均在可接受范围之内，因此，该模型具有良好的拟合效果，说明效率型商业模式创新量表具有良好的效度。

表 7-32 效率型商业模式创新的参数估计值与拟合优度

变量	题项	标准化系数	标准差	C.R 值	显著性
效率型商业模式创新	I1	0.90	0.032	20.125	***
	I2	0.88	0.033	19.507	***
	I3	0.81	0.036	17.066	***
	I4	0.80	0.038	16.600	***
	I5	0.85	0.035	18.140	***
	I6	0.85	0.036	18.143	***
	I7	0.84	0.034	18.020	***
拟合指标	$c^2=27.002$，df$=14$，$c^2/$df$=1.929$，GFI$=0.976$，AGFI$=0.952$，NFI$=0.986$，TLI$=0.989$，CFI$=0.993$，IFI$=0.993$，RMSEA$=0.055$				

注：* $p<0.05$，** $p<0.01$，*** $p<0.001$。

5. 新颖型商业模式创新的验证性因子分析

对新颖型商业模式创新进行验证性因子分析。具体检验结果如表 7-33 所示，其中，新颖型商业模式创新量表的 7 个题项所对应的标准化系数均大于 0.5，C.R 值均大于 2，并且在 $p<0.001$ 的水平上通过了显著性检验。从新颖型商业模式创新的各个拟合指标来看，绝对拟合指数 $c^2/$df 为 1.843，小于 2；GFI、AGFI 分别为 0.978 和 0.956，均大于 0.9；RMSEA 为 0.053，略大于 0.05，小于 0.06，在可接受范围内。相对拟合指数 NFI、TLI、CFI 和 IFI 均大于 0.9。综上可见，验证因子分析的各个指标均在可接受范围之内，因此，该模型具有良好的拟合效果，说明新颖型商业模式创新量表具有良好的效度。

表 7-33 新颖型商业模式创新的参数估计值与拟合优度

变量	题项	标准化系数	标准差	C.R 值	显著性
新颖型商业模式创新	J1	0.81	0.034	16.749	***
	J2	0.78	0.038	15.746	***
	J3	0.75	0.039	15.076	***
	J4	0.76	0.039	15.191	***
	J5	0.80	0.039	16.454	***
	J6	0.78	0.036	15.962	***
	J7	0.84	0.034	17.639	***

续表

变量	题项	标准化系数	标准差	C.R 值	显著性
拟合指标	$c^2=25.809$，df=14，$c^2/df=1.843$，GFI=0.978，AGFI=0.956，NFI=0.981，TLI=0.993，CFI=0.991，IFI=0.991，RMSEA=0.053				

注：$*p<0.05$，$**p<0.01$，$***p<0.001$。

6. 环境动态性的验证性因子分析

对环境动态性进行验证性因子分析。具体检验结果如表7-34所示，其中，环境动态性量表的四个题项所对应的标准化系数均大于0.5，C.R值均大于2，并且在$p<0.001$的水平上通过了显著性检验。从环境动态性的各个拟合指标来看，绝对拟合指数c^2/df为1.952，小于2；GFI、AGFI分别为0.994和0.969，均大于0.9；RMSEA为0.056，大于0.05，小于0.06，在可接受范围之内。相对拟合指数NFI、TLI、CFI和IFI均大于0.9。综上可见，环境动态性验证因子分析的各个指标均在可接受范围之内，该模型具有良好的拟合效果，说明环境动态性量表具有良好的效度。

表7-34 环境动态性的参数估计值与拟合优度

变量	题项	标准化系数	标准差	C.R 值	显著性
环境动态性	K1	0.93	0.037	21.160	***
	K2	0.77	0.041	15.675	***
	K3	0.89	0.043	19.639	***
	K4	0.85	0.042	18.312	***
拟合指标	$c^2=3.903$，df=2，$c^2/df=1.952$，GFI=0.994，AGFI=0.969，NFI=0.996，TLI=0.994，CFI=0.998，IFI=0.998，RMSEA=0.056				

注：$*p<0.05$，$**p<0.01$，$***p<0.001$。

第三节 假设检验与分析

在完成对各个变量测量量表的信度和效度检验之后,采用相关分析和层次回归分析对提出的相关研究假设进行实证检验。在相关分析过程中,通过 SPSS 软件,利用 Pearson 系数对各变量两两之间的相关性进行分析,当 Pearson 系数的绝对值越接近 1 时,说明两个变量之间的相关性越强,而 Pearson 系数的正负号则分别表示正相关或负相关;在层次回归分析时,探究网络嵌入性对商业模式创新影响中的各个解释变量可能存在多重共线性问题,利用方差膨胀因子(Variance Inflation Factor,VIF)指数来进行检验,其中,当 $0<VIF<10$ 时,则表明不存在多重共线性,即对回归分析中的研究结果影响不大。

一、网络嵌入性对商业模式创新的实证分析

(一)相关分析

利用 SPSS 对网络嵌入性和商业模式创新进行相关分析。表 7-35 是解释变量网络嵌入性与被解释变量商业模式创新的均值、标准差以及其各个变量之间的相关系数矩阵。由表 7-35 可知,结构嵌入性与效率型商业模式创新显著正相关($r=0.676$,$p<0.01$),其中,网络规模、网络异质性、网络中心性与效率型商业模式创新的相关系数分别为 0.624、0.512、0.549,在 $p<0.01$ 的显著水平下相关;结构嵌入性与新颖型商业模式创新显著正相关($r=0.677$,$p<0.01$),其中,网络规模、网络异质性、网络中心性与新颖型商业模式创新的相关系数分别为 0.565、0.543、0.590,在 $p<0.01$ 的显著水平下相关;关系嵌入性与效率型商业模式创新显著正相关($r=0.570$,$p<0.01$),其中,关系强度、关系质量与效率型商业模式创新的相关系数分别为 0.500 和 0.473,在 $p<0.01$ 的显著水平下相关;关系嵌入性与新颖型商业模式创新显著正相关($r=0.584$,$p<0.01$),其中,关系强度、关系质量与效率型商业模式创新的相关系数分别为 0.530 和 0.468,在 $p<0.01$ 的显著水平下相关。

综上可见，网络嵌入性与商业模式创新之间具有一定的相关性，为通过回归分析检验网络嵌入性对商业模式创新的影响奠定了基础。

表7-35 研究变量描述性统计与相关系数矩阵（一）

	1	2	3	4	5	6	7	8	9
结构嵌入性	1								
网络规模	0.869**	1							
网络异质性	0.789**	0.564**	1						
网络中心性	0.845**	0.570**	0.512**	1					
关系嵌入性	0.578**	0.493**	0.468**	0.488**	1				
关系强度	0.515**	0.453**	0.383**	0.446**	0.858**	1			
关系质量	0.472**	0.389**	0.417**	0.387**	0.851**	0.461**	1		
效率型商业模式创新	0.676**	0.624**	0.512**	0.549**	0.570**	0.500**	0.473**	1	
新颖型商业模式创新	0.677**	0.565**	0.543**	0.590**	0.584**	0.530**	0.468**	0.555**	1
均值	3.669	3.621	3.728	3.659	3.902	3.966	3.837	3.965	4.002
标准差	0.536	0.714	0.512	0.691	0.536	0.635	0.620	0.648	0.621

注：* $p<0.05$，** $p<0.01$，*** $p<0.001$（双尾）。

（二）网络嵌入性对商业模式创新的影响分析

通过层次回归探讨网络嵌入性对科技中小企业商业模式创新的影响，对假设1a、假设1b、假设2a、假设2b及其细分假设进行检验。如表7-36所示，在模型1~模型3中，效率型商业模式创新是因变量，模型4~模型6中，新颖型商业模式创新是因变量。其中，模型1中的自变量仅有控制变量（企业年龄、规模以及研发强度），模型2在模型1的基础上，将结构嵌入性和关系嵌入性作为自变量纳入模型中，模型3是在模型1的基础上，将结构嵌入性和关系嵌入性的细分维度作为自变量纳入模型中，分别探究控制变量、结构嵌入性和关系嵌入性及其细分维度与效率型商业模式创新之间的关系；模型4中的自变量仅有控制变量，模型5在模型4的基础上，将结构嵌入性和关系嵌入性作为自变量纳入模型中,模型 6 是在模型 4 的基础上,将结构嵌入性和关系嵌入性的细分维度作为自变量纳入模型中,分别探究控制变量、结构嵌入性和关系嵌入性及其细分维度与新颖型商业模式创新之间的关系。

表 7-36 网络嵌入性对企业商业模式创新的影响分析结果

变量	效率型商业模式创新			新颖型商业模式创新		
	模型 1	模型 2	模型 3	模型 4	模型 5	模型 6
企业年龄	0.301***	0.063	0.046	0.212**	-0.032	-0.019
企业规模	0.024	-0.082	-0.082	0.099	-0.009	-0.011
研发强度	0.012	-0.050	-0.050	0.045	-0.020	-0.016
结构嵌入性		0.521***			0.525***	
关系嵌入性		0.271***			0.292***	
网络规模			0.331***			0.182**
网络异质性			0.111*			0.183***
网络中心性			0.180*			0.257***
关系强度			0.159**			0.208***
关系质量			0.160**			0.134**
F	10.992***	62.629***	39.666***	8.445***	63.791***	39.895***
R	0.314	0.715	0.719	0.279	0.718	0.720
R^2	0.099	0.512	0.517	0.078	0.516	0.519
调整的 R^2	0.090	0.503	0.504	0.068	0.508	0.506
VIF	≤1.505	≤1.739	≤2.061	≤1.505	≤1.739	≤2.061

注: +<0.1, * p<0.05, ** p<0.01, *** p<0.001。

具体回归分析结果如表 7-36 所示,模型 1~模型 6 的 F 值均在 0.001 的水平上显著,回归模型均通过了显著性检验。此外,各个模型的解释变量的 VIF 值最大为 2.061,均小于 3,说明模型回归过程中不存在严重的多重共线性。与模型 1 相比,模型 2 的方差解释力 R^2 由 9.9% 上升到 51.2%,结构嵌入性显著的正向影响效率型商业模式创新(b=0.521, p<0.001),关系嵌入性显著的正向影响效率型商业模式创新(b=0.271, p<0.001),假设 1a 和假设

2a 得到验证。与模型 1 相比，模型 3 的方差解释力 R^2 由 9.9% 上升到 51.7%，结构嵌入性的维度网络规模（$b=0.331$，$p<0.001$）、网络异质性（$b=0.111$，$p<0.05$）、网络中心性（$b=0.180$，$p<0.05$）分别显著的正向影响效率型商业模式创新，假设 1a-1、假设 1a-2 和假设 1a-3 得到验证，关系嵌入性的维度关系强度（$b=0.159$，$p<0.01$）和关系质量（$b=0.160$，$p<0.01$）分别显著的正向影响效率型商业模式创新，假设 H2a-1 和假设 H2a-2 得到验证。

与模型 4 相比，模型 5 的方差解释力 R^2 由 7.8% 上升到 51.6%，结构嵌入性显著的正向影响新颖型商业模式创新（$b=0.525$，$p<0.001$），关系嵌入性显著的正向影响新颖型商业模式创新（$b=0.292$，$p<0.001$），假设 1b 和假设 2b 得到验证。与模型 4 相比，模型 6 的方差解释力 R^2 由 7.8% 上升到 51.9%，结构嵌入性的维度网络规模（$b=0.182$，$p<0.01$）、网络异质性（$b=0.183$，$p<0.001$）、网络中心性（$b=0.257$，$p<0.001$）分别显著的正向影响新颖型商业模式创新，假设 1b-1、假设 1b-2 和假设 1b-3 得到验证，关系嵌入性的维度关系强度（$b=0.208$，$p<0.001$）和关系质量（$b=0.134$，$p<0.01$）分别显著的正向影响新颖型商业模式创新，假设 H2b-1 和假设 H2b-2 得到验证。

二、动态能力中介作用的实证分析

（一）相关分析

表 7-37 是对网络嵌入性（自变量）、动态能力（中介变量）和商业模式创新（因变量）的均值、标准差以及变量间的相关性进行统计分析。

表 7-37　研究变量描述性统计与相关系数矩阵（二）

	1	2	3	4	5	6	7	8
结构嵌入性	1							
关系嵌入性	0.578**	1						
动态能力	0.785**	0.633**	1					
感知能力	0.672**	0.535**	0.867**	1				

续表

	1	2	3	4	5	6	7	8
整合能力	0.656**	0.518**	0.818**	0.557**	1			
学习能力	0.666**	0.554**	0.851**	0.579**	0.591**	1		
效率型商业模式创新	0.676**	0.570**	0.728**	0.599**	0.645**	0.614**	1	
新颖型商业模式创新	0.677**	0.584**	0.636**	0.499**	0.562**	0.566**	0.555**	1
均值	3.669	3.902	3.891	3.832	3.852	3.988	3.965	4.002
标准差	0.536	0.536	0.487	0.666	0.487	0.569	0.678	0.621

注：* $p<0.05$，** $p<0.01$，*** $p<0.001$。

从表 7-37 中可以看出，结构嵌入性与动态能力及其 3 个维度感知能力、整合能力和学习能力的相关系数分别为 0.785、0.672、0.656 和 0.666，在 0.01 的水平下显著，说明结构嵌入性与动态能力及其 3 个维度显著正相关；关系嵌入性与动态能力及其 3 个维度的相关系数分别为 0.633、0.535、0.518 和 0.554，在 0.01 的水平下显著，说明关系嵌入性与动态能力及其 3 个维度分别显著正相关；动态能力及其 3 个维度与效率型商业模式创新的相关系数分别为 0.728、0.599、0.645 和 0.614，在 0.01 的水平下显著，说明动态能力及其 3 个维度分别与效率型商业模式创新显著正相关；动态能力及其 3 个维度与新颖型商业模式创新的相关系数分别为 0.636、0.499、0.562 和 0.555，在 0.01 的水平下显著，说明动态能力及其 3 个维度分别与新颖型商业模式创新显著正相关。

(二) 网络嵌入性对动态能力的影响分析

利用回归分析探究网络嵌入性对科技中小企业动态能力的影响，对假设 3 和假设 4 及其细分假设进行检验，如表 7-38 和表 7-39 所示。

表 7-38　网络嵌入性对动态能力的影响分析结果 (一)

变量	动态能力			感知能力		
	模型 1	模型 2	模型 3	模型 4	模型 5	模型 6
企业年龄	0.328***	0.059	0.025	0.326***	0.098+	0.062

续表

变量	动态能力			感知能力		
	模型1	模型2	模型3	模型4	模型5	模型6
企业规模	0.092	-0.029	-0.025	0.038	-0.065	-0.061
研发强度	0.047	-0.021	-0.024	0.064	0.008	0.004
结构嵌入性		0.615***			0.528***	
关系嵌入性		0.269***			0.215***	
网络规模			0.439***			0.413***
网络异质性			0.149***			0.116*
网络中心性			0.151***			0.107*
关系强度			0.143***			0.110*
关系质量			0.176***			0.146**
F	10.992***	120.063***	80.285***	13.867***	57.570***	38.517***
R	0.314	0.817	0.827	0.348	0.700	0.714
R^2	0.099	0.668	0.685	0.121	0.491	0.510
调整的 R^2	0.090	0.662	0.676	0.113	0.482	0.497
VIF	≤1.505	≤1.739	≤2.061	≤1.505	≤1.739	≤2.061

注：+<0.1，* $p<0.05$，** $p<0.01$，*** $p<0.001$。

表7-39 网络嵌入性对动态能力的影响分析结果（二）

变量	整合能力			学习能力		
	模型7	模型8	模型9	模型10	模型11	模型12
企业年龄	0.248***	0.022	0.003	0.249***	0.018	-0.010
企业规模	0.102	-0.001	0.002	0.105	-0.002	0.005
研发强度	0.008	-0.048	-0.050	0.038	-0.021	-0.024
结构嵌入性		0.524***			0.511***	
关系嵌入性		0.213***			0.256***	
网络规模			0.330***			0.362***
网络异质性			0.142*			0.125*
网络中心性			0.157**			0.128*

续表

变量	整合能力			学习能力		
	模型7	模型8	模型9	模型10	模型11	模型12
关系强度			0.119*			0.136**
关系质量			0.133**			0.167***
F	11.121***	51.550***	32.649***	11.217***	56.999***	36.885***
R	0.316	0.680	0.685	0.317	0.699	0.707
R^2	0.100	0.463	0.469	0.101	0.488	0.499
调整的R^2	0.091	0.454	0.454	0.092	0.479	0.486
VIF	≤1.505	≤1.739	≤2.061	≤1.505	≤1.739	≤2.061

注：+<0.1，* $p<0.05$，** $p<0.01$，*** $p<0.001$。

如表7-38所示，模型1~模型3的因变量是动态能力，模型4~模型6的因变量是感知能力。模型1中的自变量仅包含控制变量，模型2是在模型1的基础上纳入自变量结构嵌入性和关系嵌入性，探究其对动态能力的影响，模型3是在模型1的基础上纳入结构嵌入性和关系嵌入性的细分维度，探究其对动态能力的影响，模型4中的自变量仅包含控制变量，模型5是在模型4的基础上纳入自变量结构嵌入性和关系嵌入性，探究其对感知能力的影响，模型6是在模型4的基础上纳入结构嵌入性和关系嵌入性的细分维度，探究其对感知能力的影响。

回归分析结果详见表7-38。模型1~模型6的F值均在0.001的水平上显著，回归模型均通过了显著性检验。此外，各个模型的解释变量的VIF值最大为2.061，均小于3，说明模型回归过程中不存在严重的多重共线性。与模型1相比，模型2的方差解释力R^2由10%上升到66.8%，结构嵌入性显著的正向影响动态能力（$b=0.615$，$p<0.001$），关系嵌入性显著的正向影响动态能力（$b=0.269$，$p<0.001$），假设3和假设4得到验证，与模型1相比，模型3的方差解释力R^2由9.9%上升到68.5%，结构嵌入性的维度网络规模（$b=0.439$，$p<0.001$）、网络异质性（$b=0.149$，$p<0.001$）、网络中心性（$b=0.151$，$p<0.001$）显著的正向影响动态能力，假设3a、假设3b、假设3c得到验证，关系嵌入性的维度关系强度（$b=0.143$，$p<0.05$）和关系质量（$b=0.176$，$p<$

0.001）显著的正向影响动态能力，假设 4a 和假设 4b 得到验证。

与模型 4 相比，模型 5 的方差解释力 R^2 由 12.1% 上升到 49.1%，结构嵌入性显著的正向影响感知能力（$b=0.528$，$p<0.001$），关系嵌入性显著的正向影响感知能力（$b=0.215$，$p<0.001$），与模型 4 相比，模型 6 的方差解释力 R^2 由 12.1% 上升到 51%，结构嵌入性的维度网络规模（$b=0.413$，$p<0.001$）、网络异质性（$b=0.116$，$p<0.05$）、网络中心性（$b=0.107$，$p<0.05$）显著的正向影响感知能力，假设 H3a-1、假设 3b-1、假设 3c-1 得到验证，关系嵌入性的维度关系强度（$b=0.110$，$p<0.05$）和关系质量（$b=0.146$，$p<0.01$）显著的正向影响感知能力，假设 4a-1 和假设 4b-1 得到验证。

如表 7-39 所示，模型 7~模型 12 的因变量是整合能力，模型 4~模型 6 的因变量是学习能力。模型 7 中的自变量仅包含控制变量（企业年龄、规模以及研发强度），模型 8 是在模型 7 的基础上纳入自变量结构嵌入性和关系嵌入性，探究其对整合能力的影响，模型 9 是在模型 7 的基础上纳入结构嵌入性和关系嵌入性的细分维度，探究其对整合能力的影响，模型 10 中的自变量仅包含控制变量（企业年龄、规模以及研发强度），模型 11 是在模型 1 的基础上纳入自变量结构嵌入性和关系嵌入性，探究其对学习能力的影响，模型 12 是在模型 10 的基础上纳入结构嵌入性和关系嵌入性的细分维度，探究其对学习能力的影响。

回归分析结果详见表 7-39。模型 7~模型 12 的 F 值均在 0.001 的水平上显著，回归模型均通过了显著性检验。此外，各个模型的解释变量的 VIF 值最大为 2.061，均小于 3，说明模型回归过程中不存在严重的多重共线性。与模型 7 相比，模型 8 的方差解释力 R^2 由 10% 上升到 46.3%，结构嵌入性显著的正向影响整合能力（$b=0.524$，$p<0.001$），关系嵌入性显著的正向影响整合能力（$b=0.213$，$p<0.001$），与模型 7 相比，模型 9 的方差解释力 R^2 由 10% 上升到 46.9%，结构嵌入性的维度网络规模（$b=0.330$，$p<0.001$）、网络异质性（$b=0.142$，$p<0.05$）、网络中心性（$b=0.157$，$p<0.01$）显著的正向影响整合能力，假设 3a-2、假设 3b-2、假设 3c-2 得到验证，关系嵌入性的维度关系强度（$b=0.119$，$p<0.05$）和关系质量（$b=0.133$，$p<0.01$）显著的正向影响整合能力，假设 4a-2 和假设 4b-2 得到验证。

与模型 10 相比，模型 11 的方差解释力 R^2 由 10.1% 上升到 48.8%，结构嵌入性显著的正向影响学习能力（$b=0.511$，$p<0.001$），关系嵌入性显著的正向

影响学习能力（$b=0.256$，$p<0.001$），与模型 10 相比，模型 12 的方差解释力 R^2 由 10.1% 上升到 49.9%，结构嵌入性的维度网络规模（$b=0.362$，$p<0.001$）、网络异质性（$b=0.125$，$p<0.05$）、网络中心性（$b=0.128$，$p<0.05$）显著的正向影响学习能力，假设 H3a-1、假设 3b-1、假设 3c-1 得到验证，关系嵌入性的维度关系强度（$b=0.136$，$p<0.01$）和关系质量（$b=0.167$，$p<0.001$）显著的正向影响学习能力，假设 4a-1 和假设 4b-1 得到验证。

（三）动态能力对商业模式创新的影响分析

利用回归分析探究动态能力对科技中小企业商业模式创新的影响，对假设 5a 和假设 5b 及其细分假设进行检验，如表 7-40 所示。

表 7-40 动态能力对商业模式创新的影响分析结果

变量	效率型商业模式创新			新颖型商业模式创新		
	模型 1	模型 2	模型 3	模型 4	模型 5	模型 6
企业年龄	0.301***	0.067	0.072	0.212**	0.008	0.017
企业规模	0.024	-0.041	-0.047	0.099	0.042	0.034
研发强度	0.012	-0.021	-0.016	0.045	0.016	0.021
动态能力		0.714***			0.621***	
感知能力			0.234***			0.155**
整合能力			0.346***			0.291***
学习能力			0.258***			0.291***
F	10.992***	85.450***	58.487***	8.445***	38.525***	28.511***
R	0.314	0.730	0.735	0.279	0.637	0.646
R^2	0.099	0.533	0.541	0.078	0.406	0.417
调整的 R^2	0.090	0.526	0.532	0.068	0.398	0.406
VIF	≤1.505	≤1.592	≤1.806	≤1.505	≤1.592	≤1.806

注：+<0.1，* $p<0.05$，** $p<0.01$，*** $p<0.001$。

如表 7-40 所示，模型 1~模型 3 的因变量是效率型商业模式创新，模型 4~模型 6 的因变量是新颖型商业模式创新。模型 1 中的自变量仅包含控制变量（企业年龄、规模以及研发强度），模型 2 是在模型 1 的基础上纳入自变量动态能力，探究其对效率型商业模式创新的影响，模型3是在模型1的基础上纳入自变量动态能力的细分维度（感知、整合和学习能力），探究其对新颖型商业模式创新的影响，模型4中的自变量仅包含控制变量（企业年龄、规模以及研发强度），模型5是在模型4的基础上纳入动态能力，探究其对新颖型商业模式创新的影响，模型6是在模型4的基础上纳入动态能力的细分维度，探究其对新颖型商业模式创新的影响。

动态能力对商业模式创新的回归分析结果详见表7-40。模型1~模型6的F值均在0.001的水平上显著，回归模型均通过了显著性检验。此外，各个模型的解释变量的VIF值最大为1.806，均小于2，说明模型回归过程中不存在严重的多重共线性。与模型1相比，模型2的方差解释力R^2由9.9%上升到53.3%，动态能力显著的正向影响效率型商业模式创新（$b=0.714$，$p<0.001$），假设5a得到验证。与模型1相比，模型3的方差解释力R^2由9.9%上升到54.1%，动态能力的维度感知能力（$b=0.234$，$p<0.001$）、整合能力（$b=0.346$，$p<0.05$）、学习能力（$b=0.258$，$p<0.01$）显著的正向影响效率型商业模式创新，假设5a-1、假设5a-2、假设5a-3得到验证。与模型4相比，模型5的方差解释力R^2由7.8%上升到40.6%，动态能力显著的正向影响新颖型商业模式创新（$b=0.621$，$p<0.001$），假设5b得到验证。与模型4相比，模型6的方差解释力R^2由7.8%上升到41.7%，动态能力的维度感知能力（$b=0.155$，$p<0.01$）、整合能力（$b=0.291$，$p<0.001$）、学习能力（$b=0.291$，$p<0.001$）显著的正向影响新颖型商业模式创新，假设5b-1、假设5b-2、假设5b-3得到验证。

（四）动态能力的中介作用分析

针对中介作用的检验，学术界应用较为广泛的是Baron和Kenny（1986）[①]提出的传统3步检验法。该方法的操作原理是：第一步，检验自变量与因变量之间是否显著相关，如果相关，则进行第二步；如果不相关，证明不存在中介作用，则停止检验。第二步，检验自变量与中介变量是否显著相关，如果相关，则进行第三步；如果不相关，证明不存在中介作用，则停止检验。第三步，在检验中介变量和因变量显著相关后，将自变量与中介变量一起放

---

① Baron R M, Kenny D A. The moderator-mediator variable distinction in social psychological research: Conceptual, strategic, and statistical considerations [J]. Journal of personality and social psychology, 1986, 51 (6): 1173-1182.

入方程,中介变量显著,如果自变量系数不显著,则说明存在完全中介作用;如果自变量系数显著,则说明存在部分中介作用。因此,本书采用该方法检验动态能力在网络嵌入性与商业模式创新之间是否起着中介作用。

表7-41 网络嵌入性与商业模式创新:动态能力的中介作用结果分析

变量	效率型商业模式创新				新颖型商业模式创新			
	模型1	模型2	模型3	模型4	模型5	模型6	模型7	模型8
企业年龄	0.063	0.037	0.046	0.035	-0.032	-0.032	-0.019	-0.024
企业规模	-0.082	-0.069	-0.082	-0.071	-0.009	0.009	-0.011	-0.007
研发强度	-0.050	-0.041	-0.050	-0.039	-0.020	-0.020	-0.016	-0.012
结构嵌入性	0.521***	0.253***			0.525***	0.428***		
关系嵌入性	0.271***	0.153***			0.292***	0.250***		
网络规模			0.331***	0.142*			0.182**	0.101
网络异质性			0.111*	0.047			0.183***	0.155**
网络中心性			0.180*	0.115*			0.257***	0.229***
关系强度			0.159**	0.098*			0.208***	0.181***
关系质量			0.160**	0.041+			0.134**	0.101*
动态能力		0.437***		0.431***		0.158*		0.184***
F	62.629***	67.207***	39.666***	44.520***	63.791***	54.780***	39.895***	36.894***
R	0.715	0.758	0.719	0.759	0.718	0.724	0.720	0.728
R^2	0.512	0.575	0.517	0.576	0.516	0.524	0.519	0.530
调整的R^2	0.503	0.566	0.504	0.563	0.508	0.515	0.506	0.515
VIF	≤1.739	≤3.008	≤2.061	≤3.170	≤1.739	≤3.008	≤2.061	≤3.170

注:+<0.1,*p<0.05,**p<0.01,***p<0.001。

如表7-41所示,模型1~模型4的因变量是效率型商业模式创新,模型5~模型8的因变量是新颖型商业模式创新,模型1的自变量包括控制变量、自变量结构嵌入性和关系嵌入性,模型2在模型1基础上纳入中介变量动态能力,模型3包括控制变量、自变量结构嵌入性和关系嵌入性的细分维度,模型4在模型3的基础上纳入中介变量动态能力;模型5的自变量包括控制变量、自变量结构嵌入性和关系嵌入性,模型6在模型5基础上纳入中介变量动态能力，模型 7 包括控制变量、自变量结构嵌入性和关系嵌入性的细分维度，模型 8 在模型 7 的基础上纳入中介变量动态能力。

具体回归分析结果如表 7-41 所示，模型 1~模型 8 的 F 值均在 0.001 的水平上显著，回归模型均通过了显著性检验。此外，各个模型的解释变量的 VIF 值最大为 3.170，均小于 4，说明模型回归过程中不存在严重的多重共线性。在模型 1 中，结构嵌入性（$b=0.521$，$p<0.001$）和关系嵌入性（$b=0.271$，$p<0.001$）分别显著的正向影响效率型商业模式创新，模型 2 中纳入中介变量动态能力以后，结构嵌入性（$b=0.253$，$p<0.001$）、关系嵌入性（$b=0.153$，$p<0.001$）分别显著的正向影响效率型商业模式创新，但是影响作用下降了，这说明动态能力分别在结构嵌入性、关系嵌入性与效率型商业模式创新之间起着部分中介作用，假设 6a 和假设 6c 得到验证。同理，在模型 3 中，网络规模（$b=0.331$，$p<0.001$）、网络异质性（$b=0.111$，$p<0.05$）、网络中心性（$b=0.180$，$p<0.05$）、关系强度（$b=0.159$，$p<0.01$）和关系质量（$b=0.160$，$p<0.01$）分别显著的正向影响效率型商业模式创新，模型 4 中介变量动态能力以后，网络规模（$b=0.142$，$p<0.05$）、网络中心性（$b=0.115$，$p<0.05$）、关系强度（$b=0.098$，$p<0.05$）和关系质量（$b=0.041$，$p<0.1$）分别显著的正向影响效率型商业模式创新，但是影响作用下降了，这说明动态能力在其中起部分中介作用，假设 6a-1、假设 6a-2、假设 6c-1、假设 6c-2 得到验证，而网络异质性对效率型商业模式创新的影响不显著，这说明动态能力在其中起完全中介作用，假设 6a-3 得到验证。

在模型 5 中，结构嵌入性（$b=0.525$，$p<0.001$）和关系嵌入性（$b=0.292$，$p<0.001$）分别显著的正向影响新颖型商业模式创新，模型 6 中纳入中介变量动态能力以后，结构嵌入性（$b=0.428$，$p<0.001$）、关系嵌入性（$b=0.250$，$p<0.001$）分别显著的正向影响新颖型商业模式创新，但是影响作用下降了，这说明动态能力分别在结构嵌入性、关系嵌入性与新颖型商业模式创新之间起着部分中介作用，假设 6b 和假设 6d 得到验证。同理，在模型 7 中，网络规模（$b=0.182$，$p<0.01$）、网络异质性（$b=0.183$，$p<0.001$）、网络中心性（$b=0.257$，$p<0.001$）、关系强度（$b=0.208$，$p<0.001$）和关系质量（$b=0.134$，$p<0.01$）分别显著的正向影响新颖型商业模式创新，模型 8 中介变量动态能力以后，网络异质性（$b=0.155$，$p<0.05$）、

网络中心性（$b=0.229$，$p<0.001$）、关系强度（$b=0.181$，$p<0.001$）和关系质量（$b=0.101$，$p<0.05$）分别显著的正向影响新颖型商业模式创新，但是影响作用下降了，这说明动态能力在其中起部分中介作用，假设 6b-2、假设 6b-3、假设 6d-1、假设 6d-2 得到验证，而网络规模对新颖型商业模式创新的影响不显著，这说明动态能力在其中起完全中介作用，假设 6b-1 得到验证。

三、环境动态性调节作用的实证分析

（一）相关分析

表 7-42 是对自变量结构嵌入性和关系嵌入性、中介变量动态能力、调节变量环境动态性和因变量商业模式创新的均值、标准差和相关系数矩阵。结果表明，结构嵌入性与动态能力（$r=0.785$，$p<0.01$）、关系嵌入性与动态能力（$r=0.633$，$p<0.01$）、动态能力与效率型商业模式创新（$r=0.728$，$p<0.01$）、动态能力与新颖型商业模式创新（$r=0.636$，$p<0.01$）、环境动态性与效率型商业模式创新（$r=0.140$，$p<0.05$）、环境动态性与新颖型商业模式创新（$r=0.185$，$p<0.01$）具有显著正相关关系。

表 7-42 研究变量描述性统计与相关系数矩阵（三）

	1	2	3	4	5	6
结构嵌入性	1					
关系嵌入性	0.578**	1				
动态能力	0.785**	0.633**	1			
环境动态性	0.091	0.147*	0.072	1		
效率型商业模式创新	0.676**	0.570**	0.728**	0.140*	1	
新颖型商业模式创新	0.677**	0.584**	0.636**	0.185**	0.555**	1
均值	3.669	3.902	3.891	3.500	3.965	4.002
标准差	0.536	0.536	0.487	0.794	0.648	0.621

注：* $p<0.05$，** $p<0.01$，*** $p<0.001$。

（二）环境动态性的调节作用分析

利用回归分析探究环境动态性在网络嵌入性与科技中小企业商业模式创新

之间的调节作用,对假设 7a 和假设 7b 及其细分假设进行检验,如表 7-43 和表 7-44 所示。

表 7-43 网络嵌入性与效率型商业模式创新:环境动态性的调节作用结果分析(一)

变量	效率型商业模式创新					
	模型 1	模型 2	模型 3	模型 4	模型 5	模型 6
企业年龄	0.063	0.066	0.099+	0.046	0.047	0.075
企业规模	−0.082	−0.079	−0.101*	−0.082	−0.079	−0.095
研发强度	−0.050	−0.049	−0.042	−0.050	−0.049	−0.042
结构嵌入性(SE)	0.521***	0.519***	0.508***			
关系嵌入性(RE)	0.271***	0.263***	0.230***			
网络规模(NS)				0.331***	0.341***	0.344***
网络异质性(NH)				0.111*	0.106*	0.103*
网络中心性(NC)				0.180***	0.172**	0.155**
关系强度(RS)				0.159**	0.150**	0.126*
关系质量(RQ)				0.160**	0.159**	0.131**
环境动态性(ED)		0.054	0.043		0.065	0.051
SE×ED			0.114*			
RE×ED			−0.187**			
NS×ED						0.116+
NH×ED						0.027
NC×ED						−0.015
RS×ED						−0.140*
RQ×ED						−0.087+
F	62.629***	69.709***	54.815***	39.666***	35.716***	24.539***
R	0.715	0.717	0.729	0.719	0.722	0.736
R^2	0.512	0.514	0.531	0.517	0.521	0.542
调整的 R^2	0.503	0.505	0.518	0.504	0.507	0.520
VIF	≤1.739	≤1.742	≤2.124	≤2.061	≤2.088	≤2.537

注:+<0.1,* p<0.05,** p<0.01,*** p<0.001。

表 7-44 网络嵌入性与新颖型商业模式创新：环境动态性的调节作用结果分析（二）

变量	新颖型商业模式创新					
	模型7	模型8	模型9	模型10	模型11	模型12
企业年龄	-0.032	-0.027	0.007	-0.019	-0.018	0.020
企业规模	0.009	-0.004	-0.025	0.011	-0.006	-0.028
研发强度	-0.020	-0.018	-0.006	-0.016	-0.015	-0.003
结构嵌入性（SE）	0.525***	0.521***	0.496***			
关系嵌入性（RE）	0.292***	0.279***	0.235***			
网络规模（NS）				0.182**	0.196***	0.185**
网络异质性（NH）				0.183***	0.175***	0.175***
网络中心性（NC）				0.257***	0.246***	0.222***
关系强度（RS）				0.208***	0.195***	0.163***
关系质量（RQ）				0.134**	0.131**	0.126**
环境动态性（ED）		0.096*	0.084*		0.091*	0.078*
SE×ED			0.035			
RE×ED			-0.168**			
NS×ED						-0.035
NH×ED						-0.030
NC×ED						0.120+
RS×ED						-0.168**
RQ×ED						-0.030
F	63.791***	54.908***	43.809***	39.895***	36.465***	25.367***
R	0.718	0.725	0.736	0.720	0.726	0.742
R^2	0.516	0.525	0.542	0.519	0.527	0.550
调整的 R^2	0.508	0.515	0.530	0.506	0.512	0.529
VIF	≤1.739	≤1.742	≤2.124	≤2.061	≤2.088	≤2.537

注：+<0.1，*p<0.05，**p<0.01，***p<0.001。

如表 7-43 所示，模型 1~模型 6 的因变量是效率型商业模式创新。模型 1 中的自变量包含控制变量、自变量结构嵌入性和关系嵌入性，模型 2 是在模型 1 的基础上纳入调节变量环境动态性，模型 3 是在模型 2 的基础上纳入结构嵌入性与环境动态性的交互项、关系嵌入性与环境动态性的交互项，模型4中的自变量包含控制变量、自变量结构嵌入性和关系嵌入性的细分维度，模型5是在模型4的基础上纳入调节变量环境动态性，模型6是在模型5的基础上纳入结构嵌入性和关系嵌入性的细分维度与环境动态性的交互项。其中，全部自变量和调节变量交互之前都已经过了变量的中心化处理。

回归分析结果见表7-43。模型1~模型6的F值均在0.001的水平上显著，回归模型均通过了显著性检验。此外，各个模型的解释变量的VIF值最大为2.537，均小于3，说明模型回归过程中不存在严重的多重共线性。从回归结果中可以看出，在模型8中，环境动态性对效率型商业模式创新的影响不显著（$b=0.054$，$p>0.1$），模型3中，结构嵌入性与环境动态性的交互作用对效率型商业模式创新显著的正向影响（$b=0.114$，$p<0.05$），假设7a得到验证，关系嵌入性与环境动态性的交互作用对效率型商业模式创新显著负向影响（$b=-0.187$，$p<0.01$），假设7c得到验证，在模型6中，网络规模与环境动态性的交互作用对效率型商业模式创新显著的正向影响（$b=0.116$，$p<0.1$），假设7a-1得到验证，而网络异质性与环境动态性的交互作用（$b=0.027$，$p>0.1$）、网络中心性与环境动态性的交互作用（$b=-0.015$，$p>0.1$）对效率型商业模式创新没有显著影响，假设6a-2、假设6a-3未通过验证，关系强度与环境动态性的交互作用（$b=-0.140$，$p<0.01$）、关系质量与环境动态性的交互作用（$b=-0.087$，$p<0.1$）对效率型商业模式创新显著负向影响，假设7c-1、假设7c-2得到验证。

如表7-44所示，模型7~模型12的因变量是新颖型商业模式创新。模型7中的自变量包含控制变量、自变量结构嵌入性和关系嵌入性，模型8是在模型7的基础上纳入调节变量环境动态性，模型9是在模型8的基础上纳入结构嵌入性与环境动态性的交互项、关系嵌入性与环境动态性的交互项，模型9中的自变量包含控制变量、自变量结构嵌入性和关系嵌入性的细分维度，模型10是在模型9的基础上纳入调节变量环境动态性，模型11是在模型10的基础上纳入结构嵌入性和关系嵌入性的细分维度与环境动态性的交互项，以探究其对新颖型商业模式创新的影响。其中，全部自变量和调节变量交互之前都已经过了变量的中心化处理。

回归分析结果见表7-44。模型7~模型12的F值均在0.001的水平上显著，回归模型均通过了显著性检验。此外，各个模型的解释变量的 VIF 值最大为 2.537，均小于 3，说明模型回归过程中不存在严重的多重共线性。从回归结果中可以看出，在模型 8 中，环境动态性对新颖型商业模式创新显著的正向影响（$b=0.096$，$p<0.05$），模型 9 中，结构嵌入性与环境动态性的交互作用对新颖型商业模式创新显著的正向影响（$b=0.035$，$p>0.1$），假设 7b 未通过验证，关系嵌入性与环境动态性的交互作用对新颖型商业模式创新显著负向影响（$b=-0.168$，$p<0.01$），假设 7d 得到验证，在模型 12 中，网络中心性与环境动态性的交互作用对新颖型商业模式创新显著的正向影响（$b=0.120$，$p<0.1$），假设 7b-2 得到验证，而网络规模与环境动态性的交互作用（$b=-0.035$，$p>0.1$）、网络异质性与环境动态性的交互作用（$b=-0.030$，$p>0.1$）对新颖型商业模式创新没有显著影响，假设 7b-1、假设 7b-3 未通过验证，关系强度与环境动态性的交互作用对新颖型商业模式创新显著负向影响（$b=-0.168$，$p<0.01$），假设 7d-2 得到验证，关系质量与环境动态性的交互作用对新颖型商业模式创新的影响不显著（$b=-0.030$，$p>0.1$），假设 7d-1 未通过验证。

四、研究假设检验汇总

以科技中小企业为研究对象，对网络嵌入性、动态能力、环境动态性与商业模式创新之间的关系提出了研究假设，并进行了实证检验，具体的研究假设结果汇总如表 7-45 所示。

表 7-45　本书研究假设结果汇总表

分类	编号	假设内容	结果
网络嵌入性对科技中小企业商业模式创新的影响	H1a	结构嵌入性对效率型商业模式创新有正向影响	成立
	H1b	结构嵌入性对新颖型商业模式创新有正向影响	成立
	H1a-1	网络规模对效率型商业模式创新有正向影响	成立
	H1b-1	网络规模对新颖型商业模式创新有正向影响	成立
	H1a-2	网络中心性对效率型商业模式创新有正向影响	成立
	H1b-2	网络中心性对新颖型商业模式创新有正向影响	成立

续表

分类	编号	假设内容	结果
网络嵌入性对科技中小企业商业模式创新的影响	H1a-3	网络异质性对效率型商业模式创新有正向影响	成立
	H1b-3	网络异质性对新颖型商业模式创新有正向影响	成立
	H2a	关系嵌入性对效率型商业模式创新有正向影响	成立
	H2b	关系嵌入性对新颖型商业模式创新有正向影响	成立
	H2a-1	关系质量对效率型商业模式创新有正向影响	成立
	H2b-1	关系质量对新颖型商业模式创新有正向影响	成立
	H2a-2	关系强度对效率型商业模式创新有正向影响	成立
	H2b-2	关系强度对新颖型商业模式创新有正向影响	成立
网络嵌入性对科技中小企业动态能力的影响	H3	结构嵌入性对动态能力有正向影响	成立
	H3a	网络规模对动态能力有正向影响	成立
	H3a-1	网络规模对感知能力有正向影响	成立
	H3a-2	网络规模对整合能力有正向影响	成立
	H3a-3	网络规模对学习能力有正向影响	成立
	H3b	网络中心性对动态能力有正向影响	成立
	H3b-1	网络中心性对感知能力有正向影响	成立
	H3b-2	网络中心性对整合能力有正向影响	成立
	H3b-3	网络中心性对学习能力有正向影响	成立
	H3c	网络异质性对动态能力有正向影响	成立
	H3c-1	网络异质性对感知能力有正向影响	成立
	H3c-2	网络异质性对整合能力有正向影响	成立
	H3c-3	网络异质性对学习能力有正向影响	成立
	H4	关系嵌入性对动态能力有正向影响	成立
	H4a	关系质量对动态能力有正向影响	成立
	H4a-1	关系质量对感知能力有正向影响	成立
	H4a-2	关系质量对整合能力有正向影响	成立
	H4a-3	关系质量对学习能力有正向影响	成立
	H4b	关系强度对动态能力有正向影响	成立
	H4b-1	关系强度对感知能力有正向影响	成立
	H4b-2	关系强度对整合能力有正向影响	成立
	H4b-3	关系强度对学习能力有正向影响	成立

续表

分类	编号	假设内容	结果
动态能力对科技中小企业商业模式创新的影响	H5a	动态能力对效率型商业模式创新有正向影响	成立
	H5b	动态能力对新颖型商业模式创新有正向影响	成立
	H5a-1	感知能力对效率型商业模式创新有正向影响	成立
	H5b-1	感知能力对新颖型商业模式创新有正向影响	成立
	H5a-2	学习能力对效率型商业模式创新有正向影响	成立
	H5b-2	学习能力对新颖型商业模式创新有正向影响	成立
	H5a-3	整合能力对效率型商业模式创新有正向影响	成立
	H5b-3	整合能力对新颖型商业模式创新有正向影响	成立
动态能力在科技中小企业网络嵌入性与商业模式创新之间的中介作用	6a	动态能力在结构嵌入性与效率型商业模式创新之间起中介作用	成立
	6b	动态能力在结构嵌入性与新颖型商业模式创新之间起中介作用	成立
	6a-1	动态能力在网络规模与效率型商业模式创新之间起中介作用	成立
	6b-1	动态能力在网络规模与新颖型商业模式创新之间起中介作用	成立
	6a-2	动态能力在网络中心性与效率型商业模式创新之间起中介作用	成立
	6b-2	动态能力在网络中心性与新颖型商业模式创新之间起中介作用	成立
	6a-3	动态能力在网络异质性与效率型商业模式创新之间起中介作用	成立
	6b-3	动态能力在网络异质性与新颖型商业模式创新之间起中介作用	成立
	6c	动态能力在关系嵌入性与效率型商业模式创新之间起中介作用	成立
	6d	动态能力在关系嵌入性与新颖型商业模式创新之间起中介作用	成立
	6c-1	动态能力在关系质量与效率型商业模式创新之间起中介作用	成立
	6d-1	动态能力在关系质量与新颖型商业模式创新之间起中介作用	成立
	6c-2	动态能力在关系强度与效率型商业模式创新之间起中介作用	成立
	6d-2	动态能力在关系强度与新颖型商业模式创新之间起中介作用	成立
环境动态性在科技中小企业网络嵌入性与商业模式创新之间的调节作用	7a	环境动态性在结构嵌入性与效率型商业模式创新之间起正向调节作用	成立
	7b	环境动态性在结构嵌入性与新颖型商业模式创新之间起正向调节作用	不成立
	7a-1	环境动态性在网络规模与效率型商业模式创新之间起正向调节作用	成立
	7b-1	环境动态性在网络规模与新颖型商业模式创新之间起正向调节作用	不成立

续表

分类	编号	假设内容	结果
动态能力在科技中小企业网络嵌入性与商业模式创新之间的中介作用	7a-2	环境动态性在网络中心性与效率型商业模式创新之间起正向调节作用	不成立
	7b-2	环境动态性在网络中心性与新颖型商业模式创新之间起正向调节作用	成立
	7a-3	环境动态性在网络异质性与效率型商业模式创新之间起正向调节作用	不成立
	7b-3	环境动态性在网络异质性与新颖型商业模式创新之间起正向调节作用	不成立
	7c	环境动态性在关系嵌入性与效率型商业模式创新之间起负向调节作用	成立
	7d	环境动态性在关系嵌入性与新颖型商业模式创新之间起负向调节作用	成立
	7c-1	环境动态性在关系质量与效率型商业模式创新之间起负向调节作用	成立
	7d-1	环境动态性在关系质量与新颖型商业模式创新之间起负向调节作用	不成立
	7c-2	环境动态性在关系强度与效率型商业模式创新之间起负向调节作用	成立
	7d-2	环境动态性在关系强度与新颖型商业模式创新之间起负向调节作用	成立

第四节　研究结果讨论

本部分在对动态能力视角下网络嵌入性对科技中小企业商业模式创新的影响理论分析基础上提出了相应的假设，并进行了实证检验，绝大部分假设得到了验证，少部分未通过。下面对实证结果进行进一步讨论和分析。

一、网络嵌入性对商业模式创新影响结果分析

关于网络嵌入性对科技中小企业商业模式创新的影响,实证检验结果表明,结构嵌入性和关系嵌入性及其维度分别对企业效率型及新颖型商业模式创新具有显著的正向影响,而且从变量的回归系数来看,与关系嵌入性相比,结构嵌入性对企业商业模式创新的促进作用更大。

第一,结构嵌入性对科技中小企业商业模式创新具有促进作用。这一研究结果与何建华(2012)、周飞等(2015)、孟迪云等(2016)等多位学者的观点相一致。这意味着结构嵌入性在某种程度上能够为科技中小企业提供位势优势,影响着企业的信息和资源的攫取,这也是企业商业模式中价值创新的重要源泉(Hoang 和 Antoncic,2003;云乐鑫等,2017)。结构嵌入性的维度网络规模($b=0.331$,$p<0.001$)、网络异质性($b=0.111$,$p<0.05$)、网络中心性($b=0.180$,$p<0.05$)分别显著的正向影响效率型商业模式创新,从回归系数看,网络规模对效率型商业模式创新的影响最大,这可能是因为,随着企业网络规模的增大,企业需要协调好各个网络成员之间的合作关系,网络规模越大,迫使企业需要不断进行效率型商业模式创新,以提高交易效率和降低交易成本,改善企业商业运营;结构嵌入性的维度网络规模($b=0.182$,$p<0.01$)、网络异质性($b=0.183$,$p<0.001$)、网络中心性($b=0.257$,$p<0.001$)分别显著的正向影响新颖型商业模式创新,从回归系数看,网络中心性对新颖型商业模式创新的影响最大,这可能是因为,越趋近网络中心,其结构优势或者位势优势更加突出,趋近网络中心的企业不仅获取优质资源和有价值信息更加便利,而且凭借其影响力和话语权更容易协调战略合作伙伴或寻找新合作伙伴以开展新颖型商业模式创新。

第二,关系嵌入性对科技中小企业商业模式创新具有促进作用。这一研究结果与 Tortoriello 和 Krackhardt(2010)、孟迪云等(2016)观点相似。作为一种正式制度的有益补充,内嵌于合作网络中的社会关系能够对科技中小企业商业模式创新行为提供帮助和支持。关系嵌入性的维度关系强度($b=0.159$,$p<0.01$)和关系质量($b=0.160$,$p<0.01$)分别显著的正向影响效率型商业模式创新,从回归系数看,关系质量和关系强度的作用相差不大,

即在促进效率型商业模式创新过程中发挥着同等重要的作用;关系嵌入性的维度关系强度($b=0.208$,$p<0.001$)和关系质量($b=0.134$,$p<0.01$)分别显著的正向影响新颖型商业模式创新,从回归系数来看,关系强度对新颖商业模式创新的影响更大,这可能是因为,由于科技中小企业是创新型企业,无论是产品、技术、服务或商业模式的创新,都需要合作双方加强相互间的沟通、交流和共同解决问题,这样才能更有利于全新思想、灵感的产生或新商业机会的发掘,促使企业新颖型商业模式创新。

第三,与关系嵌入性相比,结构嵌入性对商业模式创新的影响程度更大。其中,结构嵌入性($b=0.521$,$p<0.001$)和关系嵌入性($b=0.271$,$p<0.001$)分别显著的正向影响效率型商业模式创新,结构嵌入性($b=0.525$,$p<0.001$)和关系嵌入性($b=0.292$,$p<0.001$)分别显著的正向影响新颖型商业模式创新,从回归系数来看,无论是效率型还是新颖商业模式创新,结构嵌入性的促进作用最大,可见,结构嵌入性在企业商业模式创新过程中起着举足轻重的作用。

二、网络嵌入性对动态能力影响结果分析

关于网络嵌入性对科技中小企业动态能力的影响,实证检验结果表明,结构嵌入性和关系嵌入性及其维度分别对企业动态能力具有显著的正向影响,而且从各变量的回归系数来看,与关系嵌入性相比,结构嵌入性对企业动态能力的正向促进作用更大。

第一,结构嵌入性对科技中小企业动态能力具有正向促进作用。这一研究结果与 Inkpen 和 Beamish(1997)、Doving 和 Goodetham(2008)、章威(2009)、董保宝(2012)、姜爱军(2012)、杜丹丽等(2015)等观点相一致。这是因为,处于网络优势位置或拥有优势结构的科技中小企业能够与更多、异质性的网络成员进行合作和沟通,增强了企业获取优质和稀缺的资源和信息的可能性,能够为企业动态能力的培育和提升奠定基础。其中,结构嵌入性的维度网络规模($b=0.439$,$p<0.001$)、网络异质性($b=0.149$,$p<0.001$)、网络中心性($b=0.151$,$p<0.001$)分别显著的正向影响动态能力,从回归系数来看,网络规模的影响最大,这可能是因为,科技中小企业属于

创新型企业,自身规模小、资源(包括基础资源和战略资源)匮乏,难以维持企业动态能力培育和提升,这加大了企业通过外部网络以获取资源的需求。而企业网络规模越大,企业可联系或构建合作伙伴的可能性越大,这就为企业及时获取各种资源和有价值的信息提供了丰富的途径,为企业及时感知外部环境变化、整合内外部资源以及学习和掌握最新知识等能力的培育和提升奠定基础,因此,网络规模对科技中小企业的动态能力影响可能更为突出。

第二,关系嵌入性对科技中小企业动态能力具有正向促进作用。这一研究结果与 Uzzi(1997)、Luo 等(2012)、章威(2009)、杜健等(2011)、田雪等(2015)等观点相似。作为一种正式制度的代替,社会网络关系有助于企业及时掌握有价值的信息和学习先进知识、感知环境变化、快速整合内外部资源以提升环境适应性(Xin 和 Pearce,1996),即关系嵌入性对企业动态能力具有积极的影响。关系嵌入性的维度关系强度($b=0.143$,$p<0.05$)和关系质量($b=0.176$,$p<0.001$)显著的正向影响动态能力,从回归系数看,关系质量对企业动态能力的影响更大,这可能是因为,高质量关系往往意味着网络成员间信任度高,可以减少网络成员之间的隔阂、猜忌和冲突等,有利于网络成员间能够进行更深层次的合作、交流、学习,甚至形成基于利润共享和风险共担的利益共同体,有助于科技中小企业更高效、更低价地获取和整合信息、资源和知识等,进而为培育和提升企业动态能力提供强有力的支撑。

第三,与关系嵌入性相比,结构嵌入性对动态能力的影响程度更大。企业嵌入不同的网络结构中,这也就决定了企业可接触或获取的资源、信息和知识的种类或范围,而关系嵌入性往往决定了企业可获得资源、信息和知识的数量和质量,对企业动态能力的影响及其程度不尽相同。其中,结构嵌入性($b=0.615$,$p<0.001$)和关系嵌入性($b=0.269$,$p<0.001$)分别显著的正向影响动态能力,从回归系数看,结构嵌入性的促进作用最大,可见,结构嵌入性在企业动态能力培育过程中发挥着更重要的作用。

三、动态能力对商业模式创新影响结果分析

关于动态能力对科技中小企业商业模式创新的影响,实证检验结果表明,动态能力对企业商业模式创新具有显著的正向影响。这一研究结果与曾萍等

（2016）的研究观点相似。动态能力有助于克服企业组织惯性或能力刚性，通过对内外部资源的协调、整合和配置，创造出新的组合方式（Bowman 和 Ambrosini，2003）。企业动态能力越强，越有助于企业感知外部机会和威胁、掌握和学习先进知识、快速整合和配置资源以进行商业模式创新。

第一，动态能力对科技中小企业效率型商业创新具有促进作用。动态能力的维度感知能力（$b=0.234$，$p<0.001$）、整合能力（$b=0.346$，$p<0.05$）、学习能力（$b=0.258$，$p<0.01$）分别显著的正向影响效率型商业模式创新。从回归系数来看，整合能力对效率型商业模式创新的影响程度最大。庞长伟等（2015）认为，整合能力能够通过提高组织变革和价值创造效率这两种途径以促进商业模式创新。效率型商业模式创新是以降低成本和提高效率为目的的创新活动，往往需要通过优化交易与沟通渠道（Zott 和 Amit，2007）、解构或重构企业价值链（刘建国，2016）、优化系统结构和简化交易流程等途径来实现，在这一系列创新过程中往往需要强大的整合能力作为支撑。综上可见，在效率型商业模式创新过程中，企业整合能力发挥着更重要的作用。

第二，动态能力对科技中小企业新颖型商业创新具有促进作用。其中，动态能力的维度感知能力（$b=0.155$，$p<0.01$）、整合能力（$b=0.291$，$p<0.001$）、学习能力（$b=0.291$，$p<0.001$）分别显著的正向影响新颖型商业模式创新。从回归系数来看，整合能力和学习能力对企业新颖型商业模式创新的影响程度相近，在企业新颖型商业模式创新过程中发挥着同等重要的作用。新颖型商业模式创新是指以全新的价值理念为导向，对商业模式进行重新设计或颠覆式创新的一系列活动。刁玉柱和白景坤（2012）认为，企业学习能力和由此而获得的知识是促进企业商业模式创新的重要力量。科技中小企业学习能力越强，越能够学习、吸收和掌握到最新的知识和信息，能够更快地感知外部环境变化和识别内在机会与威胁，这也是企业进行新颖型商业模式的重要前提，而在新颖型商业模式创新过程中，企业整合能力越强，越能够快速有效地整合和配置创新过程中所需的资源，进而能够更好地应对这一"颠覆式"的创新挑战。

四、动态能力中介作用的结果分析

针对动态能力中介作用检验，实证检验结果表明，动态能力在网络嵌入性与商业模式创新之间起显著的中介作用,即网络嵌入性能够通过动态能力间接影响科技中小企业的商业模式创新。

第一,动态能力在结构嵌入性与商业模式创新之间起中介作用。结构嵌入性显著的正向影响效率型商业模式创新($b=0.521$,$p<0.001$),而引入动态能力以后,结构嵌入性对效率型商业模式的影响($b=0.253$,$p<0.001$)下降了。结果表明,动态能力在结构嵌入性与效率型商业模式创新之间起部分中介作用,结构嵌入性不仅能够直接影响效率型商业模式创新,而且能够通过动态能力间接发挥作用。结构嵌入性的维度,网络规模($b=0.331$,$p<0.001$)、网络中心性($b=0.180$,$p<0.05$)、网络异质性($b=0.111$,$p<0.05$)分别显著的正向影响效率型商业模式创新。引入动态能力之后,网络规模($b=0.142$,$p<0.05$)、网络中心性($b=0.115$,$p<0.05$)的影响下降了,因此,动态能力起部分中介作用。网络异质性($b=0.047$,$p>0.1$)的影响不再显著,只能通过动态能力来影响企业效率型商业模式创新,动态能力起完全中介作用。动态能力在结构嵌入性与新颖型商业模式创新之间起部分中介作用,结构嵌入性不仅能够直接影响新颖型商业模式创新,而且能够通过动态能力间接发挥作用。结构嵌入性的维度和动态能力,分别在网络异质性、网络中心性与新颖型商业模式创新之间起部分中介作用,网络规模与新颖型商业模式创新起完全中介作用。

第二,动态能力在关系嵌入性与商业模式创新之间起中介作用。关系嵌入性($b=0.271$,$p<0.001$)显著的正向影响效率型商业模式创新。引入动态能力以后,关系嵌入性对效率型商业模式的影响($b=0.153$,$p<0.001$)下降了,结果表明,动态能力在关系嵌入性与效率型商业模式创新之间起部分中介作用,即关系嵌入性不仅能够直接影响效率型商业模式创新,而且能够通过动态能力间接发挥作用。关系强度($b=0.159$,$p<0.01$)和关系质量($b=0.160$,$p<0.01$)分别显著的正向影响效率型商业模式创新。引入动态能力以后,关系强度($b=0.098$,$p<0.05$)和关系质量($b=0.041$,$p<0.1$)的影响下降了,表明动态能力在其中起部分中介作用。动态能力在关系嵌入性与新颖型商业模式创新之间起部分中介作用,即关系嵌入性不仅能够直接影响新颖型商业模式创新,而且能够通过动态能力间接发挥作用。动态能力分别在关系强度、关系质量与新颖型商业模式创新之间起部分中介作用。

五、环境动态性调节作用结果分析

针对环境动态性调节作用的检验，实证检验结果表明，环境动态性分别在结构嵌入性与效率型商业模式创新、关系嵌入性与效率型商业模式创新之间起正向调节作用，在关系嵌入性与新颖型商业模式创新之间起负向调节作用，在结构嵌入性与新颖型商业模式创新之间的调节作用不显著。

第一，环境动态性在结构嵌入性与商业模式创新中的调节作用。环境动态性在结构嵌入性与效率型商业模式创新之间起正向调节作用，说明随着企业外部环境动态性越强，结构嵌入性对科技中小企业效率型商业模式创新的影响也就越强。随着外部环境的快速变化，科技中小企业可以更好地利用和发挥结构嵌入性的作用来实施效率型商业模式创新以增强环境适应性。结构嵌入性的维度网络规模与环境动态性的交互作用对效率型商业模式创新显著的正向影响，而网络异质性与环境动态性的交互作用、网络中心性与环境动态性的交互作用对效率型商业模式创新没有显著影响。这可能是由于随着外部环境的快速变化，网络异质性和网络中心性对企业效率型商业模式创新的促进作用被削弱，抑或由于调节效应较小，难以被检测出来（陈晓萍，2008），从而使环境动态性的正向调节作用不明显。环境动态性在结构嵌入性与新颖型商业模式创新之间的调节作用不显著，而结构嵌入性的维度网络规模与环境动态性的交互作用对新颖型商业模式创新显著的正向影响。可能是由于网络规模的调节效应较小，而网络异质性与环境动态性的交互作用、网络中心性与环境动态性的交互作用对新颖型商业模式创新没有显著影响，从而导致结构嵌入性与环境动态性的交互作用不显著。

第二，环境动态性在关系嵌入性与商业模式创新中的调节作用。环境动态性在关系嵌入性与效率型商业模式创新之间起负向调节作用。关系强度与环境动态性的交互作用、关系质量与环境动态性的交互作用对效率型商业模式创新显著负向影响。随着外部环境的快速变化，关系嵌入性及其维度对科技中小企业效率型商业模式创新的影响被削弱。环境动态性在关系嵌入性与新颖型商业模式创新之间起负向调节作用，其中，关系强度与环境动态性的交互作用对新颖型商业模式创新显著负向影响，而关系质量与环境动态性的交互作用对新颖型商业模式创新的影响不显著。这可能是因为，由于外部环境动态性增强，为了提升环境适应性，高质量的关系更容易达成共识和共同解决问题，从而携手共同进行探索全新的商业模式，即环境动态性也存在一定的正效应，然而这两种正、负效应可能相互抵消，使关系质量与环境动态性的交互作用不明显。

第八章

管理实践的对策建议

商业模式创新是企业参与市场竞争以保持竞争优势和适应动态复杂环境的重要手段之一。探讨和论证网络嵌入性如何影响企业商业模式创新,即尝试打开这一影响过程中的"暗箱"是企业实践中急需解决的问题。理论上,研究目的是用于指导企业的实践活动,以提升企业在大数据背景下的竞争力水平。本书通过研究,根据所得出的结论,对企业管理实践提出相应的对策和建议。

第一节 加强企业关系网络构建

科技中小企业虽然存在自身规模小、资源匮乏、实力弱等不足,但由于创新性和成长性强,具有较大的发展潜力。本书研究发现,网络嵌入性对企业动态能力提升和商业模式创新均具有显著的促进作用。因此,科技中小企业应该积极构建和培育社会关系网络,提高企业竞争能力。

一、优化企业网络结构

从结构嵌入性来看,由于网络规模、网络异质性、网络中心性在促进动态能力和商业模式创新过程中均发挥着重要的作用,科技中小企业应该积极培育和拓展关系网络，不断优化现有的网络结构，促进企业积极地开展和探索商业模式创新。基于网络结构视角，企业应该从网络规模、网络异质性和网络中心性三个方面着手进行网络结构的优化。

（一）拓展企业网络规模

由于网络规模对科技中小企业动态能力培育和商业模式创新能够产生积极的作用，因此科技中小企业应该努力拓展网络规模。科技中小企业属于知识和技术密集型企业，在成长或创新过程中，往往需要大量的基础资源和创新资源作支撑。与大型成熟企业相比，科技中小企业资本较少、资源相对匮乏，往往需要借助外界渠道或外部网络来弥补企业自身的不足。网络规模的大小在一定程度上影响着企业可获得资源和可选择战略合作伙伴的数量及范围。科技中小企业积极地拓展企业网络规模，有助于企业通过多种渠道获取创新资源和与网络成员建立战略合作伙伴关系，为企业动态能力的构建和提升以及商业模式创新奠定基础。因此，拓展企业网络规模成为企业优化网络结构过程中的首要选择。

随着外部环境的快速变化，与外部网络成员合作成为企业参与市场竞争和构建商业生态系统的重要手段之一，能够降低企业创新风险，增强企业竞争力。科技中小企业应该通过建立正式或非正式的网络关系以增加企业网络中高质量成员的数量，努力认识和结交更多具有内在发展潜质的合作伙伴。科技中小企业应在生产经营过程中注重制订和实施相对灵活的企业网络计划，改变以往单纯地依赖于内部研发、创新或简单的协作，而是注重以市场为导向，构思、开发和建立从研发到最终产品生产或服务提供的、满足企业自身成长需求的开放式合作关系，丰富企业的网络关系数量。结合企业具体实际，科技中小企业应积极地和外部网络中的各个节点建立多个网络关系，从多个角度打开企业与外部网络构建沟通和合作的渠道，为企业进行开放式创新奠定基础。

（二）增加企业网络成员的异质性

网络异质性体现了企业所接触网络成员差异化的属性，包括文化差异、地域差异、认知差异以及规模差异等。网络异质性程度越高，其蕴含的异质性物质资源和无形资源越丰富，不仅能够为科技中小企业培育和增强动态能力提供差异化的资源支持，而且能够为企业进行商业模式创新提供思想源泉。

网络异质性程度越低，则意味着企业与网络成员间的相似性程度越高。相互间的资源、行为和想法往往容易趋于一致，不利于企业寻找互补性的资源和差异化的知识，从而导致企业自身的不足或缺陷难以进行有效的弥补，即难以发挥优势互补的作用。特别是对科技中小企业而言，企业在创新过程中除了需要具有相似背景的合作伙伴之外，还需要其他异质性合作伙伴的支持，包括金融机构的资金支持、政府部门的政策支持以及高校和科研机构的技术支持等。异质性合作伙伴的支持，能够有效地弥补科技中小企业自身的局限性，可能更有利于科技中小企业的创新，包括技术创新、产品创新以及商业模式创新等。

科技中小企业应该结识更多差异化的网络成员，不断提升网络异质性，从而为企业动态能力培育和商业模式创新奠定基础。除注重和位于供应链上下游的企业积极地开展合作与沟通外，科技中小企业还要注重与非直接业务联系的政府机构、高校、科研院所以及行业协会等的联系与互动，在进一步挖掘市场机会和规避潜在市场风险的基础上，动态了解、把握政府政策导向以及时获取政府优惠政策、创新资源的支持，洞悉高校和科研院所等的最新研究成果以增强企业创新能力和改进或创新企业商业模式。总之，科技中小企业应积极地与异质性网络成员构建联系，便于企业获取成长过程中所需的差异化的资源和能力，为企业动态能力培育和商业模式创新提供资源和能力支持。

(三) 提升网络中心性

网络中心往往是信息和知识集聚和扩散的地方，蕴含丰富的、有价值、多元化的新颖信息、先进技术和超前思想等。处在网络边缘位置或价值链低端的企业往往难以争取外部网络中较为先进的技术和难得的市场机遇，这对企业动态能力培育和商业模式创新起到一定的阻碍作用。趋近网络中心的企业在外部网络中的地位也相对较高，影响力或控制力也更大，对网络中的资源和能力的调配具有较大的话语权或控制力，甚至对网络中其他成员的行为具有决定性的影响，从而引导网络成员做出有利于企业发展的决策，对企业动态能力培育和商业模式创新能够产生重要影响。对科技中小企业而言，努力提升网络中心性是企业优化网络结构过程中一项非常重要的举措。

提升科技中小企业网络中心性主要有两种途径：

第一，积极构建以企业为中心的网络。科技中小企业往往具有创业精神，在成长过程中积极采取超前行动，敢于承担潜在的风险，不断进行渐进式创新和突破式创新，成为推动创新发展的一支有生力量。科技中小企业要想构建以企业为中心的网络，就必须努力提升自身实力，开发或创造领先的或独一无二的产品或技术，在市场竞争领域中具有绝对的话语权，从而形成一种垄断优势，或使其他网络成员对企业形成一定的路径依赖，包括关系依赖、技术依赖和合作依赖等。这种途径对科技中小企业自身能力提出了非常高的要求，是一项巨大挑战但也并非不能实现。科技中小企业具有较强的创新精神和进取精神，具备高成长性、发展潜力大的特征。每个大型成功的企业都是经由小型企业甚至是微型企业发展壮大起来的，是企业奋斗的结果。

第二，积极向网络中心趋近或靠拢。对科技中小企业而言，这种途径相对更为容易落实。这就要求科技中小企业首先能够有效地识别外部网络的中心位置，然后充分发挥企业的主观能动性，积极地采取措施向网络中心位置靠拢，或结识行业领域内的龙头企业，以便获取网络中心位置所带来的信息、知识、技术以及市场机遇等优势，为企业动态能力培育和商业模式创新奠定基础。

二、培育企业网络关系

从关系嵌入性看，关系质量和关系强度在促进动态能力和商业模式创新过程中均发挥着重要的作用。因此，科技中小企业应该积极培育网络成员关系，而良好的网络关系是企业开展深入合作的重要前提。商业模式创新是涉及企业利益相关者的、能够实现企业价值增值或能为企业创造新价值的一系列创新活动。科技中小企业商业模式创新离不开与网络成员间良好关系的支持和协助。基于网络关系视角，企业应该从关系质量和关系强度两个方面着手。

（一）提高企业与网络成员的关系质量

高质量的网络关系往往意味着信任、承诺和共同解决问题，有助于科技中小企业与网络成员开展更广泛、更深入的合作，便于企业以更低的成本和更便捷的方式获取创新过程中的资源，有助于价值信息的交流和传递，从而为企业培育动态能力和开展商业模式创新提供支持。基于信任的网络关系是企业一种非常重要的社会资本，既是推进合作双方展开深入沟通和交流的前提，也是提升企业对外部环境的感知能力、获取和吸收知识的学习能力以及资源整合能力的重要前提。科技中小企业只有不断增强企业信誉，提升企业与网络成员之间的信任度,才有可能更进一步地优化企业与网络成员之间的关系。因此,科技中小企业应该从自身做起,诚信经营,树立良好的品牌信誉和企业信誉,努力建立和培养企业与外部网络成员间的信任关系,这样也会吸引更多潜在合作伙伴的加盟,不断提升外部成员与科技中小企业合作意愿,进而为企业探索商业模式创新而共同努力。在高质量关系的支持下,企业与网络成员更愿意共同承担商业模式创新所带来的利润和风险。

(二)提升企业与网络成员间的关系强度

关系强度意味着企业之间的相互交流和互动的频率。强关系则意味着企业与网络成员之间能够经常进行沟通和交流,能够进行频繁的互动,甚至开展广泛的合作。强关系有助于增加企业与外部网络成员间信息交流或知识传递的频次,促进企业专有技术、隐性知识以及市场信息的高效传播和转移,从而为企业动态能力培育提供资源支持。强关系也有利于促进企业与网络成员间的相互了解,增进企业与网络成员间的情感,进而减少双方之间的顾虑,提升企业与网络成员之间合作的协同性。对科技中小企业而言,企业自身实力较弱、资源匮乏等种种局限性可能导致其他企业不愿意与其开展合作或心存芥蒂,容易借助信息不对称做出有损合作双方利益的事情。而强关系有助于降低企业与网络成员间的信息不对称性,提升合作成员相互间的了解程度和合作的协同性,减少合作过程中的隔阂和冲突。因此,科技中小企业应该努力加强与网络成员的互动和交流的频率,加快一些有价值的信息、商业机会和隐性知识的传递和分享,为企业动态能力的构建和提升奠定基础,促使成员间能够开展更广泛、更深入的合作而进行效率型和新颖型商业模式创新,以便实现价值增值或探索新的价值,从而实现共赢。

第二节 注重动态能力培育

研究发现,动态能力在网络嵌入性与商业模式创新中起中介作用,即企业网络嵌入性能够通过动态能力间接影响科技中小企业商业模式创新。可见,动态能力对商业模式创新能够产生积极的促进作用。除了加强关系网络构建外，企业应该注重从自身的动态能力培养做起。科技中小企业应该注重从感知能力、学习能力和整合能力3个方面构建、培育和提升企业动态能力，促进科技中小企业商业模式创新。

一、加强培育企业感知能力

感知能力体现了企业对外部环境中的机会与威胁的识别和认知程度，是企业进行商业模式创新的重要前提。外部环境日益动态复杂，特别是随着大数据时代的到来，信息技术飞速发展，产品生命周期日益缩短，消费者需求呈现个性化，导致企业对未来预测的难度不断加大。科技中小企业由于规模较小、实力弱，抵抗风险能力差，更容易受到外部环境变化的冲击。快速感知和洞察外部环境变化，有助于企业不断改进、完善，甚至创造全新的商业模式以抢占市场先机。因此，科技中小企业应积极培育感知能力。

（一）坚持市场导向理念

商业模式是企业将产品或技术实现最终市场化或商业化的重要手段，是企业实现盈利的主要方式。科技中小企业属于创新型企业，注重产品的研发和服务的创新，为市场或消费者提供更加满足需求的产品和服务是企业关注的重点。洞察市场需求是企业进行产品研发和服务创新的基础，是企业进行商业模式创新的重要前提。科技中小企业在研发或创新技术、产品和服务的过程中，应树立以市场为导向的经营理念，一切以市场为基准点。而商业模式创新也是为了更好地迎合市场需求或者是挖掘顾客潜在偏好，市场是企业开展创新最直接的思想源泉和动力。科技中小企业培育感知能力，要时刻以市场为导向，强化市场意识，增强对市场环境的感知、认识和把握，动态识别消费者需求变化，及时发现潜在市场机遇，为企业进行商业模式创新以抓住机遇而做好铺垫。

（二）采用先进信息技术

以云计算、物联网、大数据、人工智能等为主体的新一代信息技术快速发展，为企业获取、存储、处理和分析大量数据资源提供了强有力的技术支持，有助于企业能够更好地从市场数据中挖掘有价值的信息，从而为企业提升运营效率、减少交易费用以及开发新的商业模式提供方便。科技中小企业应该充分发挥新一代信息技术的积极作用，可以通过与其他科技企业合作，利用互联网、移动互联网及物联网等实现"人、机、物"三元世界的虚拟化连接与融合，将现实物理世界予以虚拟化，从而获取有关"人、机、物"的海量数据。利用云计算技术对大数据进行智能化存储、处理和分析，以从中获取低密度、高价值的信息资源，从而发现和挖掘潜在的市场机遇。先进信息技术的应用有助于企业从市场大数据中挖掘有价值的信息，促使企业对外部环境洞察实现数字化、信息化和智能化，从而提升企业动态感知和把握市场机遇的速度和效率，有助于提升企业感知能力。

（三）充分发挥管理团队的主观能动性

科技中小企业提升感知能力不仅要依赖于对市场环境的感知和识别，而且与企业管理团队的主观能动性相结合。企业对外部环境机会的识别和预判在收集、处理和甄别行业数据和信息基础上，要融入企业管理团队的经验、认知和超前的思维，有利于企业感知能力的提升。企业应用先进技术对外部市场环境中的数据和信息进行收集、存储、处理和分析，是对现有市场情况的把握和洞察，因为现有市场态势并不代表未来市场行情或产业发展的趋势。企业外部环境往往是动态变化的、错综复杂的，变化幅度和频率难以利用技术进行准确的识别和预测。因此，需要发挥企业高管团队的主观能动性。高管团队往往是企业的精英，对企业战略决策和未来发展方向具有决定权，在企业所处的行业领域具有丰富的实践经验，对行业未来发展趋势具有敏锐的洞察力。企业既要注重对客观环境信息的收集，也要注重发挥高管团队的主观能动性。一方面，客观数据在一定程度上能够纠正高管团队对外部环境的认知偏差；另一方面，高管团队能够在了解行业现实基础上做出超越客观现实的预判，从而做出有利于企业未来发展的战略规划，进而能够更好地指导企业进行科学的、有效的商业模式创新。

二、注重提升组织学习能力

学习能力是企业掌握新知识、新技术和新技巧的重要本领。企业进行商业模式创新需要不断改进、优化，甚至打造全新的商业系统。然而，商业模式存在一定的"刚性"，而打破这种刚性需要新思想和理念来引导以及整个团队的协同合作。企业学习能力越强，越有利于吸收、掌握和应用新知识来突破原有的思维惯性，从而促使企业尝试或探索新商业模式。随着知识时代的到来，信息量呈"爆炸式"增长，知识更新迅速，提升企业学习能力以及时更新知识架构体系显得十分重要。

(一) 注重内部学习

科技中小企业属于一种知识密集和技术密集的创新型企业，信息和知识的流动及传递比一般企业要频繁，知识的学习和交流显得格外重要。组织能够形成和拥有可持续竞争力的关键在于组织能够具备比竞争对手更强大的学习能力，能够及时运用和创造新知识来武装自己，从而能够更好地适应或应对外部环境的变化。因此，科技中小企业应该注重内部学习，积极地打造学习型组织，加强企业内部团队成员之间的沟通与交流，培育良好的学习文化和创新氛围，让企业中的每一位成员具有学习的热情，激发企业员工的创新思维和动力，使企业成员能够在合作和学习过程中不断地相互启发，从而迸发新观点和新思维，促使企业成员能够在学习、创新和试错中不断挖掘企业商业模式运营过程中存在的不足及缺点，推动企业对商业模式不断进行改进、完善，甚至是打造全新的商业模式，以实现企业的自我成长和进化。

(二) 强调外部学习

除注重内部学习以外，企业还要注重外部学习，即企业要跨越组织边界搜索、学习和吸收新知识、新技术和新发展理念。对科技中小企业而言，创新是企业不断实现自我突破和快速成长的灵魂。在开放式创新背景下，科技中小企业创新知识和思想的来源不仅依靠企业内部，而且越来越多地依赖企业外部。随着全球数据和信息的"爆炸式"增长，企业不可能拥有全部的信息和知识，只有不断地从外部搜寻、学习和吸收新知识，才能与时俱进，跟上时代发展的步伐。因此，外部学习为科技中小企业创新提供了思想源泉。科技中小企业应该结合企业具体实际，以市场为导向，积极开展外部学习。可以借鉴其他优秀企业的成功经验，加强与其他优秀企业的沟通和交流，与高校、科研机构建立合作交流机制，以不断促进新知识与企业知识库的融合，拓宽企业思维和开阔企业视野,进而激发企业学习动力,为弥补企业自身知识的不足而做出必要的努力。企业要学习和吸收外部更多有价值的、新颖的知识,并将其融入商业模式运营过程中,以便改善商业模式运营效率或创造适合企业发展的新商业模式。

企业学习能力的提升并非是一朝一夕的事情,而是需要企业与组织成员间的共同努力。科技中小企业在充分整合内外学习的基础上,为成员学习培育和塑造良好的学习氛围,增强企业成员学习的积极性和主动性,并能够让企业成员学以致用,才能达到更好的学习效果。

三、努力增强企业整合能力

整合能力是企业快速获取、协调和配置内外部资源以配合企业生产运营的能力,既是动态能力的核心维度之一,也是企业动态适应外部环境变化的重要体现。整合能力为科技中小企业开展商业模式创新提供了一种至关重要的能力支撑。科技中小企业资源相对匮乏,如何快速有效地获得、整合和重构内外部资源成为企业进行创新和快速成长的关键。

(一) 提高企业内部资源和能力的洞察力

资源和能力是企业进行商业模式创新的基础,而洞察企业资源和能力是企业提升资源整合能力的重要前提。企业只有充分了解内部资源和能力情况,才能在成长和创新过程中有效地获取、整合和配置相关资源及能力,才能更好地采取下一部行动。科技中小企业应充分认识和了解自身的资源及能力,即企业拥有怎样的优势、资源及能力,创新和成长过程中的"短板"是什么,通过何种途径或采取何种方式能够满足发展创新过程中的资源及能力需求。科技中小企业用于创新的资源及能力相对匮乏,受到外部环境的约束性较大,甚至会对企业创新行为产生一定的阻碍作用。科技中小企业只有充分洞察企业具体实际,才能够为企业获取、整合和配置资源过程提供方向及指引。科技中小企业应该对内部环境进行仔细分析,深入洞察自身资源和能力的优势及劣势,努力识别企业创新过程中所需各种资源的潜在价值或实际用途,积极地搜寻和获取企业内部稀缺的、有价值的资源及能力,并与企业内部相关资源进行有效的整合和利用。科技中小企业整合能力的提升能够使企业及时获取、整合、配置资源和能力，有利于进行效率型和新颖型商业模式创新。

（二）建立有效的沟通协调机制

科学有效的沟通协调机制是维持企业正常生产运营的重要保证，其有助于降低企业内部部门与部门之间的信息不对称性，及时沟通、协调解决组织管理和运营过程中存在的冲突、矛盾、隔阂等问题，有效地减少多种不和谐或不利因素的潜在影响，有助于企业内部构建一个和谐相处的氛围。积极的沟通能够加强企业内部各部门之间合作意识，增强部门间的协同性，从而提升企业快速获取、整合和配置资源的能力。

科技中小企业规模较小，组织架构往往趋于扁平化，成员间的沟通与合作方式较为灵活。如何协调整个企业内部团队成员之间的关系或打造一个高效的团队以快速整合和配置资源是科技中小企业进行商业模式创新以及时应对外部环境变化的关键。首先，提升管理者的沟通技巧。科技中小企业可以通过定期组织沟通技巧的培训来提升管理者的沟通协调能力，使企业管理者能够掌握多种沟通和协调技巧，有效增强沟通效果。其次，建立完善的沟通机制。科技中小企业可以健全沟通渠道，包括正式沟通与非正式沟通渠道，加强企业上下级之间、部门与部门之间以及部门成员之间的沟通、互动与合作，从而减少企业内部信息孤岛现象，切实促进企业成员相互了解和成员真实想法的充分表达，提升相互间的协同性和合作效率。建立有效的反馈机制，能够对企业成员工作过程中的进展情况、存在的问题以及实施偏差进行及时反馈，从而便于企业及时协调相关人员，整合和配置相应资源以纠正偏差或解决问题。科技中小企业应建立科学有效的沟通协调机制，有助于企业培育和提升资源整合能力，为企业进行效率型和新颖型商业模式创新提供能力支持。

第三节　灵活匹配企业网络嵌入性与动态环境

研究发现，环境动态性在企业网络嵌入性和商业模式创新之间存在一定的调节作用，即企业网络嵌入性对商业模式创新的作用会受到外部环境动态性的影响。可见，环境动态性在企业商业模式创新过程中也发挥着非常重要的作用。因此，科技中小企业应灵活地匹配企业网络嵌入性与环境动态性，从而能够更好地进行商业模式创新。

一、注重环境分析

外部环境是企业赖以生存的基础，能够对企业的各种生产经营活动产生深远的影响。企业的各种资源可以从外部环境中获取，包括人才、设备、原料等，而企业生产的产品和服务又要输送到外部市场环境中，需要得到消费者的认可。企业与外部环境有着紧密的联系。企业的一切行为可能会受到市场环境、政策环境、社会环境以及技术环境的潜在影响。

科技中小企业规模小、资源匮乏，在创新过程中需要大量资源的支持，而这些资源往往来自企业外部环境。企业研发和创新的技术、产品及服务等科技含量较高，较为新颖，需要得到市场的认可和政府政策的支持才能得以生存及发展。企业面临的外部环境往往具备波动性、不可控性和差异性。波动性是指外部环境会随时间的推移不断发生变化，并且这种变化往往难以预测。不可控性是指外部环境的变化不会受单个企业的控制，即单个企业对外部环境影响力或控制力微乎其微，可以忽略不计。差异性是指外部环境对每个企业的影响不同，由于不同企业处于不同的行业、地理位置和生命周期等，每个企业的产品、技术以及面对的顾客需求、市场竞争等存在差异性，从而导致外部环境对企业生产经营产生差异化的影响。随着经济的快速发展和全球化的不断深入，企业面临的外部环境日益动态复杂，对企业环境适应能力提出了更高要求。环境分析是企业进行战略决策的重要前提，能够为科技中小企业进行网络嵌入性与环境动态性的有效匹配提供支持。科技中小企业应该充分认识到环境分析的重要性，注重对企业外部环境的系统分析。结合企业具体实际，首先，企业应加强对宏观环境的分析，提升企业对宏观环境的把握，聚焦企业所处宏观环境的技术发展趋势、政府政策导向、经济动态及社会变化等，探究各个宏观环境要素及其相互作用结果对企业成长的潜在影响。其次，企业要注重对行业环境的分析，增强企业对行业环境的感知，及时了解行业发展趋势、竞争对手状况以及市场需求等，为企业进行战略决策和采取相应的行动做铺垫。

二、实现网络嵌入性与环境的动态匹配

实证研究发现，环境动态性在科技中小企业网络嵌入性和商业模式创新之间存在一定的调节作用。除网络嵌入性能够对企业商业模式创新产生积极影响外，网络嵌入性在影响商业模式创新过程中，还受到环境动态性的影响。不同科技中小企业由于处在不同类型的行业领域内，产品、技术以及顾客需求等都有其特殊性，企业所面临的环境动态性也存在一定的差异性。如何借助环境动态性让科技中小企业网络嵌入性在影响商业模式创新过程中能够发挥更加积极的作用成为企业增强环境适应性应着重考虑的问题。科技中小企业在对外部环境进行系统分析的基础上，需要密切关注所处外部环境动态变化情况，灵活调整企业网络嵌入性和环境动态性的关系，以充分发挥外部环境动态性在网络嵌入性与商业模式创新之间的积极作用，尽量避免其不利影响。在相对稳定的环境下，科技中小企业应更加注重合作双方关系的培养和维护，加强合作频次和深化合作程度，促进效率型和新颖型商业模式创新。随着外部环境动态性的增强，企业要更加注重调整网络结构，例如增强网络规模、增加成员异质性和趋近网络中心等，不断引入新的合作伙伴，以促进商业模式创新。

参考文献

[1] Aalbers R, Dolfsma W, Koppius O. Individual connectedness in innovation networks: On the role of individual motivation [J]. Research Policy, 2013, 42 (3): 624-634.

[2] Achtenhagen L, Melin L, Naldi L. Dynamics of business models-strategizing, critical capabilities and activities for sustained value creation [J]. Long Range Planning, 2013, 46 (6): 427-442.

[3] Acquaah M. Managerial social capital, strategic orientation, and organizational performance in an emerging economy [J]. Strategic Management Journal, 2007, 28 (12): 1235-1255.

[4] Adler P S, Kwon S W. Social capital: Prospects for a new concept [J]. Academy of Management Review, 2002, 27 (1): 17-40.

[5] Afuah A, Tucci C. Internet business models and strategies: Text and cases [M]. Boston: McGraw-Hill/Irwin, 2001.

[6] Agarwal R, Selen W. Dynamic Capability Building in Service Value Networks for Achieving Service Innovation [J]. Decision Sciences, 2009, 40 (3): 431-475.

[7] Amit R, Zott C. Creating Value through Business Model Innovation [J]. Mit Sloan Management Review, 2012, 53 (3): 41-49.

[8] Amit R, and C Zott. Value creation in e-business [J]. Strategic Management Journal, 2001, 22 (6/7): 493-520.

[9] Barney J B, Hansen M H. Trustworthiness as a Source of Competitive Advantage [J]. Strategic Management Journal, 1994, 15 (S1): 175-190.

[10] Barney J B. Strategic factor markets: Expectations, luck, and business strategy [J]. Management Science, 1986, 32 (10): 1231-1241.

[11] Barney J. Firm resources and sustained competitive advantage [J]. Journal of Management, 1991, 17 (1): 99-120.

[12] Baron R M, Kenny D A. The moderator-mediator variable distinction in social psychological research: Conceptual, strategic, and statistical considerations [J]. Journal of Personality and Social Psychology, 1986, 51 (6): 1173-1182.

[13] Barreto I. Dynamic capabilities: A review of past research and an agenda for the future [J]. Journal of Management, 2010, 36 (1): 256-280.

[14] Bessant J, Caffyn S, Gilbert J. Learning tomanage innovation [J]. Technology Analysis & Strategic Management, 1996, 8 (1): 59-70.

[15] Blosch, Marcus. Customer knowledge [J]. Knowledge & Process Management, 2000, 7 (7): 265-268.

[16] Bossidy L, Charan R, Burck C. Confronting Reality: Doing What Matters to Get Things Right [M]. New York: Crown Business, 2004.

[17] Bowman C, Ambrosini V. How the Resource - based and the Dynamic Capability Views of the Firm Inform Corporate - level Strategy [J]. British Journal of Management, 2003, 14 (4): 289-303.

[18] Burt R S. Structural holes: The social structure of competition [M]. Cambridge, MA: Harvard University Press, 1992.

[19] Caloghirou Y, Kastelli I, Tsakanikas A. Internal capabilities and external knowledge sources: Complements or substitutes for innovative performance? [J]. Technovation, 2004, 24 (1): 29-39.

[20] Capaldo A. Network structure and innovation: The leveraging of a dual network as a distinctive relational capability [J]. Strategic Management Journal, 2007, 28 (6): 585-608.

[21] Casadesus-Masanell R, Ricart J E. From Strategy to Business Models and onto Tactics [J]. Long Range Planning, 2010, 43 (2-3): 195-215.

[22] Cepeda G, Vera D. Dynamic capabilities and operational capabilities: A knowledge management perspective [J]. Journal of Business Research, 2007, 60 (5): 426-437.

[23] Chang H F, Tzeng G H. A Causal Decision Making Model for Knowledge

Management Capabilities to Innovation Performance in Taiwan's High-Tech Industry [J]. Journal of Technology Management & Innovation, 2010, 5 (4): 137-146.

[24] Chen J, Chen Y, Du X, et al. Big data challenge: A data management perspective [J]. Frontiers of Computer Science, 2013, 7 (2): 157-164.

[25] Chesbrough H W, Appleyard M M. Open innovation and strategy [J]. California Management Review, 2007, 50 (1): 57-76.

[26] Chesbrough H W. Open innovation: The new imperative for creating and profiting from technology [M]. Harvard Business Press, 2003: 43-62.

[27] Chesbrough H, Crowther A K. Beyond high tech: Early adopters of open innovation in other industries [J]. R&D Management, 2006, 36 (3): 229-236.

[28] Churchill G. A paradigm for developing better measures of marketing constructs [J]. Journal of Marketing Research, 1979, 16 (1): 64-73.

[29] Cohen W M, Levinthal D A. Reply to "Comments on 'Fortune Favors the Prepared Firm'" [J]. Management Science, 1997, 43 (10): 1463-1468.

[30] Cuzzocrea A, Song I Y, Davis K C. Analytics over large-scale multidimensional data: The big data revolution! [C] //Proceedings of the ACM 14th international workshop on Data Warehousing and OLAP. ACM, 2011: 101-104.

[31] Davern M. Social Networks and Economic Sociology [J]. American Journal of Economics & Sociology, 1997, 56 (3): 287-302.

[32] Dess G G, Beard D W. Dimensions of Organizational Task Environments [J]. Administrative Science Quarterly, 1984, 29 (1): 52-73.

[33] Detienne D R, Koberg C S. The impact of environmental and organizational factors on discontinuous innovation within high-technology industries [J]. Engineering Management IEEE Transactions on, 2002, 49 (4): 352-364.

[34] Døving E, Gooderham P N. Dynamic capabilities as antecedents of the scope of related diversification: The case of small firm accountancy practices [J]. Strategic Management Journal, 2008, 29 (8): 841-857.

[35] Drnevich P I, Kriauciunas A P. Clarifying the conditions andlimits of the contributions of ordinary and dynamic capabilities torelative firm performance [J]. Strategic Management Journal, 2011, 32 (2): 254-279.

[36] Dubosson-Torbay M, Osterwalder A, and Pigneur Y. E-business model design, classification and measurements [J]. Thunderbird International Business Review, 2002, 44 (1): 5-23.

[37] Dyer J H, Nobeoka K. Creating and Managing a High-Performance Knowledge-Sharing Network: The Toyota Case [J]. Strategic Management Journal, 2000, 21 (3): 345-367.

[38] Echols A, Tsai W. Niche and performance: The moderating role of network embeddedness [J]. Strategic Management Journal, 2005, 26 (3): 219-238.

[39] El-Khatib R, Fogel K, Jandik T. CEO network centrality and merger performance [J]. Journal of Financial Economics, 2015, 116 (2): 349-382.

[40] Ellonen H K, Wikström P, Jantunen A. Linking dynamic-capability portfolios and innovation outcomes [J]. Technovation, 2009, 29 (11): 753-762.

[41] Enkel E, Gassmann O, Chesbrough H. Open R&D and open innovation: exploring the phenomenon [J]. R&D Management, 2009, 39 (4): 311-316.

[42] Ferriani S, Cattani G, Baden-Fuller C. The relational antecedents of project-entrepreneurship: Network centrality, team composition and project performance [J]. Research Policy, 2009, 38 (10): 1545-1558.

[43] Fisher D, DeLine R, Czerwinski M, et al. Interactions with big data analytics [J]. Interactions, 2012, 19 (3): 50-59.

[44] Gambardella A, McGahan A M. Business-model innovation: General purpose technologies and their implications for industry structure [J]. Long Range Planning, 2010, 43 (2): 262-271.

[45] Gebert H. Knowledge-enabled customer relationship management: Integrating customer relationship management and knowledge management concepts [J]. Journal of Knowledge Management, 2003, 7 (5): 107-123.

[46] George G, Bock A J. The business model in practice and its implications for entrepreneurship research [J]. Entrepreneurship Theory and Practice, 2011, 35 (1): 83-111.

[47] George G, Haas M R, Pentland A. Big data and management [J]. Academy of Management Journal, 2014, 57 (2): 321-326.

[48] Ghezzi A, Balocco R, Rangone A. How to get strategic planning and business model design wrong: The case of a mobile technology provider [J]. Strategic Change, 2010, 19 (19): 213-238.

[49] González-Benito Ó, González-Benito J, Muñoz-Gallego P A. On the consequences of market orientation across varied environmental dynamism and competitive intensity levels [J]. Journal of Small Business Management, 2014, 52 (1): 1-21.

[50] Granovetter M S. The strength of weak ties [J]. American Journal of Sociology, 1973, 78 (6): 1360-1380.

[51] Granovetter M. Economic action and social structure: The problem of embeddedness [J]. American Journal of Sociology, 1985, 91 (3): 481-510.

[52] Grant R M. The resource-based theory of competitive advantage: implications for strategy formulation [J]. California Management Review, 1991, 33 (3): 114-135.

[53] Grant R M. Toward a knowledge-based theory of the firm [J]. Strategic Management Journal, 1996, 17 (S2): 109-122.

[54] Helfat C E, Peteraf M A. Managerial cognitive capabilities and the microfoundations of dynamic capabilities [J]. Strategic Management Journal, 2015, 36 (6): 831-850.

[55] Human S E, Provan K G. An Emergent Theory of Structure and Outcomes in Small-Firm Strategic Manufacturing Networks [J]. Academy of Management Journal, 1997, 40 (2): 368-403.

[56] Inkpen A C, Tsang E W K. Social capital, networks, and knowledge transfer [J]. Academy of Management Review, 2005, 30 (1): 146-165.

[57] Jantunen A, Ellonen H K, Johansson A. Beyond appearances—Do dynamic capabilities of innovative firms actually differ? [J]. European Management Journal, 2012, 30 (2): 141-155.

[58] Johnson M W, Christensen C M, Kagermann H. Reinventing your business model [J]. Harvard Business Review, 2008, 86 (12): 57-68.

[59] Kim S K, Min S. Business Model Innovation Performance: When does

Adding a New Business Model Benefit an Incumbent? [J]. Strategic Entrepreneurship Journal, 2015, 9 (1): 34-57.

[60] Koka B R, Madhavan R, Prescott J E. The Evolution of Interfirm Networks: Environmental Effects on Patterns of Network Change [J]. Academy of Management Review, 2006, 31 (3): 721-737.

[61] Kwon O, Sim J M. Effects of data set features on the performances of classification algorithms [J]. Expert Systems with Applications, 2013, 40 (5): 1847-1857.

[62] Lee S, Park G, Yoon B, et al. Open innovation in SMEs—An intermediated network model [J]. Research Policy, 2010, 39 (2): 290-300.

[63] Levin D Z, Cross R. The strength of weak ties you can trust: The mediating role of trust in effective knowledge transfer [J]. Management Science, 2004, 50 (11): 1477-1490.

[64] Linder J, Cantrell S. Changing business models: Surveying the landscape [R]. Boston: Accenture Institute for Strategic Change, 2000.

[65] Lindgadt Z, Reeves M, Stalk G, Deimler M. Business model innovation: When the game gets tough, change the game [J]. The Boston Consulting Group, 2009 (9): 1-8.

[66] Luo Y, Huang Y, Wang S L. Guanxi and Organizational Performance: A Meta-Analysis [J]. Management & Organization Review, 2012, 8 (1): 139-172.

[67] Luo Y. Dynamic capabilities in international expansion [J]. Journal of World Business, 2000, 35 (4): 355-378.

[68] M. Holmlund. The D&D Model – Dimensions and Domains of Relationship Quality Perceptions [J]. Service Industries Journal, 2001, 21 (3): 13-36.

[69] Mahadevan B. Business Models for Internet-Based E-Commerce: An Anatomy [J]. California Management Review, 2000, 42 (4): 55-69.

[70] Maitlis S. The social processes of organizational sensemaking [J]. Academy of Management Journal, 2005, 48 (1): 21-49.

[71] Makkonen H, Pohjola M, Olkkonen R, et al. Dynamic capabilities and

firm performance in a financial crisis [J]. Journal of Business Research, 2014, 67 (1): 2707-2719.

[72] March J G. Exploration and exploitation in organizational learning [J]. Organization Science, 1991, 2 (1): 71-87.

[73] Markides C. Disruptive Innovation: In Need of Better Theory [J]. Journal of Product Innovation Management, 2006, 23 (1): 19-25.

[74] Martins L L, Rindova V P, Greenbaum B E. Unlocking the hidden value of concepts: A cognitive approach to business model innovation [J]. Strategic Entrepreneurship Journal, 2015, 9 (1): 99-117.

[75] McAfee A, Brynjolfsson E. Big data: The management revolution [J]. Harvard Business Review, 2012 (90): 60-6, 68, 128.

[76] Menguc B, Auh S. Creating a firm-level dynamic capability through capitalizing on market orientation and innovativeness [J]. Journal of The Academy of Marketing Science, 2006, 34 (1): 63-73.

[77] Miller D, Chen M J. Sources and Consequences of Competitive Inertia: A Study of the U.S. Airline Industry [J]. Administrative Science Quarterly, 1994, 39 (1): 1-23.

[78] Miller D. The Structural and Environmental Correlates of Business Strategy [J]. Strategic Management Journal, 1987, 8 (1): 55-76.

[79] Mitchell D W, Coles C B. Business model innovation breakthrough moves [J]. Journal of Business Strategy, 2004, 25 (1): 16-26.

[80] Morris M, Schindehutte M, Allen J. The entrepreneur's business model: Toward a unified perspective [J]. Journal of Business Research, 2005, 58 (6): 726-735.

[81] Nahapiet J, Ghoshal S. Social capital, intellectual capital, and the organizational advantage [J]. Academy of Management Review, 1998, 23 (2): 242-266.

[82] Najmaei A. Dynamic business model innovation: An analytical archetype [C] //International Conference on Information and Financial Engineering (págs. 165-171). Singapore: IACSIT Press. 2011.

[83] O'Connor G C. Major Innovation as a Dynamic Capability: A Systems Ap-

proach [J]. Journal of Product Innovation Management, 2008, 25 (4): 313-330.

[84] Øiestad S, Bugge M M. Digitisation of publishing: Exploration based on existing business models [J]. Technological Forecasting & Social Change, 2014, 83 (3): 54-65.

[85] Osterwalder A. The business model ontology: A proposition in a design science approach [D]. Switzerland: UniversitédeLausanne, 2004.

[86] Paarup Nielsen A. Understanding dynamic capabilities through knowledge management [J]. Journal of Knowledge Management, 2006, 10 (4): 59-71.

[87] Peteraf M A. The cornerstones of competitive advantage: A resource-based view [J]. Strategic Management Journal, 1993, 14 (3): 179-191.

[88] Pisano G P. Knowledge, Integration, and the Locus of Learning: An Empirical Analysis of Process Development [J]. Strategic Management Journal, 2010, 15 (S1): 85-100.

[89] Polanyi K. The great transformation: The political and economic origins of our time [M]. Boston: Beacon Press by Arrangement with Rinehart & Company, Inc, 1994.

[90] Powell W W. Interorganizational Collaboration and the Locus of Innovation: Networks of Learning in Biotechnology [J]. Administrative Science Quarterly, 1996, 41 (1): 116-145.

[91] Pralalad C K, Hamel C. The Core Competence of the Corporation [J]. Harvard Business Review, 1990 (66): 79-91.

[92] Provost F, Fawcett T. Data science and its relationship to big data and data-driven decision making [J]. Big Data, 2013, 1 (1): 51-59.

[93] Robert Baum J, Wally S. Strategic decision speed and firm performance [J]. Strategic Management Journal, 2003, 24 (11): 1107-1129.

[94] Rodan S, Galunic C. More than Network Structure: How Knowledge Heterogeneity Influences Managerial Performance and Innovativeness [J]. Strategic Management Journal, 2004, 25 (6): 541-562.

[95] Ron A Boschma, Anne L J ter Wal. Knowledge Networks and Innovative Performance in an Industrial District: The Case of a Footwear District in the South of

Italy [J]. Industry & Innovation, 2007, 14 (2): 177-199.

[96] Salman N, Saives A L. Indirect networks: An intangible resource for biotechnology innovation [J]. R&D Management, 2005, 35 (2): 203-215.

[97] Shan W, Walker G, Kogut B. Interfirm cooperation and startup innovation in the biotechnology industry [J]. Strategic Management Journal, 1994, 15 (5): 387-394.

[98] Siu W S, Bao Q. Network Strategies of Small Chinese High-Technology Firms: A Qualitative Study [J]. Journal of Product Innovation Management, 2008, 25 (1): 79-102.

[99] Soh P H. Network patterns and competitive advantage before the emergence of a dominant design [J]. Strategic Management Journal, 2010, 31 (4): 438-461.

[100] Sosna M, Trevinyo-Rodríguez R N, Velamuri S R. Business Model Innovation through Trial-and-Error Learning: The Naturhouse Case [J]. Long Range Planning, 2010, 43 (2-3): 383-407.

[101] Spender J C, Grant R M. Knowledge and the firm: overview [J]. Strategic Management Journal, 1996, 17 (S2): 5-9.

[102] Stewart D W, Zhao Q. Internet Marketing, Business Models, and Public Policy [J]. Journal of Public Policy & Marketing, 1999, 19 (2): 287-296.

[103] Teece D J. Business models, business strategy and innovation [J]. Long Range Planning, 2010, 43 (2): 172-194.

[104] Teece D J. Capturing value from knowledge assets: The new economy, markets for know-how, and intangible assets [J]. California Management Review, 1998, 40 (3): 55-79.

[105] Teece D J. Explicating dynamic capabilities: The nature and microfoundations of (sustainable) enterprise performance [J]. Strategic Management Journal, 2007, 28 (13): 1319-1350.

[106] Teece D, Pisano G. The dynamic capabilities of firms: An introduction [J]. Industrial and Corporate Change, 1994, 3 (3): 537-556.

[107] Teece D, Pisano G, Shuen A. Dynamic capabilities and strategicman-

agement [J]. Strategic Management Journal, 1997 (18) 509-533.

[108] Timmers P. Business models for electronic markets [J]. Electronic Markets, 1998, 8 (2): 3-8.

[109] Tortoriello M, Krackhardt D. Activatingcross-boundaryknowledge: The role of simmellian ties in the generation of innovations [J]. Academy of Management Journal, 2010, 53 (1): 167-181.

[110] Trott P, Hartmann D A P. Why open innovation's old wine in new bottles [J]. International Journal of Innovation Management, 2009, 13 (04): 715-736.

[111] Uzzi B. Social Structure and Competition in Interfirm Networks: The Paradox of Embeddedness [J]. Administrative Science Quarterly, 1997, 42 (1): 35-67.

[112] Uzzi B. The Sources and Consequences of Embeddedness for the Economic Performance of Organizations: The Network Effect [J]. American Sociological Review, 1996, 61 (4): 674-698.

[113] Vanpoucke E, Vereecke A, Wetzels M. Developing supplier integration capabilities for sustainable competitive advantage: A dynamic capabilities approach [J]. Journal of Operations Management, 2014, 32 (7-8): 446-461.

[114] Velu C. Business model innovation and third-party alliance on the survival of new firms [J]. Technovation, 2015 (35): 1-11.

[115] Wellman B. Structural analysis: From method and metaphor to theory and substance [J]. Contemporary Studies in Sociology, 1997 (15): 19-61.

[116] Wernerfelt B. A resource - based view of the firm [J]. Strategic Management Journal, 1984, 5 (2): 171-180.

[117] White M. Digital workplaces Vision and reality [J]. Business Information Review, 2012, 29 (4): 205-214.

[118] Winter S G. Understanding dynamic capabilities [J]. Strategic Management Journal, 2003, 24 (10): 991-995.

[119] Wirtz B W, Pistoia A, Ullrich S, et al. Business Models: Origin, Development and Future Research Perspectives [J]. Long Range Planning, 2016,

49（1）：36-54.

［120］Woiceshyn J, Daellenbach U. Integrative capability and technology adoption: Evidence from oil firms ［J］. Industrial & Corporate Change, 2005, 14（2）: 307-342.

［121］Wu L Y. Entrepreneurial resources, dynamic capabilities and start-up performance of Taiwan's high-tech firms ［J］. Journal of Business Research, 2007, 60（5）: 549-555.

［122］Xin K K, Pearce J L. Guanxi: Connections as substitutes for formal institutional support ［J］. Academy of Management Journal, 1996, 39（6）: 1641-1658.

［123］Yang D H, Kim S, Nam C, et al. Fixed and Mobile Service Convergence and Reconfiguration of Telecommunications Value Chains ［J］. IEEE Wireless Communications, 2004, 11（5）: 42-47.

［124］Yang D H, Kim S, Nam C, et al. Fixed and Mobile Service Convergence and Reconfiguration of Telecommunications Value Chains ［J］. IEEE Wireless Communications, 2004, 11（5）: 42-47.

［125］Zaheer A, Bell G G. Benefiting from network position: Firm capabilities, structural holes, and performance ［J］. Strategic Management Journal, 2005, 26（9）: 809-825.

［126］Zahra S A, George G. Absorptive Capacity: A Review, Reconceptualization, and Extension ［J］. Academy of Management Review, 2002, 27（2）: 185-203.

［127］Zahra S A, Sapienza H J, Davidsson P. Entrepreneurship and dynamic capabilities: A review, model and research agenda ［J］. Journal of Management studies, 2006, 43（4）: 917-955.

［128］Zahra S A. Organizational learning and entrepreneurship in family firms: Exploring the moderating effect of ownership and cohesion ［J］. Small Business Economics, 2012, 38（1）: 51-65.

［129］Zhou K Z, Li C B. How does strategic orientation matter in Chinese firms? ［J］. Asia Pacific Journal of Management, 2007, 24（4）: 447-466.

［130］Zhou K Z, Li C B. How strategic orientations influence the building of dynamic capability in emerging economies [J]. Journal of Business Research, 2010, 63 (3): 224-231.

[131] Zollo M, Winter S G. Deliberate Learning and the Evolution of Dynamic Capabilities [J]. Organization Science, 2002, 13 (3): 339-351.

[132] Zott C, Amit R, Donlevy J. Strategies for value creation in e-commerce: Best practice in Europe [J]. European Management Journal, 2000, 18 (5): 463-475.

[133] Zott C, Amit R, Massa L. The business model: Recent developments and future research [J]. Journal of Management, 2011, 37 (4): 1019-1042.

[134] Zott C, Amit R. Business model design and the performance of entrepreneurial firms [J]. Organization Science, 2007, 18 (2): 181-199.

[135] Zott C, Amit R. Business model design: An activity system perspective [J]. Long Range Planning, 2010, 43 (2): 216-226.

[136] Zott C, Amit R. The fit between product market strategy and business model: Implications for firm performance [J]. Strategic Management Journal, 2008, 29 (1): 1-26.

[137] Zott C. Dynamic Capabilities and the Emergence of Intraindustry Differential Firm Performance: Insights from a Simulation Study [J]. Strategic Management Journal, 2003, 24 (2): 97-125.

[138] Zukin S, Dimaggio P. Structures of capital: The social organization of the economy [M]. Cambridge, MA: Cambridge University Press, 1990.

[139] Arbussa A, Bikfalvi A, Marquès P. Strategic agility-driven business model renewal: The case of an SME [J]. Management Decision, 2017, 55 (2): 271-293.

[140] Westerlund M, Rajala R, Leminen S. SME business models in global competition: A network perspective [J]. International Journal of Globalisation and Small Business, 2008, 2 (3): 342-358.

[141] 维克托·迈尔-舍恩伯格, 肯尼思·库克耶. 大数据时代: 生活、工作与思维的大变革 [M]. 盛杨燕, 周涛, 译. 杭州: 浙江人民出版社, 2013.

[142] 宝贡敏，龙思颖. 企业动态能力研究：最新述评与展望 [J]. 外国经济与管理，2015，37（7）：74-87.

[143] 蔡俊亚，党兴华. 商业模式创新对财务绩效的影响研究：基于新兴技术企业的实证 [J]. 运筹与管理，2015，24（2）：272-280.

[144] 曹宗平. 科技型中小企业技术创新的资金支持——基于生命周期视角的研究 [J]. 科学管理研究，2009，27（4）：112-116.

[145] 曾萍，陈书伟，孙奎立. 企业社会资本与商业模式创新：机制与路径研究 [J]. 财经论丛（浙江财经大学学报），2017（2）：85-94.

[146] 曾萍，邓腾智，宋铁波. 社会资本、动态能力与企业创新关系的实证研究 [J]. 科研管理，2013，34（4）：50-59.

[147] 曾萍，李明璇，刘洋. 政府支持、企业动态能力与商业模式创新：传导机制与情境调节 [J]. 研究与发展管理，2016，28（4）：31-38.

[148] 曾萍，宋铁波，蓝海林. 环境不确定性、企业战略反应与动态能力的构建 [J]. 中国软科学，2011（12）：128-140.

[149] 曾萍. 组织学习与绩效的关系：基于动态能力的中介效应 [J]. 图书情报工作，2009，53（20）：102-105.

[150] 曾一军. 企业网络嵌入与竞争优势 [J]. 云南社会科学，2010（6）：108-111.

[151] 常红锦，仵永恒. 网络异质性、网络密度与企业创新绩效——基于知识资源视角 [J]. 财经论丛（浙江财经大学学报），2013，175（6）：83-88.

[152] 陈莞，郑淑燕，熊娟. 区域社会资本、网络中心性与企业技术创新能力关系的实证研究 [J]. 福建论坛（人文社会科学版），2016（4）：17-24.

[153] 陈国权，王晓辉. 组织学习与组织绩效：环境动态性的调节作用 [J]. 研究与发展管理，2012，24（1）：52-59.

[154] 陈力田. 环境动态性、战略协调柔性和企业产品创新能力关系的实证研究 [J]. 科学学与科学技术管理，2012，33（6）：60-70.

[155] 陈琳，李玉刚. 国际化战略实施、公司治理与中小企业商业模式转型——以深圳证券交易所中小上市公司为例 [J]. 科技进步与对策，2017，34（22）：100-106.

[156] 陈秋英. 国外企业开放式创新研究述评 [J]. 科技进步与对策，

2009，26（23）：196-200.

[157] 陈宪宇．大数据的商业价值 [J]．企业管理，2013（3）：108-110.

[158] 陈晓萍，徐淑英，樊景立．组织与管理研究的实证方法（第二版）[M]．北京：北京大学出版社，2012.

[159] 陈亚光，吴月燕，杨智．商业模式创新对财务绩效的影响：一个整合模型 [J]．中国科技论坛，2017（3）：156-162.

[160] 陈志军，温洲，李享．中国科技型中小企业定义及划型标准的研究 [J]．科学与管理，2016，36（4）：39-42.

[161] 成文，王迎军，高嘉勇，等．商业模式理论演化述评 [J]．管理学报，2014，11（3）：462-468.

[162] 程欣炜，林乐芬．科技型中小企业特征与银行融资的关系研究 [J]．金融论坛，2014，19（6）：53-60，75.

[163] 刁玉柱，白景坤．商业模式创新的机理分析：一个系统思考框架 [J]．管理学报，2012，9（1）：71.

[164] 董保宝，葛宝山，王侃．资源整合过程、动态能力与竞争优势：机理与路径 [J]．管理世界，2011（3）：92-101.

[165] 董保宝，葛宝山．新创企业资源整合过程与动态能力关系研究 [J]．科研管理，2012，33（2）：107-114.

[166] 董保宝，周晓月．网络导向、创业能力与新企业竞争优势——一个交互效应模型及其启示 [J]．南方经济，2015，V33（1）：37-53.

[167] 董保宝，周晓月．新企业创业导向与绩效倒 U 型关系及资源整合能力的中介作用 [J]．南方经济，2015，V33（8）：107-124.

[168] 董保宝．网络结构与竞争优势关系研究——基于动态能力中介效应的视角 [J]．管理学报，2012，9（1）：50-56.

[169] 董俊武，黄江圳，陈震红．基于知识的动态能力演化模型研究 [J]．中国工业经济，2004（2）：77-85.

[170] 杜丹丽，姜铁成，曾小春．企业社会资本对科技型小微企业成长的影响研究——以动态能力作为中介变量 [J]．华东经济管理，2015（6）：148-156.

[171] 杜健，姜雁斌，郑素丽，等．网络嵌入性视角下基于知识的动态

能力构建机制[J].管理工程学报,2011,25(4):145-151.

[172] 樊耘,张旭,颜静.引起问卷调查结果失真的受试者主观原因分析[J].人力资源管理,2011(1):156-159.

[173] 樊治平,李慎杰.知识创造与知识创新的内涵及相互关系[J].东北大学学报(社会科学版),2006(2):102-105.

[174] 冯军政,魏江.国外动态能力维度划分及测量研究综述与展望[J].外国经济与管理,2011,33(7):26-33.

[175] 冯军政.企业突破性创新和破坏性创新的驱动因素研究——环境动态性和敌对性的视角[J].科学学研究,2013,31(9):1422-1432.

[176] 冯芷艳,郭迅华,曾大军,等.大数据背景下商务管理研究若干前沿课题[J].管理科学学报,2013,16(1):1-9.

[177] 傅世昌,王惠芬.商业模式定义与概念本质的理论体系与研究趋势[J].中国科技论坛,2011(2):70-76.

[178] 高良谋,马文甲.开放式创新:内涵、框架与中国情境[J].管理世界,2014(6):157-169.

[179] 高松,庄晖,王莹.科技型中小企业生命周期各阶段经营特征研究[J].科研管理,2011,32(12):119-125,142.

[180] 龚敏卿,肖岳峰.开放式创新研究述评[J].科技管理研究,2011,31(8):12-15.

[181] 郭海,沈睿.环境包容性与不确定性对企业商业模式创新的影响研究[J].经济与管理研究,2012(10):97-104.

[182] 郭海,沈睿.如何将创业机会转化为企业绩效——商业模式创新的中介作用及市场环境的调节作用[J].经济理论与经济管理,2014,34(3):70-83.

[183] 郭蕊,吴贵生.基于商业模式轨道的创新路径研究——以中国百货零售产业为例[J].科研管理,2017,38(5):121-129.

[184] 何建华.社会网络对中小企业商业模式创新的影响——基于网络结构特征的视角[J].学习与实践,2012(12):30-37.

[185] 胡海青,李浩.加速器支持、环境动态性与瞪羚企业突破式创新[J].科研管理,2015,36(12):47-55.

[186] 胡汉辉, 潘安成. 组织知识转移与学习能力的系统研究 [J]. 管理科学学报, 2006, 9 (3): 81-87.

[187] 胡望斌, 张玉利, 牛芳. 中国新企业创业导向、动态能力与企业成长关系实证研究 [J]. 中国软科学, 2009 (4): 107-118.

[188] 黄江圳, 谭力文. 从能力到动态能力: 企业战略观的转变 [J]. 经济管理, 2002 (22): 13-17.

[189] 黄旭, 程林林. 西方资源基础理论评析 [J]. 财经科学, 2005 (3): 94-99.

[190] 简兆权, 王晨, 陈键宏. 战略导向、动态能力与技术创新: 环境不确定性的调节作用 [J]. 研究与发展管理, 2015, 27 (2): 65-76.

[191] 江积海, 蔡春花. 企业动态能力对创新绩效的作用机理——中国南车动车组 2005~2011 年纵向案例研究 [J]. 中国科技论坛, 2014 (4): 148-154.

[192] 江积海, 刘敏. 动态能力重构及其与竞争优势关系实证研究 [J]. 科研管理, 2014 (35): 75-82.

[193] 江积海. 商业模式是"新瓶装旧酒"吗?——学术争议、主导逻辑及理论基础 [J]. 研究与发展管理, 2015, 27 (2): 12-24.

[194] 姜波, 毛道维. 科技型中小企业资本结构与企业社会资本关系研究: 技术创新绩效的观点 [J]. 科学学与科学技术管理, 2011, 32 (2): 140-145.

[195] 姜文辉, 郑慕强. 市场导向、质量导向与技术创新: 动态能力的影响 [J]. 科技管理研究, 2010, 30 (22): 5-7.

[196] 蒋峦, 李忠顺, 谢卫红, 等. 组织柔性与环境动态性下时间节奏对创新绩效的影响 [J]. 管理学报, 2015, 12 (9): 1337-1342.

[197] 焦豪, 崔瑜. 企业动态能力理论整合研究框架与重新定位 [J]. 清华大学学报, 2008 (S2): 46-53, 74, 143.

[198] 焦豪, 魏江, 崔瑜. 企业动态能力构建路径分析: 基于创业导向和组织学习的视角 [J]. 管理世界, 2008 (4): 91-106.

[199] 焦豪, 周江华, 谢振东. 创业导向与组织绩效间关系的实证研究——基于环境动态性的调节效应 [J]. 科学学与科学技术管理, 2007, 28 (11): 70-76.

[200] 焦豪. 企业动态能力、环境动态性与绩效关系的实证研究 [J]. 软科学, 2008, 22 (4): 112-117.

[201] 解学梅, 左蕾蕾. 企业协同创新网络特征与创新绩效: 基于知识吸收能力的中介效应研究 [J]. 南开管理评论, 2013, 16 (3): 47-56.

[202] 金帆. 价值生态系统: 云经济时代的价值创造机制 [J]. 中国工业经济, 2014 (4): 97-109.

[203] 荆浩, 贾建锋. 中小企业动态商业模式创新——基于创业板立思辰的案例研究 [J]. 科学学与科学技术管理, 2011, 32 (1): 67-72.

[204] 黎振强, 罗能生, 林英杰. 基于动态博弈的科技型中小企业合作创新行为分析 [J]. 上海经济研究, 2008 (6): 101-106.

[205] 李彬. 商业模式创新助推经济发展方式"软"转型 [N]. 人民政协报, 2013-09-24 (B04).

[206] 李东, 王翔. 基于 Meta 方法的商业模式结构与创新路径 [J]. 大连理工大学学报 (社会科学版), 2006, 27 (3): 7-12.

[207] 李国杰, 程学旗. 大数据研究: 未来科技及经济社会发展的重大战略领域——大数据的研究现状与科学思考 [J]. 中国科学院院刊, 2012, 27 (6): 647-657.

[208] 李怀祖. 管理研究方法论 (第2版) [M]. 西安: 西安交通大学出版社, 2004.

[209] 李金凯, 刘钒. 网络嵌入性对小微企业动态能力的驱动效应研究 [J]. 科学决策, 2015 (10): 82-94.

[210] 李俊. 如何更好地解读社会?——论问卷设计的原则与程序 [J]. 调研世界, 2009 (3): 46-48.

[211] 李黎, 莫长炜, 蓝海林. 政治资源对商业模式转型的影响——来自中国中小企业的证据 [J]. 南开管理评论, 2015, 18 (5): 28-41.

[212] 李敏, 李涛. 全球产业链中基于整合能力的中国制造企业价值增值路线研究 [J]. 工业技术经济, 2007, 26 (5): 76-78.

[213] 李善民, 黄灿, 史欣向. 信息优势对企业并购的影响——基于社会网络的视角 [J]. 中国工业经济, 2015 (11): 141-155.

[214] 李随成, 武梦超. 供应商整合能力对渐进式创新与突破式创新的影

响——基于环境动态性的调节作用 [J]. 科技进步与对策, 2016 (3): 96-102.

[215] 李巍, 丁超. 企业家精神、商业模式创新与经营绩效 [J]. 中国科技论坛, 2016 (7): 124-129.

[216] 李巍, 丁超. 商业模式创新驱动市场效能的机制研究——营销动态能力的调节效应 [J]. 商业经济与管理, 2017, 1 (4): 70-79.

[217] 李新春, 刘莉. 嵌入性—市场性关系网络与家族企业创业成长 [J]. 中山大学学报 (社会科学版), 2009, 49 (3): 190-202.

[218] 李兴旺, 高鸿雁, 武斯琴. 动态能力理论的演进与发展: 回顾及展望 [J]. 科学管理研究, 2011 (1): 92-96.

[219] 李妍, 梅强. 民营科技企业网络嵌入性、创新动力、创新能力关系研究 [J]. 科技进步与对策, 2010, 27 (10): 60-64.

[220] 李长云. 创新商业模式的机理与实现路径 [J]. 中国软科学, 2012 (4): 167-176.

[221] 李贞, 杨洪涛. 吸收能力、关系学习及知识整合对企业创新绩效的影响研究——来自科技型中小企业的实证研究 [J]. 科研管理, 2012, 33 (1): 79-89.

[222] 李正卫, 高蔡联, 张祥富. 创始人前摄性个性对企业创新绩效的影响——社会网络的中介作用 [J]. 科学学研究, 2013, 31 (11): 1752-1759.

[223] 李志刚, 汤书昆, 梁晓艳, 等. 产业集群网络结构与企业创新绩效关系研究 [J]. 科学学研究, 2007, 25 (4): 777-782.

[224] 梁上坤, 金叶子, 王宁, 等. 企业社会资本的断裂与重构——基于雷士照明控制权争夺案例的研究 [J]. 中国工业经济, 2015 (4): 149-160.

[225] 林海芬, 苏敬勤. 管理创新效力机制研究: 基于动态能力观视角的研究框架 [J]. 管理评论, 2012, 24 (3): 49-57.

[226] 林聚任. 论社会网络分析的结构观 [J]. 山东大学学报 (哲学社会科学版), 2008 (5): 147-153.

[227] 林萍. 企业资源、动态能力对创新作用的实证研究 [J]. 科研管理, 2012, 33 (10): 72-79.

[228] 刘刚, 刘静, 程熙镕. 商业模式创新时机与强度对企业绩效的影响——基于资源基础观的视角 [J]. 北京交通大学学报 (社会科学版),

2017, 16 (2): 66-75.

[229] 刘刚, 刘静. 动态能力对企业绩效影响的实证研究——基于环境动态性的视角 [J]. 经济理论与经济管理, 2013, 33 (3): 83-94.

[230] 刘刚, 王丹, 李佳. 高管团队异质性、商业模式创新与企业绩效 [J]. 经济与管理研究, 2017 (4): 105-114.

[231] 刘刚, 王岚. 公平感知、关系质量与研发合作关系价值研究 [J]. 科研管理, 2014, 35 (4): 25-33.

[232] 刘光宗, 肖洪钧, 刘庆贤. 基于能力发展的动态能力理论研究述评 [J]. 现代管理科学, 2012 (3): 27-29.

[233] 刘广, 吴贵生, 王毅. 基于事件驱动法的组织整合能力与技术整合能力演化关系研究: 以海尔为例 [J]. 软科学, 2005, 19 (6): 1-3.

[234] 刘建刚, 钱玺娇. "互联网+"战略下企业技术创新与商业模式创新协同发展路径研究——以小米科技有限责任公司为案例 [J]. 科技进步与对策, 2016, 33 (1): 88-94.

[235] 刘建国. 商业模式创新、先动市场导向与制造业服务化转型研究 [J]. 科技进步与对策, 2016, 33 (15): 56-61.

[236] 刘力钢, 刘建基. 大数据背景下科技型中小企业社会资本对动态能力的影响 [J]. 科技进步与对策, 2017, 34 (21): 64-72.

[237] 刘力钢, 刘建基. 大数据对企业竞争优势影响的理论研究与展望 [J]. 管理现代化, 2016, 36 (5): 110-112.

[238] 刘力钢, 刘建基. 大数据情境下企业价值创造路径及效果评价 [J]. 企业经济, 2017, 36 (4): 54-59.

[239] 刘力钢, 刘杨, 刘硕. 企业资源基础理论演进评介与展望 [J]. 辽宁大学学报 (哲学社会科学版), 2011, 39 (2): 108-115.

[240] 刘力钢, 袁少锋. 大数据时代的企业战略思维特征 [J]. 中州学刊, 2015 (1): 42-46.

[241] 刘盼盼, 罗鄂湘. 科技型中小企业组织忘记对商业模式创新能力的影响研究——以组织内学习和组织间学习为中介变量 [J]. 技术与创新管理, 2017, 38 (2): 115-121.

[242] 刘涛雄, 徐晓飞. 大数据与宏观经济分析研究综述 [J]. 国外理

论动态，2015（1）：8.

［243］刘雪锋，徐芳宁，揭上锋．网络嵌入性与知识获取及企业创新能力关系研究［J］．经济管理，2015（3）：150-159.

［244］刘雪锋．网络嵌入性与差异化战略及企业绩效关系研究［D］．浙江大学博士学位论文，2007.

［245］刘烨，孙凡云，惠士友，等．企业家资源、动态能力和企业创业期的绩效——兼与台湾高科技企业的对比研究［J］．科学学研究，2013，31（11）：1680-1686.

［246］鲁开垠．产业集群社会网络的根植性与核心能力研究［J］．广东社会科学，2006（2）：41-46.

［247］罗珉，曾涛，周思伟．企业商业模式创新：基于租金理论的解释［J］．中国工业经济，2005（7）：73-81.

［248］罗珉，刘永俊．企业动态能力的理论架构与构成要素［J］．中国工业经济，2009（1）：75-86.

［249］吕本富，刘颖．飞轮效应：数据驱动的企业［M］．北京：电子工业出版社，2015.

［250］马鸿佳，董保宝，葛宝山．创业能力、动态能力与企业竞争优势的关系研究［J］．科学学研究，2014，32（3）：431-440.

［251］马鸿佳，董保宝，葛宝山．资源整合过程、能力与企业绩效关系研究［J］．吉林大学社会科学学报，2011（4）：71-78.

［252］马鸿佳，葛宝山，汤浩瀚．科技型创业企业资源获取与动态能力关系的实证研究［J］．科学学与科学技术管理，2008，29（11）：139-143.

［253］马蓝，安立仁，张宸璐．合作经验、双元学习能力对合作创新绩效的影响［J］．中国科技论坛，2016（3）：42-48.

［254］孟迪云，王耀中，徐莎．网络嵌入性、商业模式创新与企业竞争优势关系研究［J］．财经理论与实践，2016，37（5）：108-114.

［255］孟迪云，王耀中，徐莎．网络嵌入性对商业模式创新的影响机制研究［J］．科学学与科学技术管理，2016，37（11）：152-165.

［256］孟晓斌，王重鸣，杨建锋．企业动态能力理论模型研究综述［J］．外国经济与管理，2007，29（10）：9-16.

[257] 庞学卿. 商业模式创新的前因及绩效: 管理决策视角 [D]. 浙江大学博士学位论文, 2016.

[258] 庞长伟, 李垣, 段光. 整合能力与企业绩效: 商业模式创新的中介作用 [J]. 管理科学, 2015 (5): 31-41.

[259] 庞长伟, 李垣. 国内商业模式研究现状——基于2000~2014年CSSCI论文情况分析 [J]. 华东经济管理, 2016, 30 (3): 178-184.

[260] 彭本红, 武柏宇. 跨界搜索、动态能力与开放式服务创新绩效 [J]. 中国科技论坛, 2017 (1): 32-39.

[261] 漆文璐, 蒋军锋. 企业位构与创新类型: 网络特征调节下的分析 [J]. 科学学与科学技术管理, 2015 (5): 115-125.

[262] 阮爱君, 卢立伟, 方佳音. 知识网络嵌入性对企业创新能力的影响研究——基于组织学习的中介作用 [J]. 财经论丛 (浙江财经大学学报), 2014, V179 (3): 77-84.

[263] 芮明杰, 方统法. 知识与企业持续竞争优势 [J]. 复旦大学学报 (自然科学版), 2003, 42 (5): 721-727.

[264] 尚航标, 田国双, 黄培伦. 管理认知特征对动态能力的影响机制研究 [J]. 华东经济管理, 2014, 28 (2): 79-84.

[265] 沈浩, 黄晓兰. 大数据助力社会科学研究: 挑战与创新 [J]. 现代传播: 中国传媒大学学报, 2013 (8): 13-18.

[266] 舒燕, 邱鸿钟. 中国中药企业资源、动态能力与竞争优势的结构方程研究 [J]. 中国科技论坛, 2014 (7): 81-87.

[267] 苏敬勤, 刘静. 复杂产品系统中动态能力与创新绩效关系研究 [J]. 科研管理, 2013, 34 (10): 75-83.

[268] 粟进, 宋正刚. 科技型中小企业技术创新的关键驱动因素研究——基于京津4家企业的一项探索性分析 [J]. 科学学与科学技术管理, 2014, 35 (5): 156-163.

[269] 隋敏, 王竹泉. 社会资本对企业价值创造影响研究: 理论、机理与应用 [J]. 当代财经, 2013 (7): 111-121.

[270] 田红云, 贾瑞, 刘艺玲. 网络嵌入性与企业绩效关系文献综述——基于元分析的方法 [J]. 商业研究, 2017, 59 (5): 129-136.

[271] 田红云,刘艺玲,贾瑞.中小企业创新网络嵌入性与知识吸收能力的关系[J].科技管理研究,2016,36(15):186-191.

[272] 汪旭晖.社会网络理论下的企业供应链合作信任机制研究[J].现代经济探讨,2007(5):60-62.

[273] 王化成,尹美群.价值链模式下价值创造的要素体系研究——兼论价值评估过程中与传统模式之间的异同[J].管理世界,2005(5):104-110,143.

[274] 王辉,张慧颖,吴红翠.供应链间关系质量对知识吸收能力和企业合作创新绩效的影响研究[J].统计与信息论坛,2012,27(11):99-105.

[275] 王建军,陈思羽.创新、组织学习能力与IT外包绩效关系研究:关系质量的中介作用[J].管理工程学报,2016,30(2):28-37.

[276] 王劲波.网络嵌入性对知识获取的影响研究——以中国制造企业为例[J].厦门大学学报(哲学社会科学版),2012(6):126-134.

[277] 王雎,曾涛.开放式创新:基于价值创新的认知性框架[J].南开管理评论,2011,14(2):114-125.

[278] 王军,曹光明,江若尘.组织即兴的形成机制研究:基于社会网络和组织学习理论[J].外国经济与管理,2016,38(2):33-48.

[279] 王开明,万君康.企业战略理论的新发展:资源基础理论[J].科技进步与对策,2001,18(1):131-132.

[280] 王水莲,常联伟.商业模式概念演进及创新途径研究综述[J].科技进步与对策,2014(7):154-160.

[281] 王水莲.战略性新兴产业商业模式创新系统框架[J].中国科技论坛,2017(2):164-170.

[282] 王铁骊,高阳.揭示企业动态能力的"黑箱问题"[J].科技进步与对策,2009(3):102-105.

[283] 王伟,张善良,王永伟,等.关系网络构建行为、商业模式创新与新创企业绩效——基于创新创业视角的实证研究[J].华东经济管理,2017(10):43-51.

[284] 王文昌,秦作栋.论科技型中小企业实现自主创新的动因和有效组织[J].科技进步与对策,2007(3):78-81.

[285] 王晓明,谭杨,李仕明,等.基于"要素—结构—功能"的企业商业模式研究[J].管理学报,2010,7(7):976-981.

[286] 王鑫鑫,王宗军.国外商业模式创新研究综述[J].外国经济与管理,2009,31(12):33-38.

[287] 王雪冬,董大海.商业模式创新概念研究述评与展望[J].外国经济与管理,2013,35(11):29-36.

[288] 王毅,陈劲.企业核心能力:理论溯源与逻辑结构剖析[J].管理科学学报,2000,3(3):24-32.

[289] 王永健,谢卫红,王田绘,等.强弱关系与突破式创新关系研究——吸收能力的中介作用和环境动态性的调节效应[J].管理评论,2016,28(11):111-122.

[290] 魏江,焦豪.创业导向、组织学习与动态能力关系研究[J].外国经济与管理,2008,30(2):36-41.

[291] 魏江,刘洋,应瑛.商业模式内涵与研究框架建构[J].科研管理,2012,33(5):107-114.

[292] 魏江,徐蕾.知识网络双重嵌入、知识整合与集群企业创新能力[J].管理科学学报,2014,17(2):34-47.

[293] 邬贺铨.大数据思维[J].科学与社会,2014(1):1-13.

[294] 吴航.动态能力视角下企业创新绩效提升机制研究:以战略导向为调节[J].中国地质大学学报(社会科学版),2015,15(1):132-139.

[295] 吴隽,张建琦,刘衡,等.新颖型商业模式创新与企业绩效:效果推理与因果推理的调节作用[J].科学学与科学技术管理,2016,37(4):59-69.

[296] 吴群.中小企业商业模式创新的现实意义与实现途径[J].经济问题,2012(9):79-82.

[297] 吴先明,苏志文.将跨国并购作为技术追赶的杠杆:动态能力视角[J].管理世界,2014(4):146-164.

[298] 吴晓波,徐松屹,苗文斌.西方动态能力理论述评[J].国外社会科学,2006(2):18-25.

[299] 吴晓波,赵子溢.商业模式创新的前因问题:研究综述与展望

[J]. 外国经济与管理, 2017, 39 (1): 114-127.

[300] 吴旭云, 贺小刚, 郝影利. 创业导向、网络嵌入与创业型企业成长关系研究 [J]. 科技进步与对策, 2013, 30 (5): 78-84.

[301] 武志伟. 企业社会资本的内涵和功能研究 [J]. 软科学, 2003, 17 (5): 19-21.

[302] 夏清华, 娄汇阳. 商业模式刚性: 组成结构及其演化机制 [J]. 中国工业经济, 2014 (8): 148-160.

[303] 项国鹏, 项乐毅. 环境动态性、企业家战略能力与企业绩效 [J]. 商业研究, 2013, 55 (5): 52-59.

[304] 项国鹏, 杨卓, 罗兴武. 价值创造视角下的商业模式研究回顾与理论框架构建——基于扎根思想的编码与提炼 [J]. 外国经济与管理, 2014 (6): 32-41.

[305] 项国鹏, 周鹏杰. 商业模式创新: 国外文献综述及分析框架构建 [J]. 商业研究, 2011 (4): 84-89.

[306] 谢洪明, 冯建新, 程聪. 网络中心性对技术创新的影响: 知识流出的视角 [J]. 技术经济, 2011, 30 (7): 14-18.

[307] 谢洪明, 韩子天. 组织学习与绩效的关系: 创新是中介变量吗?——珠三角地区企业的实证研究及其启示 [J]. 科研管理, 2005, 26 (5): 1-10.

[308] 谢洪明, 张颖, 程聪, 等. 网络嵌入对技术创新绩效的影响: 学习能力的视角 [J]. 科研管理, 2014, 35 (12): 1-8.

[309] 谢慧娟, 王国顺. 社会资本、组织学习对物流服务企业动态能力的影响研究 [J]. 管理评论, 2012, 24 (10): 133-142.

[310] 辛晴, 杨蕙馨. 知识网络如何影响企业创新——动态能力视角的实证研究 [J]. 研究与发展管理, 2012, 24 (6): 12-22.

[311] 徐可, 何桢, 王瑞. 供应链关系质量与企业创新价值链——知识螺旋和供应链整合的作用 [J]. 南开管理评论, 2015, 18 (1): 108-117.

[312] 徐子沛. 正在到来的数据革命: 大数据 [M]. 桂林: 广西师范大学出版社, 2012.

[313] 许冠南, 周源, 刘雪锋. 关系嵌入性对技术创新绩效作用机制案

例研究［J］.科学学研究，2011，29（11）：1728-1735.

［314］许晖，郭净，邓勇兵.管理者国际化认知对营销动态能力演化影响的案例研究［J］.管理学报，2013，10（1）：30-40.

［315］许晖，纪春礼，李季，等.基于组织免疫视角的科技型中小企业风险应对机理研究［J］.管理世界，2011（2）：142-154.

［316］许静.国内和国外科技型中小企业技术创新驱动因素比较研究［J］.齐齐哈尔大学学报（哲学社会科学版），2018（2）：65-69.

［317］闫春.近十年国外开放式创新的理论与实践研究述评［J］.研究与发展管理，2014，26（4）：92-105.

［318］闫春.组织二元性对开放式创新绩效的作用机理——商业模式的中介作用［J］.科学学与科学技术管理，2014（7）：59-68.

［319］阎婧，刘志迎，郑晓峰.环境动态性调节作用下的变革型领导、商业模式创新与企业绩效［J］.管理学报，2016，13（8）：1208-1214.

［320］杨春华.资源基础理论及其未来研究领域［J］.商业研究，2010（7）：26-29.

［321］杨竹青，凌鸿，张诚.基于吸收能力的供应链感知能力研究［J］.软科学，2014，28（6）：1-5.

［322］姚伟峰，鲁桐.基于资源整合的企业商业模式创新路径研究——以怡亚通供应链股份有限公司为例［J］.研究与发展管理，2011，23（3）：97-101.

［323］伊迪斯·彭罗斯.企业成长理论［M］.上海：上海人民出版社，2007.

［324］易加斌，谢冬梅，高金微.高新技术企业商业模式创新影响因素实证研究——基于知识视角［J］.科研管理，2015，V36（2）：50-59.

［325］尹苗苗，蔡莉.创业网络强度、组织学习对动态能力的影响研究［J］.经济管理，2010（4）：180-186.

［326］尤成德，刘衡，张建琦.关系网络、创业精神与动态能力构建［J］.科学学与科学技术管理，2016，37（7）：135-147.

［327］余菲菲，张颖，李宗泽.文化与技术融合视角下科技型中小企业开发性向探索性创新转型路径研究［J］.中国科技论坛，2012（9）：89-94.

[328] 余菲菲. 联盟组合多样性对技术创新路径的影响研究——基于科技型中小企业的跨案例分析 [J]. 科学学与科学技术管理, 2014, 35 (4): 111-120.

[329] 余光胜. 企业知识理论导向下的知识管理研究新进展 [J]. 研究与发展管理, 2005, 17 (3): 70-76.

[330] 袁野, 蒋军锋, 程小燕. 动态能力与创新类型——战略导向的调节作用 [J]. 科学学与科学技术管理, 2016, 37 (4): 45-58.

[331] 原磊. 国外商业模式理论研究评介 [J]. 外国经济与管理, 2007, 29 (10): 17-25.

[332] 原磊. 商业模式体系重构 [J]. 中国工业经济, 2007 (6): 72-81.

[333] 岳宇君, 胡汉辉. 科技型中小企业支持政策变迁的博弈模型与利益协调分析 [J]. 经济与管理研究, 2018, 39 (2): 96-107.

[334] 张宝建, 胡海青, 张道宏. 企业创新网络的生成与进化——基于社会网络理论的视角 [J]. 中国工业经济, 2011 (4): 117-126.

[335] 张承龙, 夏清华. 网络嵌入影响科技型小微企业商业模式选择研究 [J]. 中国科技论坛, 2015 (2): 91-96.

[336] 张红, 葛宝山. 创业学习、机会识别与商业模式——基于珠海众能的纵向案例研究 [J]. 科学学与科学技术管理, 2016 (6): 123-136.

[337] 张慧, 周丹. 集群企业网络嵌入对协同创新影响的实证研究 [J]. 华东经济管理, 2013 (12): 59-64.

[338] 张建设. 大数据: 战略论的终结与社会化决策的兴起 [J]. 企业管理, 2012 (10): 92-94.

[339] 张洁, 安立仁, 张宸璐. 开放式创新环境下创业企业商业模式的构建与形成研究 [J]. 中国科技论坛, 2013, 1 (10): 81-86.

[340] 张文宏. 社会网络分析的范式特征——兼论网络结构观与地位结构观的联系和区别 [J]. 江海学刊, 2007 (5): 100-106.

[341] 张晓玲, 蒲云峤, 葛沪飞. 合作与创新: 中小企业商业模式典型特性与其绩效间关系研究 [J]. 科技管理研究, 2017, 37 (17): 233-238.

[342] 张旭锐, 张颖颖, 李勃. 网络异质性、外部知识整合与探索式创新绩效——基于陕西省孵化企业的实证分析 [J]. 科学决策, 2015 (11): 51-65.

[343] 张永成, 郝冬冬, 王希. 国外开放式创新理论研究 11 年: 回顾、评述与展望 [J]. 科学学与科学技术管理, 2015 (3): 13-22.

[344] 张勇进, 王璟璇. 主要发达国家大数据政策比较研究 [J]. 中国行政管理, 2014 (12): 113-117.

[345] 张悦, 梁巧转, 范培华. 网络嵌入性与创新绩效的 Meta 分析 [J]. 科研管理, 2016, 37 (11): 80-88.

[346] 张越, 赵树宽. 基于要素视角的商业模式创新机理及路径 [J]. 财贸经济, 2014, 35 (6): 90-99.

[347] 张振刚, 李云健, 陈志明. 双向开放式创新与企业竞争优势的关系 [J]. 管理学报, 2014, 11 (8): 1184-1190.

[348] 赵广凤, 马志强. 开放式创新研究述评及展望 [J]. 科技进步与对策, 2013, 30 (21): 155-160.

[349] 赵国栋, 易欢欢, 糜万军, 等. 大数据时代的历史机遇: 产业变革与数据科学 [M]. 北京: 清华大学出版社, 2013.

[350] 赵炎, 郑向杰. 网络嵌入性与地域根植性对联盟企业创新绩效的影响——对中国高科技上市公司的实证分析 [J]. 科研管理, 2013, 34 (11): 9-17.

[351] 郑刚, 颜宏亮, 王斌. 企业动态能力的构成维度及特征研究 [J]. 科技进步与对策, 2007, 24 (3): 90-93.

[352] 钟瑛, 张恒山. 大数据的缘起、冲击及其应对 [J]. 现代传播: 中国传媒大学学报, 2013 (7): 104-109.

[353] 周飞, 孙锐. 基于动态能力视角的跨界搜寻对商业模式创新的影响研究 [J]. 管理学报, 2016, 13 (11): 1674-1680.

[354] 周飞, 郑培娟, 王晓玉. 关系营销导向对商业模式创新的影响机制 [J]. 财经论丛 (浙江财经大学学报), 2015, V196 (7): 84-91.

[355] 周建, 于伟, 崔胜朝. 基于企业战略资源基础观的公司治理与企业竞争优势来源关系辨析 [J]. 外国经济与管理, 2009, 31 (7): 23-32.

[356] 周晓东, 项保华. 复杂动态环境、动态能力及战略与环境的匹配关系 [J]. 经济管理, 2003 (20): 12-18.

[357] 周中胜, 罗正英, 段姝. 网络嵌入、信息共享与中小企业信贷融

资[J]. 中国软科学, 2015 (5): 119-128.

[358] 朱益霞, 周飞, 沙振权. 跨界搜寻与商业模式创新的关系——吸收能力的视角[J]. 经济管理, 2016 (11): 92-104.

[359] 庄贵军. 关系在中国的文化内涵: 管理学者的视角[J]. 当代经济科学, 2012 (1): 18-29, 45, 124-125.